国家社科基金课题批准号：BKA100098

中部地区新生代农民
人力资源能力建设

孙泽厚 ◎ 著

中 国 出 版 集 团
世界图书出版公司
广州 · 上海 · 西安 · 北京

图书在版编目(CIP)数据

中部地区新生代农民人力资源能力建设 / 孙泽厚著. —广州：世界图书出版广东有限公司,2013.3
ISBN 978-7-5100-5883-7

Ⅰ.①中… Ⅱ.①孙… Ⅲ.①农民-人力资源开发-研究-中国
Ⅳ.①F323.6

中国版本图书馆 CIP 数据核字(2013)第 055136 号

中部地区新生代农民人力资源能力建设

责任编辑 阮清钰
封面设计 陈 璐
出版发行 世界图书出版广东有限公司
地 址 广州市新港西路大江冲 25 号
印 刷 虎彩印艺股份有限公司
规 格 880mm×1230mm 1/32
印 张 7.25
字 数 200 千字
版 次 2013 年 4 月第 1 版 2015 年 1 月第 2 次印刷
ISBN 978-7-5100-5883-7/F·0090
定 价 29.00 元

自 序

自2004年福建、珠三角等地区的企业出现“民工荒”后，沿海传统劳动密集型产业城市的民工荒现象愈演愈烈。不仅如此，2012年春季招聘季中，在河南、安徽、湖北这些传统的劳动力输出大省(市)也面临着“民工荒”的问题。究其原因，除了受金融危机、产业结构调整、企业内部结构性因素的影响外，还有就是农民工队伍内部的主体发生了变化，新生代农民工取代了传统农民工成为外出务工人员的主要力量。

2010年国务院发布的中央一号文件《关于加大统筹城乡发展力度 进一步夯实农业农村发展基础的若干意见》中，首次使用了“新生代农民工”的提法，标志着新生代农民工已成为我国产业工人重要的组成部分。新生代农民工指1980年以后出生、年龄在16岁以上、1990年代中后期外出务工、主要从事第二、第三产业劳动，但户籍身份是农民的劳动者。与父辈相比，新生代农民工文化程度总体较高，有较长远的人生职业规划，就业期望、融入城市意愿较高等新的特征，但也存在技能薄弱和经验较少、就业质量较低、公共服务可及性差等问题。随着产业结构的调整和产品结构的升级，经济发展从投入型模式转变为技术型模式。而技术型的增长模式除要求有新机器、新设备外，更需要有一大批掌握先进技术的高素质工人。日益壮大的新生代农民工群体其人力资源能力的高低，不但关系着我国经济的发展，在促进地区产业结构调整、升级和转型中，也起着举足轻重的作用。

中部地区农民工占全国农民工总量的31.1%，中部六省中的河南、湖北、安徽等省是全国的劳务输出大省。处于中部地区的新生代农民工人力资源能力的高低直接关系着我国关于促进中部崛起战略布局的实现。以中部地区的新生代农民工为研究对象，具有一定的代表性和现实意义。

本书的主要贡献是以中部六省的新生代农民工为研究对象，分两次对中部六省的新生代农民工进行调研，在以往学者研究和调研的基础上，从体能、智能、技能、心能四个能力因子出发，提出新生代农民工人力资源能力概念模型。然后在对中部六省问卷调研的基础上，运用结构方程验证了新生代农民工人力资源能力概念模型的合理性。

实证结果表明各初阶因素对高阶因素人力资源能力影响程度的排序为：心能、智能、技能、体能，新生代农民工不仅重“薪”更重“心”，研究结果为新生代农民工人力资源能力的建设及全面、系统评价给出了重要的启示。课题组对中部六省新生代农民工能力调研基础上，分析、总结了中部六省新生代农民工人力资源能力的现状、特点和存在的问题，并提出了相应的对策和建议。

该书是本人承担的国家社科基金教育学单列项目“中部地区新生代农民人力资源能力建设研究”的研究成果。李新杰博士、赵贤利、孙云钢、胡芸芸、谭云蛟、谈萌、胡悦、何清、战冰峰、曾磊、王海涛、曾文佳、付峙东等硕士为本研究成果做了大量的工作，对他们付出的劳动深表谢意。

感谢为本书出版付出劳动的编辑！

孙泽厚

2013 年 3 月

目录 CONTENTS

第1章　中部地区新生代农民人力资源能力建设概述

新生代农民的素质很大程度上决定着我国农业和农村现代化发展的步伐，而新生代农民工作为我国沿海地区不可或缺的劳动力，其素质与我国产业升级的速度更是紧密相关。通过对中部地区新生代农民人力资源能力建设的概念进行界定，分析、总结新生代农民的特征，同时了解中部地区新生代农民人力资源能力建设的内容、模式以及开展人力资源能力建设的重要意义，从而提出对中部地区新生代农民人力资源能力建设的定位。

1.1　中部地区新生代农民人力资源能力建设概念界定

1.1.1　新生代农民

研究"新生代农民"问题，首先必须明确我国是如何定义"农民"的概念。1958年1月《中华人民共和国户口管理条例》正式实施以后，我国形成了农村户口和城市户口"二元结构"的户籍管理体制。我国法律界和政策制定的决策者选择用户籍标准来判定我国公民是否为农民。凡是具有城镇户口的居民（不管从事何种职业）就是城市居民；具有农村户口的居民（不管从事何种职业）就是农民。这是我国目前法律上确认农民的唯一标准，即把农民演变成身为"农业户口"者的代名词了。现阶段我们对农民的定义可以理解为户口登记在农村并为农业户口的农村人。

在"农民"两字前加上"新生代"是考虑到中国时代变迁带给每一代人不同的人格特征，改革开放对中国经济和社会发展具有划时代的意义，因而出现了依据时代划分中国农民的标准。与第一代农民所处的时代背景对比，将“新生代农民”的概念定义为：出生于1980年代之后，从小在农村长大，拥有农村户口的农民，包括外出的农村流动人口和没有外出的农村常住人口。

1.1.2 新生代农民工

农民工，即农民工人，是指身在城市从事非农业工作的农业户口的工人，他们是我国特有的城乡二元体制的产物，是我国在特殊的历史时期出现的一个特殊的社会群体，他们拥有农业户口，却从事着非农业的工作；他们生活在城市中，却不能完全融入城市生活。很多专家学者把农民工形象地概括为“边缘人”。

在研究的过程中对第一代农民工和新生代农民工的概念进行了相关界定：将出生在1980年之前的农民工作为第一代农民工；将出生在1980年之后的农民工界定为新生代农民工。确切地说，新生代农民工即为出生于1980年代之后，从小在农村长大，达到劳动年龄后进入城市务工的具有农村户口的劳动者。随着我国经济社会发展和时代变迁，进城务工的农村劳动力群体内部开始代际更替，第一代农民工这一称谓开始退出历史舞台，新生代农民工逐渐成为外出农民工的主体并且在整个经济社会中发挥着越来越大的作用。

据调查显示，截至2011年，新生代农民工总人数为8487万，占全部外出农民工总数的58.4%①。他们出生以后就上学，上完学后就直接进城打工，相对第一代农民工而言，对农业、农村、土地、农民等不是那么熟悉。新生代农民工以“三高一低”为特征：受教育程度高，职业期望值高，物质和精神享受要求高，工作耐受力低。通过问卷调查发现新生代农民工比例大于没有外出的新生代农村人口比例。因此，为使研究更具针对性，本书主要的研究对象是新生代农民工。

---

① 新生代农民工的数量、结构和特点，国家统计局住户调查办公室，2011-03-11.

1.1.3　中部地区

依据《中共中央、国务院关于促进中部地区崛起的若干意见》等文件，按照经济发展程度划分，中国的经济区域可划分为东部、中部、西部和东北四大区域。中部地区地处中国内陆腹地，起着承东启西、接南进北的作用。中部地区是劳动力输出密集地区，农村所占面积较大。我国中部地区包括：山西省、安徽省、江西省、河南省、湖北省、湖南省共六省，这六个省大体的总面积占 103 万平方公里，大约是全国的 10.2%，也就是十分之一左右，人口总量却将近占全国总人口的 30%，相对来说是地少人多的地方，中部地区六省总体情况如表 1-1 所示，其中人口数量的数据来源为第六次全国人口普查数据。全国原煤产量的 50%，全国有色金属矿产的 55%，全国商品粮的 35%，全国劳动力输入总量的 40%以上都在这个地区生产，可见它对整个中国经济的贡献不可小觑，虽然还没有达到应有的份额，但是已经占据了相当重要的位置[①]。

表 1-1　中部地区六省总体情况汇总

省份	面积（万平方公里）	人口（万）	总体特色
山西	15	3571	煤炭大省
河南	16.7	9402	农业大省
湖北	18.59	5723	水电大省
湖南	21.18	6568	鱼米之乡
安徽	13.97	5950	淡水大省
江西	16.7	4456	有色金属大省

从农民工输出地看，东部、中部和西部地区外出农民工中新生代农民工的比例分别为 57.5%、61.2%和 56.3%。可见，中部地区外出农民工中新生代农民工所占的比例最高，超过了 60%。因此，

① 人民网，http://cppcc.people.com.cn/GB/35377/3288117.html，2011-11-25.

选取中部地区来研究新生代农民工具有很强的代表性。

1.1.4 人力资源能力

人力资源能力是20世纪90年代中期提出的概念，许多专家学者对"人力资源能力"概念分别从宏观和微观层面进行了界定。宏观层面，即国家地方层面，分别从人力资本理论和人类发展理论视角对"人力资源能力"进行定义。从人力资本理论视角来看，人力资源能力存在于人体中，是有价值的知识、能力、健康等质量因素的总和；从人类发展理论视角来看，人力资源能力是对人的对象性活动的内在根据的总概括。宏观层面的人力资源能力外延包括体能、技能和智能。微观层面，即个体层面，分别从心理学和管理学角度对"人力资源能力"进行定义。从心理学角度来看，人力资源能力是顺利完成某种活动所必须的心理条件，其外延是心理特征；从管理学角度来看，人力资源能力是区分绩效卓越者与绩效平平者的个人深层次特征，其外延是心理特征、心理倾向①。

本书对人力资源能力的定义为一定时期和一定范围内人力资源所具有的能力总和。包括以下四层含义：(1)人力资源是一个相对宏观的概念，是指由个体按照一定原则构成的正规组织或群体；(2)由于个体能力是可以被测量的，因此正规组织或群体中的个体能力都可以测量得到其数据；(3)人力资源能力即为进入统计视角的个体能力的总和，也即工作习惯和个人技能的测量数据之和；(4)不同的人力资源能力是可以相互比较的。

1.1.5 人力资源能力建设

人力资源能力建设是在明确人力资源能力概念的基础上探究如何构建人力资源能力建设系统、完善人力资源能力建设方法体系、最终达到提高人力资源能力的目的。就目前来说，我们可以从以下几个方面大致分析人力资源能力建设的内涵：

---

① 王艳艳、李崇明：《多元视角下的"人力资源能力"概念：分析与比较》，载《现代管理科学》2011年第7期，第94—96页。

第一，人力资源能力建设是一种目标，通过对环境的分析和目标的选择，以提高机构的决策能力。

第二，人力资源能力建设以需求为导向。卡普兰(A. Kaplan)与索尔(S. Soal)在1995年合著的《能力建设：幻想还是现实》一书中指出："能力建设的干预必须满足机构在特定发展时期中所面对的主要需求，不存在单一的进行能力建设的方法"。

第三，人力资源能力建设是一个过程。美国能力建设专业机构(PACT)认为，人力资源能力建设是一种程序，通过它可以培养一些专门技能、建立管理体系、开发资源和建立学习网络，促使组织使命的实现和组织的可持续发展。联合国开发署在1997年《能力发展：技术顾问报告》一书中对能力建设做了进一步的阐述，提出了能力发展的概念，认为能力发展是一个过程。通过这个过程"个人、群体、组织、制度和社会增强发挥主要作用、解决问题、建立和达到目标的能力以及用全面的观点和可持续的方法理解和应付发展需求的能力"。

第四，人力资源能力建设是增强人的竞争力。德国技术公司(GTZ)机构认为人力资源能力建设"不是通过所使用的工具或量表来界定的，而是通过持续不断地增强人和机构的能力来提高他们的竞争力和解决问题的能力。"布伦达·力普森认为，能力建设是帮助人、组织和社会提高其以可持续方式应对发展挑战的能力的有意识的干预活动。

第五，人力资源能力建设制度的完善。联合国开发署在它的会议部署文件中认为，人力资源能力建设是"建立适应国情的政策和法律框架的环境、机构的发展，包括社区的参与者和人力资源发展和管理系统的完善"。

通过对以上人力资源能力建设内涵的分析，本书课题组认为农村人力资源能力建设的基本内涵可以定义为通过教育、培训等途径，利用素质教育以及城镇化促进等方式，提高其认识、改造自然和社会的能力，最终提高其竞争能力。

1.2 中部地区新生代农民的特征

1.2.1 人口统计学特征

我国中部地区是农村劳动力输出较为集中的地区，其输出的新生代农民工在全国占较大比例。本研究通过实地调查的方式收集一手资料，走访了中部地区六省，获取了新生代农民工的相关信息：

第一，新生代农民工平均年龄较为年轻。在此次调查所获取的样本中，年龄为16岁以下的占8.8%，16—20岁的占29.7%；21—25岁的占47.2%；26—31岁占14.3%。

第二，根据2010年第六次全国人口普查数据，全国合计（不包括香港特别行政区、澳门特别行政区和台湾地区）的人口数为1339724852人，其中男女所占比例分别为51.27%、48.73%①。此次调查中新生代农民工男性占61.2%，女性占38.8%。

第三，同第一代农民工对比，新生代农民工受教育程度和学历背景相对较高。在所调查的中部六省新生代农民工中，具有初中文化程度的占36.4%，具有中专或高中文化程度的占32.4%，具有大专及以上文化程度的占25.8%。

第四，新生代农民工多为外出打工者，打工城市多为沿海城市，例如广州、东莞、深圳等。

第五，新生代农民工外出打工时间不等，打工时间1年以下者占19.1%，1—3年的占40.6%，4—5年的占24.2%，6—7年的占8.8%，8年以上的占7.4%。

第六，新生代农民工收入增长幅度较大，中部地区同东部地区农民工收入差距缩小。2011年，外出农民工月均收入2049元，比上年增加359元，增长21.2%。分地区看，在东部地区务工的农

---

① 2010年第六次全国人口普查主要数据公报[1](第1号)http://www.stats.gov.cn/tjgb/rkpcgb/qgrkpcgb/t20110428_402722232.htm,2012-11-26.

民工月均收入2053元，比上年增加357元，增长21.0%；在中部地区务工的农民工月均收入2006元，比上年增加374元，增长22.9%[①]。

1.2.2　社会属性与观念特征

新生代农民工这个庞大的、特殊的社会群体，逐渐开始登上历史舞台，在我国农民工中占据主体地位。从问卷调查的结果中我们清晰了解到新生代农民工中无论是否出生在农村，其中绝大部分都是毕业后直接进城打工，几乎没有从事农业生产的经历，缺乏基本的农业生产技能。他们热衷于城市生活，反而不习惯甚至不喜欢农村生活。新生代农民工渴望融入城市生活，但是未能被城市完全接受，同时他们不会任何农业工作，使得他们摇摆在农村和城市之间，成为“城乡边缘人”。

随着新生代农民工城市化程度、文化程度不断增加，他们的社会观念和意识相对第一代农民工也发生较大变化，集中反映在：

第一，对政治权利的要求日益突出。新生代农民工已经开始注重自己合法政治权利的享有和保障的情况，他们希望自己能够获得平等的政治权利，拥有平等的社会地位，其中对政治参与权、选举权和话语权等方面的要求尤为突出。

第二，公平、维权意识强。同第一代农民工相比，新生代农民工的成长环境相对较好，他们对生活的满意程度是以城市生活为基准进行判别的，更加向往的是城市生活，对自身的生活水平和生活条件有更高的要求。新生代农民工普遍接受国家义务教育甚至更高层次的教育，他们大都具有一定的法律常识和政策理解水平，在考虑自身劳动报酬之外，他们也同样会关注一些影响生活质量的因素，例如工作安全程度、维权等。新生代农民工具备更强的公平、维权意识，努力运用法律武器使自己得到公正平等的待遇，保障自身利益，避免自己受到损失。

---

① 2011年我国农民工调查监测报告，http://www.stats.gov.cn/tjfx/fxbg/t20120427_402801903.htm，2012-11-26.

第三，对生活消费的享受性和发展性要求日益提高。第一代农民工外出务工大都为了防老养家，把每月所得寄回家中或者将积蓄存入银行。新生代农民工的消费观念逐渐变化，将每月收入所得用于自身生活质量的提高和自身发展的需要。新生代农民工的生活消费观念在满足生存需要的同时更多地倾向于逛街、购物、上网等具有享受性的活动之中。还有相当一部分农民工将收入所得投入到学习、职业技能培训中，为的是更好地发展自己。

1.2.3 心理特征

由于体制障碍、城乡分割的二元社会和户籍制度，新生代农民工被赋予了新的称谓——“城乡边缘人”。虽然全国许多地区都出台了新政策和新措施，以期打破城乡户籍壁垒，但是更多是属于取消形式上的户籍歧视，而依附在户籍上的种种不平等待遇，依然没有得到实质性改善。身份差别而导致的不平等很容易使农民工产生自卑心理，导致新生代农民工的城市生活幸福感与城市户口居民相比较普遍偏低。在问卷的发放与访谈过程中，我们也明显的感觉到很多新生代农民工不愿意提及自己的户口问题，在做某一地区的新生代农民工人口比例分析时，他们也否认或回避所提出的户口问题。

新生代农民工多为独生子女，在外打工过程中偶有孤独感与受挫感。对管理严苛、生活枯燥的打工生活越来越难以适应，而员工之间的人际关系又比较淡漠，遇到工作、生活中的压力和困难无人倾诉分担时，往往容易产生悲观情绪。加之企业管理和文化建设的不足，以及社会人文关怀的欠缺，容易使一些问题和情绪产生“叠加效应”，个别敏感、脆弱的人在无法承受压抑时，会选择极端方式。从收回的问卷中发现大多数新生代农民工对现状不满，认为生活不公平。再者，新生代农民工工资偏低，一些高危行业和污染企业劳动条件差，职业病和工伤事故时有发生，加上大城市的高房价、高租金和高生活成本，使他们很难立足于大城市，产生被剥夺心理和抵触情绪。

1.2.4 技能与素质特征

首先，新生代农民工技能水平总体偏低，使得他们在劳动力市场中处于不利地位。中部地区新生代农民工虽然文化和职业教育水平相对传统农民工已有较大提高，但与传统农民工面对的形势和要求却大不相同。传统农民工是在短缺经济阶段进城或者到沿海地区打工的，只要肯出力就能生存。新生代农民工却面临着过剩经济时代的产业结构调整的复杂局面，工作中对先进技术的强烈要求，先前很多的技术都成了“屠龙之技”，导致新生代农民工的技能水平偏低。伴随工业技术的发展，越来越多的工作岗位都会要求在岗人员具备与时俱进的技能水平和与岗位相匹配的综合素质水平。因此，新生代农民工必须参加二次培训，全面提高自身技能和综合素质，才能适应产业升级和调整落后产能的客观要求。然而在问卷调查中，发现有48.2%的公司几乎未对在岗员工进行培训，剩下的51.8%的公司虽有对员工进行培训，但是培训频率较低，不能满足新生代农民工对技能水平提高的需求。在调查中了解到新生代农民工中大部分都是直接从学校进入城市打工，几乎没有掌握一项专业技能，其中有58.2%的新生代农民工是通过职业技能培训的方式来获得相应技能，而有82.6%的新生代农民工是认同专业技能培训这种方式的。

其次，新生代农民工的整体文化水平同上一代农民工相比虽然有所提高，但是他们的文化程度主要集中在初中阶段，他们的知识水平、素质水平等具有很大局限性，难以胜任较高层次的工作岗位。所调查的数据表明，中部六省新生代农民工从业仍以制造业、建筑业和服务业为主。

1.2.5 自我认知与自我价值实现特征

自我认知是衡量新生代农民人力资源能力的首要指标，自我认知从一个综合的角度界定了其能力状况。农民工在进入城市打工时，要有一定的自我认知，以此来对自身进行准确定位。新生代农民工在工作选择时，由于他们整体文化素质有所提高，对自身的技能、素质水平有较清晰认识，明确自身的努力方向，使自己符合相应岗位的胜任条件。新生代农民工具备较好的自我认知能力，对自己有了客观、准确的了解和评价，避免盲目追求与自身能力不相称的工作而造成的挫败感和心理冲突。同时，新生代农民工通过自我观察和自我评价，对自己有了较为明确的人生规划，对自我发展更具有计划性、规划性。

新生代农民工自我价值实现的特征主要体现在：

第一，渴望融入城市，表现出"移民"倾向。新生代农民工大都没有农村务农的经历，被城市生活所吸引。他们努力使自己的行为规范和社会理念同城市居民同步，渴望能够融入城市，期望能够落户在城市，在城市中得到长期发展。

第二，期待城市的社会认同。与第一代农民工相比，新生代农民工更具有自信，对自己未来的发展有一定的希望，希望同城里人共同分享城市建设的成果。他们要求同城里人一样平等就业、平等享受公共服务，并得到平等权益保护。

第三，期望自身的发展需求得到满足。新生代农民工对又苦又累的工作不再无条件忍受，他们不仅考虑工资报酬的多少也考虑工作环境优劣状况，更重要的是希望寻找更好的发展机会。新生代农民工的需求不再仅仅局限于经济方面的需求，还包括自身发展的需求。

1.3 新生代农民人力资源能力建设的内容、模式及意义

1.3.1 中部地区新生代农民工人力资源能力建设的内容

为促进中部地区城乡统筹发展，提升新生代农民工的人力资源能力是必要途径之一。通过实地调查中部六省新生代农民工人力资源能力现状，初步了解到：第一，新生代农民工具有一定的知识与技能素质，但整体上有所欠缺，绝大部分接受过基础教育，但接受高等教育的新生代农民工所占比例不大；第二，新生代农民工心理素质有所欠缺，强烈的被排斥感加剧了新生代农民工在城市生活中的

焦虑心理，促使他们更加自卑和敏感，甚至产生了强烈的被剥夺感以及仇视社会的心态；第三，新生代农民工虽然年龄主要分布在18—25岁阶段，但由于他们的工作性质倾向于体力劳动，同时工作环境较为恶劣，对新生代农民工的体质和健康造成重大负面影响。因此，中部地区新生代农民工人力资源能力建设的内容应包括智能、技能、体能、心能。

(1)智能

智能，新生代农民工人力资源能力的核心，是智慧见之于客观转化而成的现实能力，是个体的智力与智力外化行为的总和，是智慧和能力的统一结合体。新生代农民工的智能主要包括受教育程度、创造能力、组织能力、自我认知能力等。

(2)技能

技能，即业务能力，是新生代农民工人力资源能力中产出劳动成果最重要的能力，是新生代农民工将专业知识和技术转化为专业技能，亦是为获取专业知识或信息而具备的辅助技能，能在实际工作中产生技能效果的能力。技能主要包括职业受训能力、搜寻能力、技术专长等。

(3)体能

体能，人力资源能力的载体，是智能、技能的基础保障，是新生代农民工学习、工作且能发挥个人爱好的体力保证。新生代农民工的体能主要包括身体形态结构、生理机能、身体运动能力和健康状况等。

(4)心能

心能，即是心理积蓄的、潜在开发的和心理素质能够承受外界压力的能力。新生代农民工在应对社会产业结构快速转型和社会老龄化时代等高压问题时，承受了父辈无法体会的心理压力。心理素质能力已经成为关注新生代农民工不可或缺的指标。因此，本书研究将心能从体能中分化出来单一研究，以示其重要性。心能主要包括心理潜能和克服逆境能力。

1.3.2 中部地区新生代农民工人力资源能力建设的模式

新生代农民工人力资源能力建设是转变中部地区经济增长方式的内在要求和有力保障，只有从提升人力资源能力着手，才能真正将经济增长的数量转变为经济增长的质量。人力资源能力建设模式的选择必须同能力建设的目标与任务相一致，这是中部地区政府和地区内的企业都应当严格遵守的原则。针对新生代农民工，强调的是满足其能力提升的需求，该需求包括产业结构调整形成的需求以及经济增长方式转变形成的需求。

(1)制度创新推动模式

该模式的实施主体是政府，政府通过在国家制度中创新，以强化新生代农民工人力资源能力建设中的基础设施建设为基础，组织和协调全社会力量，积极在全社会营造新生代农民工人力资源能力建设的舆论环境和政策氛围。在这种模式中，政府在新生代农民工人力资源能力建设活动中担任三种角色：第一，政府是政策法规的制定者和维护者；第二，政府是有效信息的提供者；第三，政府是新生代农民工人力资源能力建设的服务者。其中，政策法规的制定和维护是最基本的角色，相应政策法规的支持是新生代农民工人力资源能力建设得以顺利实施的前提。在政策法规的规范和引导下，积极为新生代农民工人力资源能力建设提供有效的信息，做好配套的服务保障措施，必能有效地推进新生代农民工人力资源能力建设的发展。

(2)产业分化驱动模式

该模式的动力主体是产业界，其实施环境是社会技术发展促进了产业结构的分化和调整，孕育出新兴产业和岗位胜任新的能力要求，从而间接引导新生代农民工为进入新兴产业、继续胜任原岗位或者应聘更高层次岗位去挖掘自身潜能，提升自身人力资源素质。产业分化驱动模式中要求在岗员工的技能水平能随着社会技术的发展共同进步，员工技能水平提高的来源主要是通过两种形式：一是企业加强对公司员工的技能培训，增加“二次培训”的频率；二是员工以自费方式通过社会上的职业技能培训机构进行技能培训。新生代农民工更倾向于企业能够提供更多的培训机会来提升自身能力素质，在某种程度上能增加他们对工作的满意程度和企业归属感。

(3)多种教育共同促进模式

该模式的主要动力主体是教育界，其动力机制是通过知识的启蒙、灌输、培养等多功能，提高新生代农民工的文化素质。该模式强调的是对新生代农民工进行教育和再教育，侧重于提高新生代农民工的智能和技能。该模式的有效进行必须依赖以下三方面：首先，要强调政府在这种模式中的主导地位。相关政策的出台，要保证新生代农民工在务工之前的九年义务教育得以完成，要具备最基本的文化知识。其次，要加大教育投入。政府加大教育投入的同时，也应当积极利用社会各界力量筹措教育经费，同时依靠政府扶持，对民办的教育产业如职业技能培训机构等进行税收减免，鼓励社会教育产业规模的扩大。最后，教育结构的创新。为满足新生代农民工文化知识、技能水平提升的需求，教育结构应当调整、创新，积极推崇“基础教育＋成人教育＋职业教育＋远程教育＋终身教育”的教育体系，积极扩大职业技术教育和成人教育，构建终身教育体系框架。

(4)城镇化诱导模式

农村城镇化过程，是人口和经济在特定地域内不断聚集的过程。在乡村社会向城镇社会进化中，它起着重要的先导和载体作用。这种新生代农民工人力资源能力建设模式强调发挥城镇化功能，向新生代农民工提供较多的就业机会和岗位，促使新生代农民工改变自身综合素质和提高自身技能水平，并通过诱导作用，促进新生代农民工人力资源开发向更高层次和更大范围延伸。其目的在于通过培养、提高他们的现代意识和竞争能力，以达到人力资源能力建设的目的。

1.3.3 中部地区新生代农民工人力资源能力建设的意义

中部地区新生代农民工人力资源能力建设存在着诸多障碍，例如历史遗留的农民自身主体障碍、户籍政策等制度性障碍、职业教育不足等教育性障碍、劳动力市场不健全等市场性障碍、中部地区经济基础薄弱等经济性障碍。新生代农民工人力资源能力建设的主要目标是提高适应城镇化和工业化所需要的相关技能水平，促使他们从体能型向技能型转变。中部地区新生代农民工人力资源能力建设对新生代农民工自身、社会发展都具有重要意义。

（1）个人效应

新生代农民工人力资源能力建设的个人效应主要体现在技能提升、增加收入、生活改善、精神愉悦、自我发展等一系列物质层面与精神层面的连锁反应。对新生代农民工个人而言，人力资源能力建设的结果不仅可以增加他们的经济收入，改善他们的物质生活条件，还可以随之带来消费水平提升、自我意识觉醒等一系列精神生活的愉悦与收益，从而切实改善他们的生存状况与生活水平。

（2）社会效应

新生代农民工人力资源能力建设的社会效应主要体现在：

首先，带动整个农村人口进行人力资源能力建设的积极示范作用。新生代农民工人力资源能力建设的良好社会效应对于社会主义新农村的建设，对于中国社会的城市化进程，都将起到影响深远的推进作用。

其次，解决了农村剩余劳动力转移的问题。随着社会技术的发展，农业劳动逐渐走向机械化道路，这将造成有较大部分的新生代农民要开始转向非农业工作。通过对新生代农民进行人力资源能力建设，能够积极开发他们的潜在能力，提升他们的能力素质，从事对能力素质要求较高的非农业工作，有利于农村剩余劳动力的转移。

最后，新生代农民人力资源能力建设推动了新农村建设的进程。通过对新生代农民进行教育性、迁移性开发，改变他们之前的贫困价值观和陈旧生活观，才能加强农村精神文明建设，营造一种良好的文化环境和氛围，才能满足社会主义现代化新农村建设对新生代农民的高要求。

第 2 章　中部地区新生代农民人力资源开发环境分析

2010 年国务院发布的中央一号文件《关于加大统筹城乡发展力度 进一步夯实农业农村发展基础的若干意见》中，首次使用了“新生代农民工”的提法，具体指 1980 年以后出生、年龄在 16—31 岁之间、1990 年代中后期外出务工、主要从事第二、第三产业劳动，但户籍身份是农民的劳动者。随着“新生代农民工”说法的出现，“新生代农民”的概念也应运而生，不仅包括了 2010 年国务院一号文件提出的“新生代农民工”，还应包括年龄在 16—31 岁之间，并持有农村户籍的留守农民。无论是新生代农民工，还是新生代留守农民，都有巨大的潜在生产力，这种潜在生产力能否“显现”，转化为现实的生产力，进而发挥效用、推动区域发展，取决于对新生代农民群体的人力资源开发水平。中部地区包括湖北、湖南、河南、山西、江西、安徽六省。中部六省有着区别于我国其他区域的特征，而所有这些区域特征都将对中部地区的新生代农民产生影响。因此，针对中部地区新生代农民的人力资源研究必须充分考虑由这些区域特征构成的中部地区区域环境。

2.1　政治环境

2.1.1　中部崛起计划

2004 年 3 月，温家宝总理在政府工作报告中，首次明确提出促进中部地区崛起。2004 年 12 月，中央经济工作会议再次提到促进中部地区崛起。2005 年 3 月，温家宝总理在政府工作报告中提出：

抓紧研究制定促进中部地区崛起的规划和措施。2006年2月15日，温家宝总理主持召开国务院常务会议，研究促进中部地区崛起问题。2009年国务院正式出台《促进中部地区崛起规划》，标志着"中部崛起"重大战略的正式实施。中部地区崛起规划主要包括以下五方面。

(1)加快工业化进程，培育优势产业群

中部地区各省基本处于工业化中期阶段，是经济结构调整的关键时期。中部地区大型企业基本属国有企业，有一定优势；同时由于设备落后、机制呆板，存在着改造提升的问题，国家参照东北老工业基地类似的政策给予一定的支持。打造以汽车为主体的现代先进制造业产业基地。中部地区汽车等机械制造工业有较强的基础，利用现有骨干企业和优势产品，如东风汽车、江铃汽车、江淮汽车、奇瑞等，做大做强现代制造产业群，提高产业竞争力。同时，加大重组和整合力度，鼓励省际之间的并购重组行为，形成若干个跨省的大型企业集团。壮大优势能源、原材料产业群。以有色冶金、煤炭、电力、石化、建材为主的中部能源、原材料工业，不仅是中部地区发展的重点支撑产业，对全国经济稳定增长也有重要作用。在当前国际国内能源及原材料紧张的背景下，国家应从规划、项目、资金等方面予以大力支持，有选择地发展高新技术产业群。中部的高新技术产业起步较早，人才、技术优势也比较明显。要以武汉为龙头，长沙、合肥、郑州、南昌、洛阳等高新区为节点，有选择性地发展光电子信息、新材料、先进制造技术、生物医药四大高科技产业。

(2)重视中等城市建设，构建合理的城镇体系

东部城市发展已经处于网络化的发展，形成了比较好的城镇体系结构；中部地区城市依托交通优势处于点轴发展阶段；西部城镇基本还属点状发展阶段。中部地区的城市等级体系还不完整，主要表现在大城市偏少、小城市偏多，小城镇缺乏科学发展规划造成土地资源浪费严重、环境恶化；不能充分发挥规模效益，经济实力和综合效益比较差。故在等级体系优化建设中要注意大中小城市有机结合，重点加强城市等级体系的中心化趋势和有序性，培育一个能

够带动中部发展的超大城市或城市群，形成不同层次、紧密联系、互为促进的区域发展中心。

(3)加强职业培训，将人口优势转变为人力资本优势

中部地区是几大文明的发源地，有着悠久的历史，教科文卫发展有一定的优势。但由于内陆文明保守、正统、谨慎的观念，造成市场经济观念上比东部地区落后，大部分人才集中在国家公务员队伍、国有企事业单位、大专院校、科研院所里，不像东部地区人才与市场一线结合紧密。要在坚持以人为本的原则下，有效地实施人才资源开发战略：①加大教育投入，培养一批创新型、开拓型、复合型人才；②借助市场手段，用好人，用活人，发挥人才的最大潜能，防止人才浪费；③优化环境，建立行之有效的激励机制，以此来引进人才，关键是留住人才；④加强产学研的联系，建立科技合作联合体，提高科技成果产业化水平。

(4)加强中部地区区域分工合作战略，促进中部整体崛起

区域分工合作战略提出分工是财富的来源，合作的本质是分工的深化，区域合作的核心是分工基础上的功能互补。中部区域产业同构是缺乏分工合作的结果，中部各省首先要明确区域内外分工定位，并加强合作，建立政府高层联席会议、区域城市发展规划编制、完善效能体系，在此基础上实施产业链、都市群、大物流、大市场四大战略，将地区发展成为人流、物流、信息流的中心枢纽。中部地区各省各有优劣势，在资源上也有互补关系，在中部崛起战略的协调下，建立长效的区域协作机构与体系，在政府的积极引导下发挥市场主体——企业的主动性，整合区域资源形成以经济为纽带的区域协作局面。

(5)加大国家政策层面对中部地区的支持

加强中央在决策层面上的战略指导。制定中部崛起发展战略，比照建设沿海经济特区、实施西部大开发的模式，从战略层次上明确中部地区的发展定位，并作为国家“十一五”时期的一项重大战略予以启动实施。

加大对中部地区的投入力度：①增加对中部地区交通、水利等重大基础设施建设和教育、科技、卫生等公共服务的投入，豁免中部

地区公益性国债项目和贫困地区国债项目的转贷资金。②实施对中部地区工业化援助政策。继续实施债转股政策，加大对企业政策性破产支持力度；建立企业技术进步和产业升级的政策资助机制，资助风险投资公司的建立，资助科技成果商品化等；增加对中部地区老工业基地社会保障资金的投入，推进中部市场化改革和工业化进程。③建立国家对农业、农村、农民的补贴机制。今后国家新增农业综合开发资金主要用于中部地区等粮食主产区；扩大粮食直补和良种补贴的标准和规模；增加粮食风险基金，实行粮食销区对口扶持产区的政策，引导销区对产区的投入，建立由销区主要承担粮食风险基金的机制，进一步发挥中部作为全国粮食生产基地的比较优势；中央对农业大省和粮食主产区因取消农业税而给予的转移支付逐年安排增量补助，逐年扩大对中部各省的转移支付规模。

2.1.2 新时期的“三农”政策

2012年中央一号文件，以“加快推进农业科技创新，持续增强农产品供给保障能力”为主题，全面部署今年和今后一个时期的“三农”工作，主要基于以下考虑。一是从形势变化看，我们面临的国内外经济形势更为复杂严峻，保持经济平稳较快发展、保持物价总水平基本稳定、保持社会和谐稳定，实现稳中求进，必须避免农业出现闪失，避免主要农产品供给出现问题。做好“三农”工作，稳定发展农业生产，确保农产品有效供给，对营造良好氛围、推动全局工作、赢得战略主动至关重要。二是从发展需要看，要稳住明年农业生产，长期稳定地保障我国粮食和其他重要农产品的有效供给，靠继续增加农业水土资源已没有多少余地，必须靠提高单产。而提高单产，靠继续增加使用化肥农药，不仅效益在降低，而且破坏环境，也难以为继。同时，促进农民收入持续较快增长，靠政策增收、提价增收、打工增收等都是非常必要的，今后务必还要继续强化，但根本还是要靠发展生产力，通过科技进步，不断提高土地产出率、资源利用率、劳动生产率，实现增产增收、提质增收、节本增收。因此，巩固农业农村好形势要靠科技，发展农业农村好形势更要靠科技。三是从工作指导上看，2004年以来出台的8个中央

1 号文件，每年通过聚焦一个主题，出台一系列强农惠农富农的重大政策举措，促进了农业农村持续稳定发展，赢得了粮食生产连获丰收、农民收入连攀新高、农村民生不断改善的好局面。实践证明，中央发出关于农业农村工作的一号文件，有利于突出工作重点、明确政策指向、集中解决问题，已经成为中央指导"三农"工作的政策导向和主要信号，成为强农惠农富农政策体系的集中体现和鲜明标志，成为统一思想、凝聚力量的有力武器和重要抓手。总的来看，2012 年中央把 1 号文件的主题确定为"加快推进农业科技创新、持续增强农产品供给保障能力"，既抓住了发展要害、回应了基层关切、兼顾了当前长远，又在保持政策连续性基础上丰富和发展了"三农"政策体系。

2.2　产业发展现状

2.2.1　中部地区产业发展总体布局

从总体上看，近年来中部地区三次产业结构趋向合理。第一次产业平稳增长，第二次产业比重稳中有降，第三次产业发展有加快的趋势。这一变化基本上符合产业结构趋向高度化的演进规律，与整个国民经济的发展水平是相适应的。从趋势上看产业结构变动呈现出第二次产业增速高于第三次产业和第一次产业，第三次产业增速总体保持平稳，第一次产业增速较低并且比重下降的特点。其他国家的经验表明，当第二次产业的比重达到 40%—50% 的时候，这一比重开始转而下降。中部六省第二次产业的比重在 2011 年均为 50%左右，可以预计，随着工业化从中期向后期的逐步过渡，第二次产业的比重将由缓慢增长转为逐步下降，国民经济增长的主要力量将来自第三次产业。

2.2.2　中部地区产业发展问题

(1)产业结构偏离度过大

从三次产业的增加值结构看，中部地区第一次产业增加值的比重高于全国平均水平。第二次产业增加值的比重低于全国平均水平。从三次产业的劳动力结构看，中部地区第一次产业从业人员比重远远超过其增加值的比重。也就是说，中部地区劳动力结构与增加值结构之间有较大反差，即产业结构偏离度过大。这说明第一次产业中存在大量的剩余劳动力，而最具有吸纳劳动力能力的第三次产业发展严重不足，就业比重偏低①。

(2)一次产业内部结构单一

在第一次产业内部，种植业所占比重偏高，林业、渔业所占比重偏低，农业经济各行业之间关联度不强，农村工业发展依然缓慢。单一的一次产业内部结构是中部地区农业发展中所面临的突出问题的宏观反映，主要包括：①农业生产条件的某些方面在恶化。例如干旱的面积和频率都在增加，生态破坏和环境污染导致产量减少和质量水平降低。农业仍然是最脆弱的产业，粮食、经济作物等主要农产品缺乏长期稳定增长的机制。②人多地少，难以形成规模经营，农业劳动生产率水平低。人均农业总产值全国排列前10名的省份中，属于中部的只有湖北一省。③农村剩余劳动力数量巨大，但向非农产业转移困难，农村就业问题日趋尖锐。④农村社会发展严重滞后于城市。基础设施、文化教育、医疗保健和养老保障都很落后，影响农村各行业的发展。⑤农产品流通体制、市场建设和市场秩序不适应新形势的需求，妨碍工农产品的正常流通。

(3)二次产业内部结构性矛盾依然存在

第二次产业内部结构处于资源的初加工阶段，以资源开发型产业为主。煤炭、电力、冶金、建材等能源、原材料基础产业和以农产品为原料的初级加工业的比重过大。这种产业状况，一方面导致地区产业结构趋同，另一方面导致长期以产业链的上游产业为主导地位，初级产品、粗加工生产比重居高不下，形成单一资源型产业，而后续产业和替代产业的缺乏以致产业结构优化、升级困难重重。

---

① 张占东：《基于中部崛起的中部六省产业结构调整探析》，载《湖北社会科学》2006年第2期。

企业规模结构不合理，大规模企业偏少，小批量企业偏多，分散化经营仍是主要特征。轻工纺织、建材企业的平均规模都没有达到最低合理规模要求。在产品结构中，“五多五少”（大路产品多，名优产品少；粗加工产品多，精深加工产品少；地产地销的产品多，畅销全国的产品少；劳动密集的产品多，科技含量高的产品少；低端仿制的产品多，高端自主创新的产品少）矛盾突出，这是导致中部企业形象不佳、产品竞争力不强的重要原因。

（4）三次产业内部仍以传统服务产业为主

在三次产业中，第三次产业无论是劳动力或是增加值的比重都比较低。同全国平均水平或东部省份相比，中部地区的第三次产业发展仍处于严重滞后状态，不适应第一次、第二次产业社会化、市场化和国际化发展的要求。物流业、旅游业、科技服务业、信息咨询服务业、计算机应用服务业等作为现代经济生活重要组成部分的新兴产业，由于对它们的地位与作用把握不足，发展严重落后。公共服务业、居民服务业等社会服务业，由于市场化程度低、城市化水平低，发展明显不足。文化、教育、体育等与提高公民素质有关的行业，由于没有形成产业化经营机制，发展水平低下。传统的批发业、零售业、餐饮业、运输业、邮电业不仅占第三次产业增加值的比重高，而且数量增加也快。

2.3　教育、文化发展现状

2.3.1　中部地区教育发展现状

（1）义务教育全面普及，但质量较低且发展不均衡

目前中部六省已经全面实现普及九年义务教育，小学净入学率达到 99％以上，小学毕业生的升学率都达到甚至超过 100％①，九年义务教育的实际完成率除江西和河南外，也都超过全国平均水平。

---

① 朱成城：《中部地区教育发展面临的挑战及对策研究》，载《中国电力教育》2008 年第 5 期。

义务教育的发展重点从全面普及转向质量提高和均衡发展。但中部地区要实现高质量高水平的义务教育，实现区域内义务教育的均衡发展，仍面临一些困难和问题。

首先，义务教育资源短缺。中部地区中小学大班额现象较为普遍，县镇中小学尤为突出。2010 年，全国县镇小学大班额（55 人以上的班级）比例为 30.5%，中部六省全都高出全国平均水平，其中湖北这一比例超过 50%。全国县镇超大班额（65 人以上的班级）比例为 24.7%，而安徽、河南和湖北超过 40%，湖北甚至高达 50.2%，在全国 31 个省市中最高。班级规模大，大班额比例高，一方面反映中部地区校舍资源不足，同时也在一定程度上说明教师数量不足。教师数量不足造成中部一些省份师生比很高，2010 年全国小学生师比为 17.4∶1，江西、河南两省超过 20∶1，全国初中生师比为 15∶1，安徽高达 17.1∶1[①]。

其次，中部部分省份教师年龄老化，结构短缺。中部地区尤其是农村地区教师老龄化现象明显。2010 年全国小学 45 岁以上的专任教师比例为 29%，中部六省平均达到 35.7%，其中农村地区高达 41.2%，安徽、江西、湖北和湖南四省农村小学 45 岁以上的教师比例比全国高出 10 个百分点左右。在中部各省调研时，普遍流传着“爷爷奶奶教小学，叔叔阿姨教初中，哥哥姐姐教高中”这样形象地反映教师年龄结构的顺口溜。教师学科结构短缺的问题在中部地区也十分突出，特别是外语、计算机和音体美教师尤其缺乏。2010 年，全国农村小学平均每 10 所学校有 4 名外语课教师，而中部农村小学平均每 10 所学校只有 2.6 名，全国农村小学平均每 10 所学校有 1 名信息技术课教师，而山西、安徽、江西和河南四个中部省份平均 20 所学校才有 1 名信息技术课教师[②]。教师是教育的关键，在我国教师整体水平大幅提高的情况下，中部地区特别是中部农村教师

---

① 谢爱莲：《中部地区教育投入的现状分析》，载《当代教育论坛》2010 年第 1 期。

② 朱鸿章、李芙蓉：《中部崛起战略中的教育发展问题初探》，载《湖南科技大学学报（社会科学版）》2012 年第 3 期。

队伍却面临着断层的局面和匮乏的危险，如何走出这个结构困局，中部各省面临挑战。

再次，中部地区义务教育资源配置的城乡差距十分明显。如小学专科及以上专任教师比例的城乡差距全国为 22 个百分点，江西、河南和湖南超过 25 个百分点。全国生均仪器设备值城市为农村的 2.8 倍，而安徽高达 5.5 倍。全国初中建网学校比例农村比城市低 28 个百分点，而河南和湖南的城乡差距超过 30 个百分点。

(2)高等教育发展较快，但总体水平较低

近年来，中部地区高等教育实现了快速发展。2010 年，中部六省高等教育在校生合计达到 639.1 万人，比 2005 年增长44.4%，是我国四大区域里增长最快的，占全国的比例也从 2005 年的 24.7% 提高到 26.8%。尽管高等教育发展迅速，但由于中部地区六省均属于人口大省，高等教育入学机会与全国比较仍存在较大差距，但是比往年有所提高。2010 年全国高考录取率为68.6%，而中部六省中，山西省高考录取率由 2007 年的 43.9%提高到了 59%。

然而，中部高等教育的高速发展却无法掩饰中部地区高等教育总体水平较低的事实。首先，中部地区优质的高等教育资源相对短缺。2010 年中央部委高校 111 所，其中分布在中部地区的为 14 所，只占中央部委高校总数的 12.6%。国家重点建设的 211 工程学校有 107 所，中部地区只有 13 所，仅占 12.1%。目前，中部地区博士点占全国的 20%，硕士点占全国的 15%。高等教育的这些优质资源在中部地区的分布比例与中部地区人口占全国 28%的比例明显不相协调。河南和江西两省没有一所在全国有相当地位的大学，这两省素以高考录取分数线高而出名，许多有才华的青年学子无法享受优质的教育资源。优质高等教育资源的匮乏导致中部地区人才结构的低层次化。2010 年，中部六省研究生占高等教育在校生的比例为 3.75%，比全国低 2.2 个百分点，比东北三省低近 4 个百分点。其中江西和河南这一比例不到 2%。即使是普通本科在校生占普通本、专科在校生的比例，中部地区也明显低于全国平均水平。2010 年，全国这一比例为 54.3%，中部六省平均仅为 48.1%，其中江西仅为40.8%[①]。

其次，中部地区高等教育的人才培养结构并不能适应地方经济的发展需要。2006年国务院在研究促进中部地区崛起时，指出中部地区要努力建设全国重要的粮食生产基地、能源原材料基地、现代装备制造及高技术产业基地和综合交通运输枢纽。但受投入不足等因素的影响，中部地区高等教育的人才培养结构与国家对中部地区提出的战略目标不相符。2010年，中部六省高职(专科)招生中交通运输专业、材料与能源专业、农林牧渔专业的比例分别仅为2.4%、1.4%和1.4%，而低投入的文科类专业招生人数快速增长，所占比例较高，其中财经和文化教育专业的招生比例分别达到20.7%和12.6%。

(3)职业教育发展快而不优，人才培养与需求脱节

首先，在国家大力发展职业教育的政策鼓舞下，中部地区中等职业教育实现了快速发展。2010年，中部六省中等职业教育在校生达到641万人，比2005年增长76%，增速比全国高出22个百分点，比东部地区高出40个百分点，其中安徽、湖北中等职业教育规模比2005年翻了一番。但中等职业教育的师资水平和办学条件跟不上规模发展的需要，影响教育质量的提高。2010年，中部六省中职生师比为29.1∶1，比2005年提高2.7，其中安徽生师比达到35.8∶1，江西和湖北省生师比也超过30∶1，明显高于全国26.7∶1的平均水平。专任教师中具有双师型教师的比例全国平均为21.4%，中部六省平均为18.9%，其中山西仅为10.1%。中等职业教育生均仪器设备值全国平均为1936元，而中部平均为1466元，山西、安徽和湖北低于1400元。

其次，中等职业教育的人才培养与实际需求脱节，产学研合作培养人才的渠道不畅，教育培训机构不能面向市场需求培养人才，难以适应中部产业发展对人才的需求。在大批以经管商贸外语类专业为主的职业类学校中，专业课程设置雷同，而与一、二产业发展密切相关的专业严重不足，不能满足当地经济社会发展对职业技术人才和一线

---

① 谢爱莲:《中部地区教育投入的现状分析》，载《当代教育论坛》2010年第1期。

操作人才的大量需求。2010年，中等职业教育招生中，中部六省信息技术专业招生所占比例接近30%，而与产业发展密切相关的能源资源环境交通运输等专业所占比例明显偏低，均不到2%。

(4)教育投入快速增长，人均教育支出低

近年来，中部地区各级政府加大了对教育的投入力度，2009年，中部六省预算内教育经费合计达到2126亿元，比2005年增长158.1%，快于全国平均增速，其中，江西、湖北和湖南3个省增幅超过160%；河南增幅低于中部平均，但高于全国平均；山西和安徽增幅低于中部六省平均和全国平均。2009年，中部六省地方预算内教育拨款占地方总投入的比例为68.7%，比2005年提高了15.02个百分点，仍低于全国平均其中，河南和山西该比例超过70%；安徽和江西该比例高于中部六省平均和全国平均；湖北和湖南该比例低于中部六省平均和全国平均[①]。2009年，中部六省地方各级教育生人均预算内事业费支出水平均低于全国平均水平。与2005年相比，义务教育增速最为明显，普通高校增速相对较为缓慢，除地方普通高校和地方普通小学之外，与全国平均水平的相对差距缩小，但是地方各级教育与全国平均水平的绝对额差距均出现不同程度的扩大。地方幼儿园、地方普通高中、地方中等职业学校和地方普通高校生均预算内事业费支出水平没有一项高出全国平均水平。

2.3.2　中部地区文化发展现状

据目前我国各地文化产业发展的具体情况分析，我国文化产业发展与经济发展格局基本相同，呈现东高西低的态势。2004年从文化产业单位数量、从业人员数和拥有资产的地区分布看，东部地区分别占全部的66%、69%和78%，远高于中西部地区；从收入情况看，东部地区的营业收入占全部的82%，而中西部仅占18%；从实现的增加值看，东部占74%、中西部占26%；从对GDP的贡献看，东部地区实现的增加值占2.56%，中西部地区分别为1.28%和1.35%[②]。这些数

① 马玉琪：《中部地区文化产业竞争力评价》，载《商业经济》2012年第3期。

② 李玲：《中部地区社会发展水平研究》，载《南昌大学硕士学位论文》2011年。

据表明，我国文化产业区域发展不均衡的问题突出。东部地区经济发达省份的文化产业发展规模以及创收能力大大高于中西部地区，文化产业发展的地区差距大于GDP的地区差距。

（1）文化产业格局已见雏形，但总体规模偏小

中部地区除了湖南、河南、湖北文化产业增加值占GDP的比重居全国前列之外，相比全国部分文化产业发达省份文化产业增加值比重占到6%—7%，其它各省还存在不小的差距。同时，六省的大部分文化产业还缺乏拳头产品和重点企业。大型文化企业数量少、规模小，在文化市场上市场份额小、竞争弱，而且资金规模小，软、硬件水平都较低。与全国文化产业的龙头企业相比还有距离，需要在市场竞争中进一步提升现代企业运作和发展的能力。

（2）文化消费水平低

随着人们生活水平和社会经济发展日益提高，人们对文化产品和服务的需求在质和量两方面都在不断提高，文化需求与供给的矛盾日益凸显。如何满足消费者日益高涨的文化消费热情，如何发展文化生产、组织文化经营都成为必须解决的文化产业课题。

（3）文化体制相对落后，市场适应力差

文化体制改革一直是近年来影响文化产业发展的最大动因。而中部六省文化体制改革起步较晚，文化体制相对落后。除了管理体制不够顺，运行机制不够活以外，中部地区的文化体制面向市场、适应市场的能力较差。认识不足，产业意识不强，政企不分，管办不分等，成为政出多门，行业管理不到位，企业运行不规范，成本效益低下的重要原因。

（4）文化产业领域结构层次模糊

产业结构有待于调整和优化，并在此基础上逐步建立文化产业新格局，促进文化产业规模的扩大和水平的提高。文化产业的主体部分——核心层与外围层构成的“文化服务”所占比重偏低，形成了“核心”不够核心、“主体”达不到主体的局面，直接影响了各省文化产业的规模。另外需进一步采取措施，推动诸如网络文化服务、旅游文化服务、文化艺术商务代理服务以及广告和会展文化服务等新

兴文化产业的发展。

（5）文化产业人才非常缺乏

在文化产业的发展势头迅猛的背景下，加快文化产业人才的培养，特别是培养既懂经济又精通文化娱乐业特点的复合型高素质经营管理人才，显得十分紧迫。而各省份文化产业领军人物，在文化产业从业人员的文化构成中高学历的人才很缺乏。必须尽快着手文化产业教育体系建设，突破文化产业人才特别是经营管理人才这个重要瓶颈。

第3章　中部六省新生代农民人力资源能力现状分析

2006年末，我国农村劳动力资源总量为53100万人。其中，男性劳动力26989万人，占50.8%；女性劳动力26111万人，占49.2%，东部地区、中部地区、西部地区和东北地区所占比例各不相同，具体数据见表3-1，中部地区新生代农民所占比重为29.2%，低于东部地区的32%，这与沿海地区地域优势及农村劳动力流向有关。

表3-1　农村劳动力资源总量及构成[①]

	全国	东部地区	中部地区	西部地区	东北地区
农村劳动力资源总量(万人)	53100	19828	14582	15142	3548
农村劳动力性别构成(%)					
男性	50.8	50.9	50.4	50.9	52
女性	49.2	49.1	49.6	49.1	48
农村劳动力年龄构成(%)					
20岁以下	13.1	13.2	13.8	12.8	11.1
21—30岁	17.3	18.8	15.4	16.9	18.4
31—40岁	23.9	23.4	23.7	24.5	24.6
41—50岁	20.7	21.4	20.9	19.1	23.5
51岁以上	25	23.2	26.2	26.7	22.4

① 中华人民共和国国家统计局.第二次全国农业普查主要数据公报(第5号).http://www.stats.gov.cn/tjgb/nypcgb/qgnypcgb/t20080227_402464718.htm,2008-2-27.

为了准确了解中部地区新生代农民人力资源能力现状，同时为提升新生代农民人力资源能力提出具有针对性的参考建议，本课题组于2011年6月开始，开展了关于中部六省新生代农民工人力资源能力现状的调查研究。本次调查主要采用随机抽样问卷调查和个案访谈相结合的方法进行。通过课题组深入农村实地走访发现，16岁以上农村青年除仍在校接受教育的以外，绝大部分选择到城市务工，因此课题组选取新生代农民工作为主要调研对象，且本调研的结论论证了选取新生代农民工替代新生代农民作为主要研究对象的合理性。根据调研前的预先安排，此次调研为新生代农民课题的补充调研，结合2011年初的调研，课题组深入中部六省的宾馆酒店、工业园区、建筑工地、人才市场和劳务市场等新生代农民工工作场所和求职场所展开实地调研工作。依据随机抽样的原理，本次调查共发放调查问卷6600份，共收回有效问卷4176份，有效问卷回收率63.27%。

3.1　中部六省新生代农民受教育情况

中部六省新生代农民的受教育水平和职业技能培训水平与传统农民相比有所提高，但与全国新生代农民的平均文化程度仍有差距。

3.1.1　受教育时间相对较长，文化程度相对提高

调查结果（见表3-2）显示，中部六省新生代农民总体受教育程度较高，高中（中专）及以上学历的比例为58.7%，平均受教育时间为11.4年，中部六省新生代农民工高中（中专）及以上学历的比例为63.2%，平均受教育时间为11.7年，而2010年全国总工会新生代农民工问题课题组的调查结果显示，全国传统农民工高中（中专）及以上学历的比例为48.1%，平均受教育时间为10.7年，全国新生代农民工高中（中专）及以上学历的比例为67.1%，平均受教育时间为11.8年，通过对比可知，中部新生代农民的文化程度比全国传统农民工高，受教育时间更长，中部新生代农民工的平均文化程度比全国新生代农民工低。

表 3-2　中部与全国新生代农民文化程度对比(百分比)①

文化程度	中部新生代农民	中部新生代农民工	全国传统农民工	全国新生代农民工
小学及以下	4.5	2.8	6.6	0.4
初中	36.8	34.0	44.4	32.4
高中及中专	35.2	36.7	36.6	41.8
大专	13.1	14.5	10.1	19.7
本科	10.4	12.0	2.4	5.6

注:本文中所出现数据,除明确标识来源处者,其余皆为本课题研究成果。

调查结果(见表 3-3)显示,不同性别的中部新生代农民受教育水平具有一定的差异。女性新生代农民小学及以下学历的比例为 4.7%,高出男性新生代农民 1.9 个百分点,而高中及以上学历的为女性新生代农民的比例为 58.6%,比高中及以上学历男性新生代农民低 1.7 个百分点。这表明男性新生代农民的文化程度比女性高,这与中部农村地区存在一定的"重男轻女"现象有关。

表 3-3　中部地区新生代农民男女性文化程度对比(百分比)

文化程度	中部新生代农民	男性新生代农民	女性新生代农民
小学及以下	4.5	2.8	4.7
初中	36.8	36.9	36.7
高中及中专	35.2	35.6	36.5
大专	13.1	13.5	12.2
本科	10.4	11.2	9.9

① 全国总工会新生代农民工问题课题组. 2010 年企业新生代农民工状况调查及对策建议, http://acftu.workercn.cn/c/2011/02/21/110221040907789516873_4.html, 2012-5-14.

3.1.2 教育质量不高,受教育机会缺乏

随着国家对于教育投资的增加和人们受教育意识的提升,我国的整体教育质量有了大幅的提升,新生代农民的受教育水平比传统农民明显提高。但是,我国教育资源仍然比较稀缺,加之城乡二元结构的影响,使得教育资源向城市倾斜,城乡间教育差距十分明显。在农村上学的新生代农民没有机会接受与城市同等质量的教育。通过走访发现,部分在农村接受过初中教育的新生代农民识字率不高,知识面也很狭窄,农村的义务教育趋于形式化,教学内容和形式仍然以应试为主。部分民工子弟虽然在城市上学,但由于户籍限制、择校费高昂等原因很难进入到好的学校,接受高质量的教育仍是奢谈。据统计,2009 年我国农村高中毛入学率仅为22.3%[①],而全国平均高中阶段毛入学率为 79.2%[②],后者为前者的 3.55 倍。造成这种差距的原因可能有主客观两个方面。主观上讲,农村家庭对于高中教育重要性的认识不如城市家庭,农村的孩子也会因为周围同龄人不入学或辍学放弃接受高中教育。客观上讲,高中教育不属于义务教育的范畴,城市家庭对于学费的承受能力明显高于农村家庭。

农民受教育机会仍然比较缺乏。随着小城镇建设的加快和农村学龄儿童的减少,离家较近的乡村学校越来越少,农民子弟只能去路途较远的城镇读书。国家虽然为了解决学生上学路途太远造成的不方便不安全等问题也实施了一系列配套措施,如寄宿制学校,对寄宿的学生实行生活补贴,但仍没能有效地解决这一问题,一些农民学子仍然因此辍学。而且,农村城市孩子的升学机会也不均等,一是客观条件造成了农村孩子学习成绩与城市学校孩子的成绩差距,二是某些城市的好学校倾向于保护本校的学生,导致在初中升高中及高考阶段,新生代农民和城市居民也不在同一起跑线上。

---

① 《中国农村统计年鉴》,北京.中国统计出版社,2010 年版。

② 2009 年全国教育事业统计公报,http://www.edu.cn/zong_he_news_465/20100804/t20100804_503424_1.shtml,2012-5-12.

中部地区农村教育经费投入有限。中部六省教育经费见表3-4，数据对比见图 3-1。基础教育、职业教育、技术教育等教育经费的支出决定了新生代农民的教育水平，由图 3-1 可知，河南省总体教育、农村基础教育经费和职业技术教育经费都是最高，湖北省高等教育投资经费最大，山西省总体教育经费和高等教育经费都是最低，江西省职业教育经费最低。可见，中部地区农村各类教育发展很不均衡，基础教育、职业教育和技术教育体系亟待完善。

表 3-4 中部六省各类教育机构教育经费收入情况[①]

省份	各类教育机构教育经费收入情况						
	教育部门和其他部门	高等学校	农村高中	农村初中	农村小学	农村职业高中	技工学校
湖北省	40379959	28070745	775515	7660919	7695108	46566	86721
湖南省	39518988	16796892	1480430	8672137	11126652	334048	297912
河南省	55454447	16603804	825576	10661517	17121373	489554	738790
山西省	26879276	7017452	313569	4203714	7989194	123889	232556
江西省	25633827	10813595	368612	4705355	8210359	69955	17653
安徽省	35338579	11876872	1385694	7561853	11636218	495149	186189

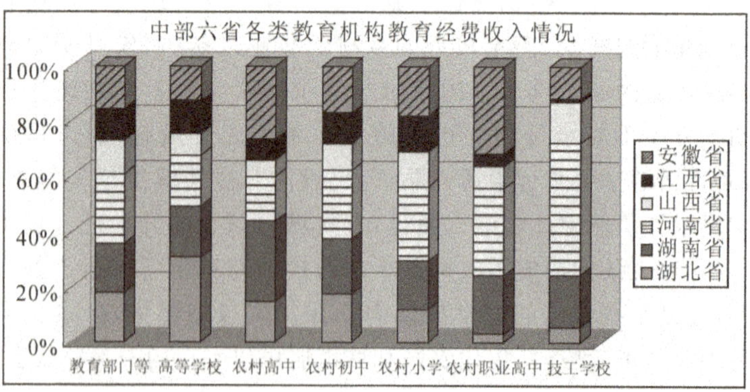

图 3-1 中部六省各类教育机构教育经费收入情况图

① 教育部财务司:《中国教育经费统计年鉴 2010 年》,北京,中国统计出版社,2011 年版。

农村教育基础设施较差，师资力量薄弱。通过参观村镇的学校，课题组发现学校的教学设备、教师的办公环境和文娱设施都比城市落后，缺乏吸引优秀师资的条件。而且，2010年全国两会代表杨军表示，农村中小学教师工资仍然大大低于城市中小学教师工资水平，有些地方的农村中小学教师只能领取基本工资，工资总额不到城市中小学教师的1/3，某些地区仍存在拖欠教师工资的现象，缺乏留住优秀教师的条件。据某校领导介绍，近年学校新引进的师资多是二类本科甚至以下学历的毕业生，很难招到或留住教学经验丰富、学历更高的老师。

3.1.3　教育内容单一，心理教育匮乏

调查显示，中部新生代农民工大部分在农村接受教育，农村学校的教学内容比较单一，大都只开设升学考试考查的科目，没有心理健康教育的相关课程。1999年8月，教育部在《关于加强中小学心理健康教育工作的若干意见》中，明确提出从2000年秋季开学起，大中城市有条件的中小学要逐步开展心理健康教育，小城镇及农村中小学也要从实际出发，逐步创造条件，开展心理健康教育。但是，在广大农村地区，中小学心理健康教育却是举步维艰[①]。由于农村学校老师和教育资金的缺乏等原因，农村学校一般也不会专门外请心理教育专业或经过专业教育心理学训练的老师来校任教。经调查了解到，在农民走入社会以后，农民工培训教育的任务主要由企业承担。但企业多数只关心新生代农民工可以为企业创造的利润，也极少对他们进行心理健康方面的引导和教育。富士康公司“十二连跳”事件发生以后，也仅有部分企业开始关注员工的心理健康辅导问题。

3.1.4　参与职业技能培训意愿强，参与比例较高

中部新生代农民工对技能培训有强烈的需求。很多新生代农

---

① 刘学武：《农村中小学心理健康教育存在的问题及对策研究》，载《上海师范大学学报》2009年第5期。

民工过早的进入社会谋生活，在激烈的社会竞争中，他们意识到自身知识的匮乏阻碍了自身的发展，逐渐接受了知识改变命运的观点，认识到知识、学历和技能的重要性，知识的增长、学历和技能的提升意味着更高的工资待遇和更好的工作条件，所以他们迫切需要接受教育和培训来改变现状。

中部新生代农民工继续学习的愿望比较强烈。在调查中发现，97％的受访农民工表示自己有学习意愿，只有3％的农民工不想学习（见图3-2）。他们对于学习文化知识和专业技能表现出强烈的欲望。

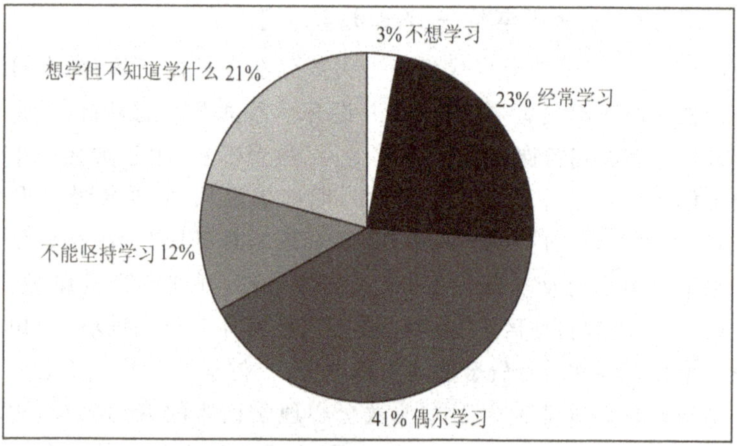

图3-2　中部新生代农民学习意愿

有学者称，传统农民工是带着工具来的，新生代农民工是带着文凭和证书来的。据调查显示（如图3-3），中部新生代农民中接受过就业前培训的比例达到24％，参加过企业入职培训和工作中培训的比例分别为32％和28％，参加过再就业培训的比例为2％，没参加任何培训仅占全部新生代农民工的14％，可见新生代农民参与技能培训的比例明显提高，企业成为现阶段新生代农民工培训最重要的主体。课题组通过深入的访谈发现，在各种培训中只有真正就业前参与的培训和再就业培训称得上真正的技能培训，企业对新生代农民工的入职培训一般只是企业纪律规章的普及，或是工作岗位的基本工作方法，其目的仅仅是使员工更快的投入到生产中为企业创造价值，而不是着眼于员工的成长。

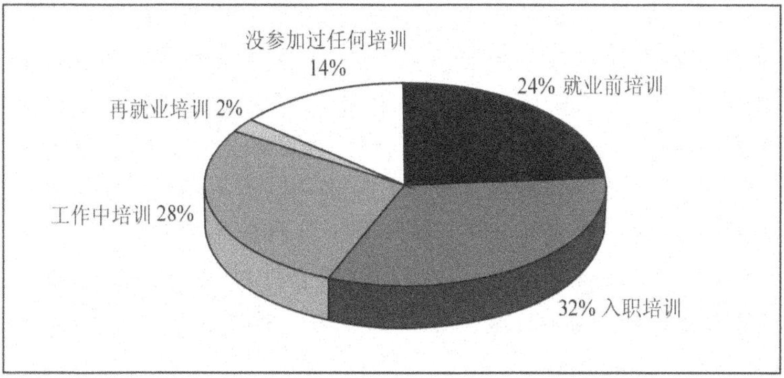

图 3-3　中部新生代农民工参加过的培训

课题组对新生代农民工参加技能培训的原因进行调查。如图 3-4 所示，35％的认为培训能大幅提高自己的经济收入，31％的认为培训能增强找工作的自主选择度，18％的认为培训可以提高生活水平，9％的认为培训可以让自己找到工作环境较好的技术性工作，7％的认为培训能够产生赢得社会尊重的正效应。

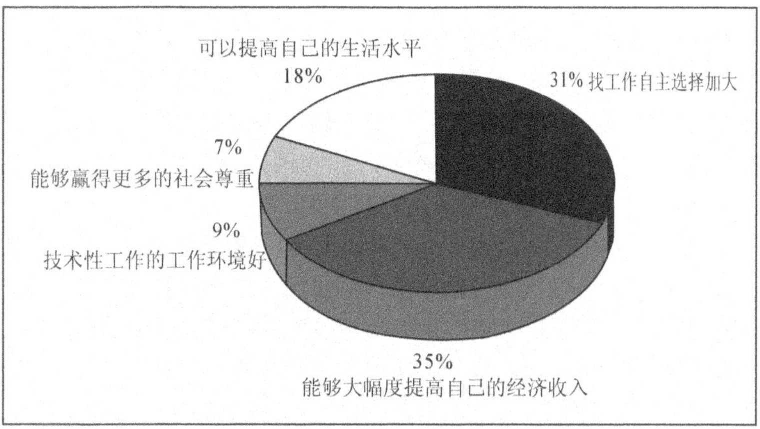

图 3-4　中部新生代农民工参加技能培训的原因

3.1.5 中部六省新生代农民职业教育水平仍然较低

然而，中部地区新生代农民技能培训的条件和效果与发达地区仍有很大差距。据资料显示，在全国 31 个省（市）中，广东、江苏、浙江的教育经费投资总额居全国前 3 位，而教育经费居中部六省第一位的河南省在全国仅占到第 6 位，湖南、湖北、安徽、山西、江西分别居全国第 8、11、13、18 和 19 位[①]。中部地区新生代农民工流出地大都是经济不够发达的地区，当地政府的财政投入有限，难以组织更多更有针对性的农民培训。同时，由于信息的不对称，农民流出地开展的某些培训内容片面，层次较低，缺乏针对性，不能满足企业的需要，与企业用工脱节，这就导致虽学到一技之长的农民仍然很难在城市找到合适的工作。

另有调查显示，新生代农民工月平均工资主要分布在 1000—1500 元范围内，除去日常开支结余很少，能用于培训的资金非常有限。而且新生代农民工从事的工作往往是高强度的，工作时间很长，很少有时间和精力参加培训。在对中部新生代农民工没有参加技能培训的主要原因进行调查时发现（见图 3-5），不知道参加哪方面培训和认为参加培训后仍找不到好工作所占的比例最高，分别为 35％和 25％，其次是觉得没时间和没闲钱交学费的，分别达到 20％和 16％。调查结果说明，虽然大部分新生代已经有了继续学习的意愿，但是缺乏培训方向的引导和培训后就业推荐等原因仍然阻碍了新生代农民工参与培训的实际行动。因此，新生代农民由于培训内容不明、培训目的不清、自身经济条件和闲暇时间限制等方面的原因，技能培训方面与城市同龄人存在差距。

新生代农民工的培训除了国家政策指导，政府财政投入，新生代农民工自身参与，用人单位也应承担对农民工培训职责。大部分中部地区新生代农民工在劳动密集型企业就业，地处郊区，距离城镇较远，参加教育培训很不方便，而他们所在的企业往往忽视对员工的培训或只进行工作所需技能的培训，据调查显示（如图 3-6），30％的企业没有

---

① 教育部财务司：《中国教育经费统计年鉴 2010》，北京．中国统计出版社，2011 年版。

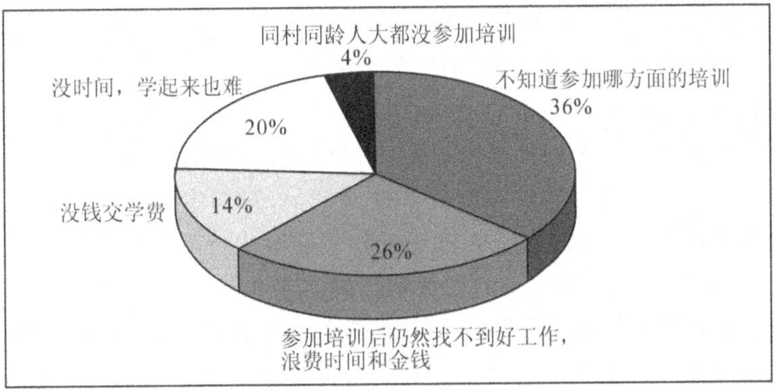

图 3-5 中部新生代农民工没有参加培训的主要原因

对新生代农民工进行培训，35%的企业一年只对他们进行1～2次的培训，进行培训次数大于等于3次的企业仅占35%。因此，用人单位对培训的不重视也是新生代农民工技能缺乏的重要原因。

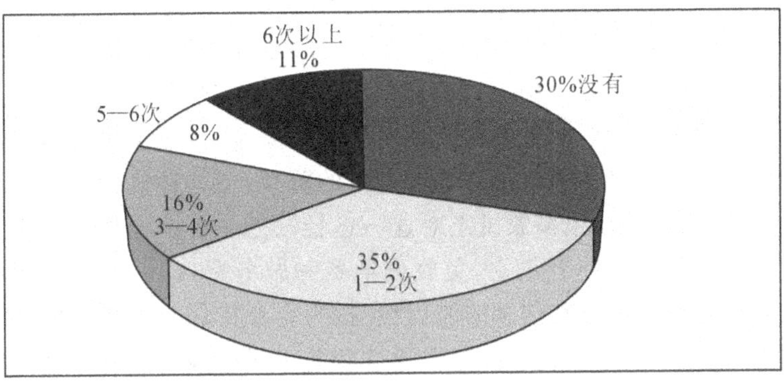

图 3-6 企业对中部新生代农民工进行培训频率

3.2 中部六省新生代农民就业能力

新生代农民作为国家产业化进程的主要推动者之一，是中部地区迅猛崛起的重要人力资源，其就业能力关乎中部地区产业结构升级和新型工业化道路的进程，同时也对其自身的职业发展和融入城市社会具有关键作用。

3.2.1 中部六省新生代农民求职能力

中部六省新生代农民的受教育程度和职业技能水平虽然与传统农民工相比有了一定的提升，但仍然滞后于城市劳动力市场的需求。中国劳动力市场网信息显示，2009 年城市劳动力市场对高中及以上学历的劳动力需求占总需求的 60.2%，对初中及以下学历的劳动力需求仅占 39.8%①。在知识和技能逐渐代替简单体力劳动的背景下，如果新生代农民工的教育和技能水平不能获得比劳动力市场需求更快的发展，按照他们目前的技能水平估算，只有大约三成的人能够在城市长期稳定就业。局限于普通中学教育的文化程度，受劳动技能的教育较少，劳动素养偏低，不适应劳动力市场需求等问题成为中部新生代农民求职和就业的巨大障碍。

调查显示，中部新生代农民工进城求职主要有五大途径：(1)由政府部门设立的公共就业服务机构介绍工作；(2)由法人、其他组织或公民个人等举办的职业中介机构介绍就业；(3)看到用人单位张贴的招聘信息，自行到用人单位应聘；(4)通过报纸、广播、电视、互联网等媒体了解用工信息；(5)通过亲戚朋友或老乡等熟人介绍工作。通过公共就业服务机构介绍工作相对安全、可靠。尽管政府部门对公共服务机构的建设给予了一定的重视，但这种机构发挥的实际作用比较有限，很多农民工对这一途径缺乏了解。比如劳务市场主要针对低端求职者设立，免收进场费和服务费，与农民工求职比较对口。但是由于其信息的滞后性、招聘企业待遇较差和求职成功率低等原因，农民工也不倾向于通过劳务市场求职。职业中介机构虽然遍地开花，但是由于对中介机构收费较高、部分商人黑心欺骗求职者等原因，很大一部分农民工不愿意通过中介机构寻找工作。自行到用人单位应聘，企业和求职者之间可以有比较深入的了解，求职成功率可能较高，但是也可能吃闭门羹，比较费时耗力。通过媒体发布的招聘广告，由于信息来源复杂，真实性较低，新生代农民

① 全国总工会新生代农民工问题课题组:《关于新生代农民工问题的研究报告》，2010 年 6 月《工人日报》。

工也很少利用媒体发布的信息寻找工作。因此，新生代农民工的就业一般建立在相互信任和帮助基础上，亲戚朋友或老乡等熟人介绍是其获取就业信息、进行择业的主要途径，拥有较多的社会资本意味着新生代农民工可以占有更多的资源，获得更多就业信息和择业机会。社会网络的大小、好坏在一定程度上决定了求职机会的多少和求职成功的几率。由于中部新生代农民工的社会网络局限在亲戚、老乡、农民工工友等较低层次群体，他们形成的社会资本一般不能给农民工带来较好的就业机会。

由于中部地区新生代农民工的流动呈现自发性、分散性、小规模、不规范的特点，劳动力市场建设比较落后，市场供求信息不畅，农村劳动力难以得到合理流动和转移。农村劳动力输出地应积极与劳动力流入地进行对接，全面、准确、迅速地收集、分析和发布劳动力需求地的劳动力市场信息，及时有效地与需求和供给双方进行沟通，开展跨地区、跨省份的劳务输出，促进劳动力资源的有序和合理配置，减少劳动力流动的自发性、盲目性，以保证外出新生代农民的成功就业。

3.2.2　中部六省新生代农民职业规划能力

中部新生代农民工对于自己的职业定位不甚明确。他们过早结束学生生活步入社会，需要经历对职业角色的认同由农民向工人转变，对职业发展的定位由亦工亦农向非农就业转变，从校门到厂门的短暂历程、从学生到工人的角色转换的过程。而他们心智尚未成熟、价值观尚未完全形成、身份认同尚不清晰，面对铺天盖地、瞬息万变的信息和复杂陌生的社会环境，容易对未来产生迷茫。然而，各种求学和培训经历影响了新生代农民工的职业期望与职业选择，他们希望从事轻松而待遇较好、能够开眼界的职业。同时，正是由于他们具有一定的知识和技能，拓宽了他们的就业领域和工作选择余地，使得他们更不屑于父辈所从事的脏苦累的工作，对工作待遇、工作环境、生活条件等都比较挑剔，但是由于经验的欠缺和职业技能与企业不匹配等原因，往往并不能求得很好的职业。所以，由于自我能力认知的不准确和求职的高期望导致其在职业生涯的起步阶段容易遭遇挫折。

中部地区新生代农民工缺乏系统的、长远的职业规划和人生规划。职业生涯规划是把个人与组织结合起来，对个人的职业生涯条件予以测定分析、总结评价，综合分析与权衡其兴趣爱好、能力特点等，从自己的职业发展主客观条件和职业倾向出发，确定最佳的职业奋斗目标，并付诸实施和安排，而不仅仅是按照自己的资历条件去找一份合适的工作。职业规划能帮助新生代农民个人真正了解自己，筹划未来，定下事业发展大计。但新生代农民中的很多人并不了解职业生涯规划，偶有听说的也对职业生涯规划的认识很片面，致使大量新生代农民没有明确为之奋斗的职业目标，常常随波逐流，只是对未来盲目乐观或盲目失望。据调查显示(如图 3-7)，只有 32%的中部新生代农民工有比较明确的职业规划。他们中的一部分对自身的工作和生活缺乏规划，不确定自身具体职业发展目标，对选择什么样的职业缺乏思考的空间。由于对缺乏长远的职业规划，导致了学习的目标不明确或经常变换。

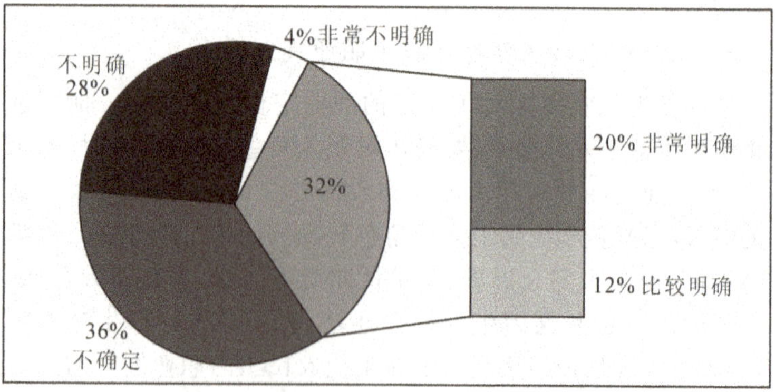

图 3-7 中部新生代农民职业规划明确程度

在调查中发现(如图 3-8)，63%的中部新生代农民工意识到自身的知识存量对于选择工作有限制作用，只有 37%的还没有认识到知识对于选择工作的限制性。随着知识经济的迅速发展，各行各业各个岗位对于从业者的知识技能都提出了更高的要求，部分从业者已经感觉到这个大趋势，产生了学习知识技能的想法。调查显示，65％的受访者认为学习知识能提高自己的收入，特别是专业技能的学习提升会显著提升工资收入，但仍有 35％的受访者缺乏对于技能提升收入，知识改变命运的认识。职业规划不明确，频繁的变换工作，专业技能的学习提高缺乏持续性，技术不精通等原因阻碍了新生代农民职业的向上发展和经济收入的提高。

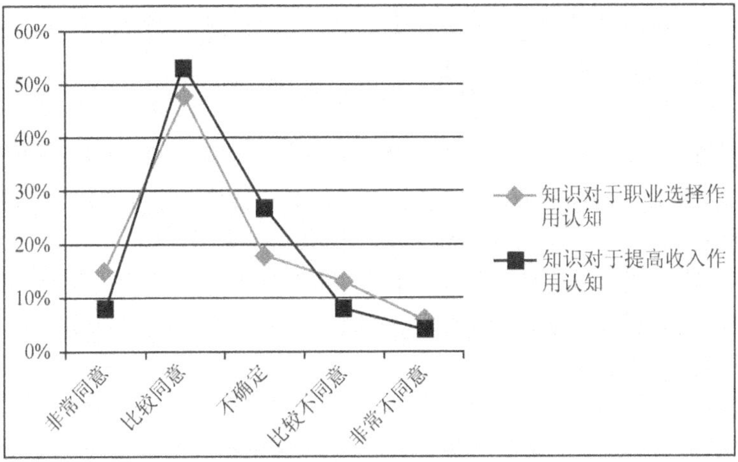

图 3-8　中部新生代农民工就业认知能力

3.2.3　中部六省新生代农民职业技能

职业技能是新生代农民就业能力的重要组成部分。新生代农民工为了增强自己的就业自由度和竞争力，开始注重自身职业技能的提升，同时，政府部门为了促进新生代农民是适应产业结构升级的需要，也积极引导并支持新生代农民接受职业技能培训。调研组对于职业培训率，掌握的职业技能种类和执业资格认证进行了调研。

在所有接受调查的新生代农民工中，高达 74％的受访者没有接受过真正的技能培训，技能培训率仅为 26％，这一数字虽高于全国传统农民工 22.9％的培训率，但明显低于全国新生代农民工 36.9％的水平。可见中部地区新生代农民工的技能培训率与全国相比，仍存在较大差距(见表 3-5)。

表 3-5 中部地区新生代农民工技能培训率与全国水平的相关对比

	中部地区新生代农民工	全国传统农民工	全国新生代农民工
技能培训率(%)	26	22.9	36.9

数据来源:关于新生代农民工问题的研究报告①

较低的技能培训率直接导致中部地区新生代农民工职业技能单一。调查结果显示,在所有受访的新生代农民工中,仅有 21.9%的人掌握了 2 项或 2 项以上的职业技能,更有 23.4%没有掌握任何职业技能,人均掌握职业技能数仅为 1.09 项。职业技能的掌握数量情况拉开了新生代农民工间的收入水平,未掌握任何职业技能的农民工平均月收入仅为 1230 元,而掌握了两项及以上职业技能的新生代农民工月均收入达到 1712 元,收入差距明显。

除了通过进入职业技术学校学习、参加劳动保障部门组织的培训和人力资源服务机构组织的培训班以外,"干中学"是新生代农民获取并提升职业技能的另一重要途径。与在职培训一样,"干中学"以新生代农民工处于就业为前提,劳动者能否通过"干中学"提升自己的职业技能,关键在于其学习态度积极与否和学习能力的高低。据调查显示(如图 3-9),新生代农民参加过的技能培训占前三位分

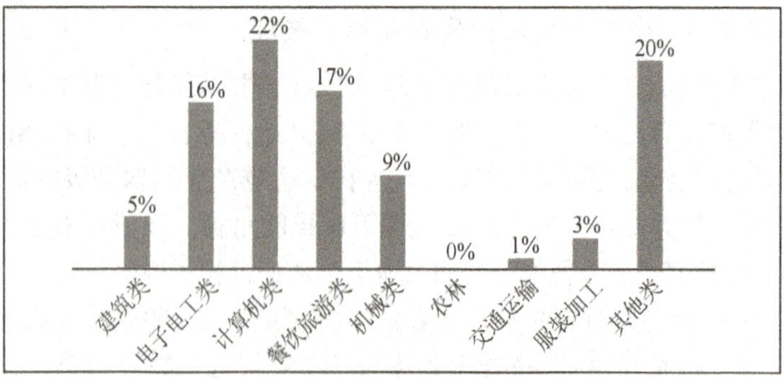

图 3-9 中部新生代农民参加过的技能培训

① 全国总工会新生代农民工问题课题组:《关于新生代农民工问题的研究报告》,2010 年 6 月《工人日报》。

别是计算机类(22%)、餐饮旅游类(17%)、电子电工类(16%)。调查显示新生代农民工还通过各种学习渠道掌握了许多专业技能,如电焊、机床加工、烹饪、美容美发、服装加工、驾驶、建筑类、家电、机动车维修、计算机应用等。

调查结果显示,中部地区新生代农民工执业资格认证率很低。在所有的新生代农民工受访者中,仅有 11.3%获得了执业资格证书,而获得高级执业资格认证的受访者只有 1.2%。(见表 3-6)

表 3-6　中部地区新生代农民工执业资格认证情况

执业资格认证情况	比例(%)
未获得任何技能证书	88.7
获得初级技能证书	7.6
获得中级技能证书	2.5
获得高级技能证书	1.2

3.2.4　中部六省新生代农民维权意识增强,维权能力提高

与传统农民工相比,新一代农民工的维权意识大大提高。大多中部地区新生代农民工毕业以后就进入城市,对于新事物的认知和接受能力很强,维权意识和平等意识较高,具有相对广阔的视野。新生代农民工与传统农民工遭遇同样的同工不同酬、少有假日等不公平待遇时,新生代农民工不会像传统农民工一样选择逆来顺受以求保住自己的饭碗,而是通过各种手段追求与城里人平等的就业权、社会保障等权益。本书课题组结合中国国家统计局 2012 年 4 月 27 日发布的《2011 年我国农民工调查监测报告》的数据(如图 3-10)可知,中部地区的农民工与西部地区的新生代农民工参保比例接近,落后于全国新生代农民工的参保率和东部地区务工的农民工的参保率。

新一代农民工的维权能力有所提升,在合法权益受到侵害时懂得用法律的手段保护自己,但法律方面的知识仍然欠缺。随着法治社会的日益完善和一系列劳动保护法令的颁布实施,新生代农民工的法律意识不断增强,当他们面对不公正的待遇,懂得一定法律知

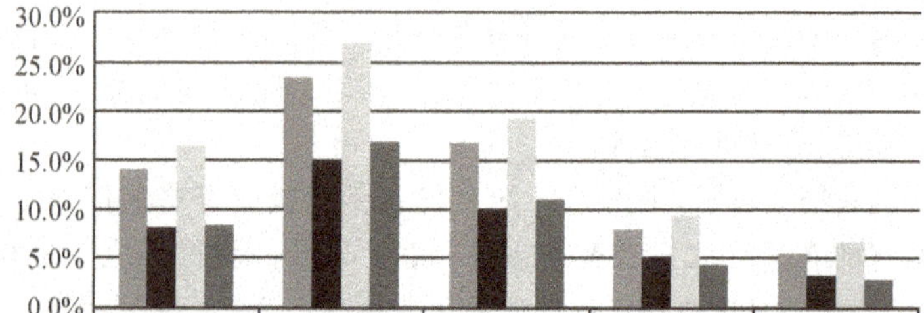

	养老保险	工伤保险	医疗保险	失业保险	生育保险
全国	13.9%	23.6%	16.7%	8.0%	5.6%
中部	8.3%	14.8%	10.2%	4.8%	3.4%
东部	16.4%	27.0%	19.3%	9.5%	6.7%
西部	8.3%	17.0%	11.1%	4.5%	2.8%

图 3-10 新生代农民社会保险参与情况

来源:2011 年我国农民工调查监测报告

识的他们开始运用合法的手段维护自己的合法权益。近年来,在各级政府和社会的帮助下,新生代农民工通过法律途径解决了工伤、欠薪、侵权等与企业的各种纠纷,而不是一味隐忍和通过暴力手段解决这些问题。自 2005 年沈阳出现我国首个农民工工会,在索要拖欠工资等方面发挥了很大的作用,农民工工会在全国各地蓬勃发展,成为农民工群体维护自身权益的重要途径之一。许多新生代农民懂得通过合法的手段和自身不懈努力维护自己的权益,但由于法律知识有所欠缺,法律手续较为繁琐等原因,部分农民工的权利仍然受到侵害。据调查数据显示,在 1617 名中部新生代农民工中,有 42.8%的觉得自己法律知识欠缺,希望获得相关法律知识的培训。

新生代农民工维权的方式由被动变为主动,但其维权的方式仍然需要正面引导。传统农民工维权能力不高,当合法权利受到侵犯时往往忍气吞声或被动恳求解决冲突,但新生代农民工的维权态度由被动表达向积极主张转变。据调查显示,当权益受到侵害时,新生代农民工中因怕遭到报复而不向有关部门投诉的仅占 6.5%,而传统农民工高达 13%;投诉时以集体投诉形式进行的,新生代农民工为 45.5%，而传统农民工为 27.9%[①]。以上信息表明，新生代农民工的法律知识有所提高增加，已经开始主动寻求各种法律手段、社会组织救助等方式维护自身的权益，解决自己面临的困境，但这与社会主义法制建设的目标还相去甚远。由于传统观念的影响和法律意识的欠缺，采用报复方式、暴力形式维护自身权益的行为仍然存在。这种方式不仅不能解决问题，而且会激发雇主与农民工之间的矛盾，使原本掌握主动权的受害者农民工变得被动。因此，新生代农民工的维权方式和途径需要得到积极的引导，以避免不必要的冲突和伤害。

3.3　中部六省新生代农民就业行为模式

中部新生代农民工的就业行为，如就业空间选择、产业行业选择和就业行为特征等方面都表现出与传统农民工和全国新生代农民工不同的特征。

3.3.1　中部六省新生代农民就业空间

从农民工的就业地区来看，在中部地区就业的农民工在 2009 年到 2011 年间从 2477 万人增至 4438 万人，增幅为 79.2%，在西部地区就业的从 2933 万增至 4215 万人，增幅为 43.7%，在东部地区务工的农民工从 9076 增至 16537 万人，增幅为 82.2%。从图 3-11 可以看出，到东部地区就业的农民工仍占外出就业农民工的 2/3 以上，到中部地区和西部地区就业农民工人数大致相当，但 2010 年到中部地区就业的农民工首次超过了到西部地区就业的农民工，其原因是 2004 年提出的中部崛起战略终于在 2009 年 9 月 23 日国务院总理温家宝主持召开国务院常务会议上通过《促进中部地区崛起规划》，为中部经济的发展提升了信心。同时，2010 年到各地区打工的农民工都呈现大量增长的情况，其原因是由于经济危机以后经济复苏产

① 全国总工会新生代农民工问题课题组：《关于新生代农民工问题的研究报告》，2010 年 6 月《工人日报》。

生了大量的农民工需求。

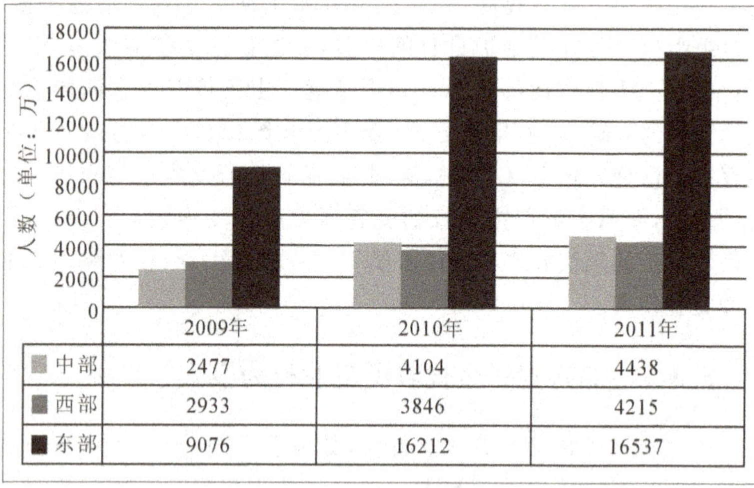

	2009年	2010年	2011年
中部	2477	4104	4438
西部	2933	3846	4215
东部	9076	16212	16537

图 3-11　2009—2011 年农民工就业地区分布

数据来源：2009—2011 年我国农民工调查监测报告

横向比较，2011 年中部地区农民工留在省内的比例为 32.8%，西部地区为 43.0%，东部地区达到 83.4%，分别为西部地区和中部地区的 1.94 倍和 2.54 倍。纵向比较，2011 年省内务工的农民工比 2010 年的 30.9%上升了 1.9 个百分点，说明跨省外出的农民工数量呈减少趋势，农民工以跨省外出为主的格局逐渐改变（见表 3-8）。

表 3-8　不同地区外出农民工在省内外务工的分布（单位：百分比）

地区	2011 年		2010 年	
	省内	省外	省内	省外
全国	52.9	47.1	49.7	50.3
东部地区	83.4	16.6	80.3	19.7
中部地区	32.8	67.2	30.9	69.1
西部地区	43.0	57.0	43.1	56.9

数据来源：2011 年我国农民工调查监测报告

在调查中发现，如图 3-12 所示，如果在家乡能够致富，中部新生代农民工仍会选择离开家乡的比例为 43.6%。资料显示，2009 年跨省外出务工的比例达到 53.7%，高于传统农民工 6.9 个百分点；而且，新生代农民工更愿意在大中城市务工，选择在地级及以上城市务工的比例为 67.4%，高于传统农民工 9.9 个百分点①。新生代农民工对城市的繁华有强烈的向往，他们希望在大城市打拼出自己的一片天，而不会有传统农民工那样的乡土情结，满足于在家乡获得一份维持生存的职业。

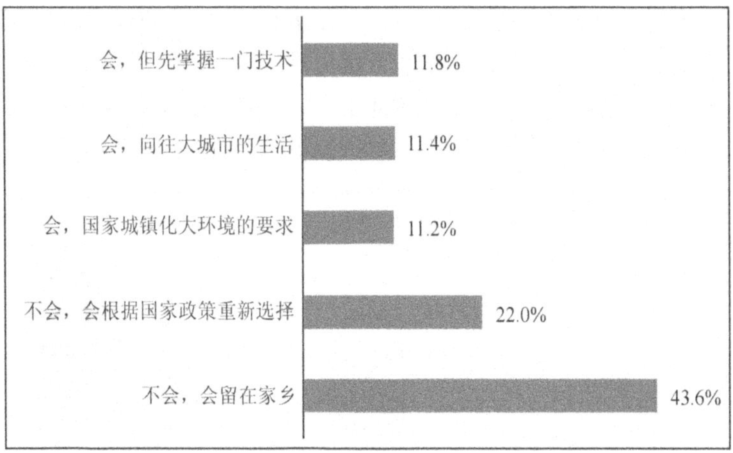

图 3-12　中部六省新生代农民就业空间二次选择

在理性的就业流动决策中，需要考虑有形成本和无形成本。有形的成本包括交通费用、通讯费用、食宿费用等方面，就业地与家乡的距离往往与交通和通讯费用成正比，就业地的经济发展情况与食宿费用也呈现正相关的关系。无形成本包括适应新环境，建立新的人际网络，克服思乡情和适应当地人排外情绪等。但是新生代农民工并不会被这些成本和压力所阻碍，仍然选择背井离乡去外地、外省务工，其原因是多样的。首先，到珠三角地区务工有更多的就业

① 中华人民共和国国家统计局网站. 新生代农民工的数量、结构和特点. http://www.cssn.cn/news/149584.htm,2012-11-25.

机会和更宽的就业范围，可以获得相对较高的经济收入，可以感受年轻人向往的都市生活。其次，据调查显示，42.3%的新生代农民外出务工动机是为了“寻找发展机会”，出来见世面的比重为6%，到珠三角大都市可以实现他们发展的需求和见世面的愿望。

3.3.2 中部地区新生代农民就业产业行业

中部地区新生代农民工就业多集中于二、三产业。如图3-13所示，35.2%的新生代农民工在第二产业就业，62.1%在第三产业就业，而在第一产业就业的新生代农民工仅占2.7%。从性别上看，在第二产业就业的女性新生代农民工比男性低12.4个百分点，而第三产业就业的女性新生代农民工比男性高出9.5个百分点。数据显示，第二产业的发展男性新生代农民工发挥更重要的作用，而女性新生代农民工在第三产业的发展进程中扮演着更重要的角色。

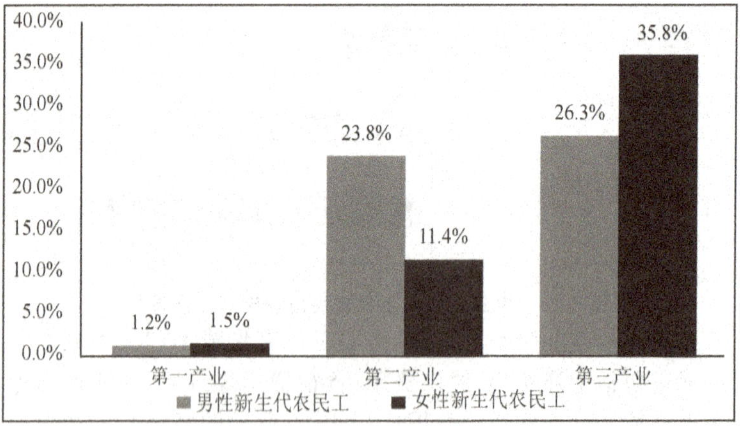

图3-13 中部地区新生代农民工产业分布

本次调查研究验证了众学者提出新生代农民工的就业行业分布呈现“两升一降”特征的观点，即在制造业、服务业中的比重呈现上升趋势，在建筑业中呈现下降趋势。据调查显示（见图3-14），中部新生代农民工从事制造业、服务业、建筑业的比例分别为31.2%、38.7%和7.9%。据2009年统计资料显示，外出农民工从事制造业、服务业、建筑业的比例分别为39.1%、25.5%和17.3%，服务业上升了 13.2 个百分点，制造业和建筑业却分别下降了 7.9 和 9.4 个百分点。与传统农民工相比，新生代农民工开始注重工作环境、工资福利待遇和工作的稳定性、成长性，倾向于选择工作条件更好的行业就业。

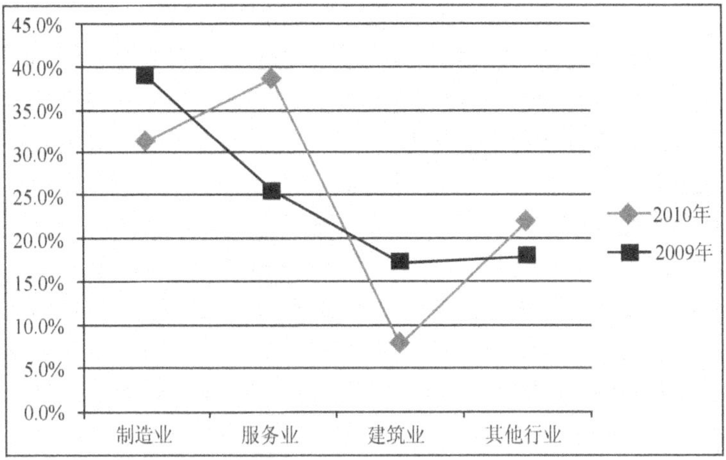

图 3-14　中部地区新生代农民工行业分布

新生代农民工绝大多数从业于非公有制企业，特别是外资企业和外资控股的企业。据调查显示（见表 3-9），2010 年在非公有制企业就业的新生代农民工比例达到 84.3%，比 2009 年的 81.8%高出 2.5 个百分点，其中在外资及其控股企业就业的新生代农民工从 40.3%增长到 58.2%，即超过半数的新生代农民工在外资及其控股企业就业。2010 年国有企业和集体企业吸纳新生代农民就业分别比 2009 年增加了 3.4%和 2.2%，说明公有制企业吸纳农民工就业的能力有所提升。

表 3-9　中部地区新生代农民工就业企业所有制类型分布情况

	国有企业	集体企业	民营企业	外资及其控股企业	其他所有制企业
2009 年	9.1%	1.0%	41.5%	40.3%	8.1%
2010 年	12.5%	3.2%	18.9%	58.2%	7.2%

3.3.3 中部六省新生代农民就业行为特征

中部地区新生代农民基本没有务农的经历，毕业后直接进城打工，他们不像传统农民工那样对乡土有深深的依恋，忍耐力和吃苦精神也远不及父辈。他们接受了一定的教育，掌握了一定的技能，具有较高的工作期望和生活理想。

企业管理者的访谈显示，中部地区新生代农民工通常倾向于接受说服性的教育和引导，而不能理解和忍受来自领导和同事比较直接的批评。部分受访企业管理者认为，新生代农民工没有吃过什么苦，受不得半点委屈，缺乏责任意识，工作态度自由散漫，无视企业的规章制度，特立独行。犯了错误一般不会主动承认错误和接受批评，领导的批评教育会觉得他们"面子"受损，当面顶撞、撒手不干的现象时有发生。其中一位李姓经理谈到，现在根本不知道该如何与新生代农民工进行沟通，如何对他们进行管理。江西省某职业学校校长谈到，新生代农民工一般都是家庭规模比较小，都是父母的掌上宝，没有受过委屈，养成了他们强烈的自尊意识；他们都比较年轻，经历的事情比较少，也还不具有包容和理解他人的能力。虽然如此，但是他们接受过家庭和学校教育，懂得知错即改的道理，只是在沟通的过程中需要尊重的态度和说服的方式。

新生代农民工跳槽频率高，是新生代农民工就业行为最显著的特征。根据调查结果中农民工变换工作的次数除以农民工打工的年限，可得到就业流动频率。其中，新生代农民工就业流动频率在0.5以下者占总体的47.5%，这部分新生代农民工群体的就业状态比较稳定，流动性较低，而就业流动频率在0.5—1之间的占16.4%，在1—2之间的占22.9%，高于2的占13.3%，这部分显示出农民工较强的流动倾向。课题组对新生代农民工的离职原因进行调查发现，薪酬仍然是影响新生代农民工流动的重要因素，占到44%，工作时间太长，缺乏休息是新生代农民工离职第二重要的原因（如图3-15）。由此可见，新生代农民工的需求多样化，需求层次相对较高。他们除了关心自己的工资待遇，工作强度、工作时间和工作环境，也开始注重自己在企业的发展空间和企业的人文关怀。

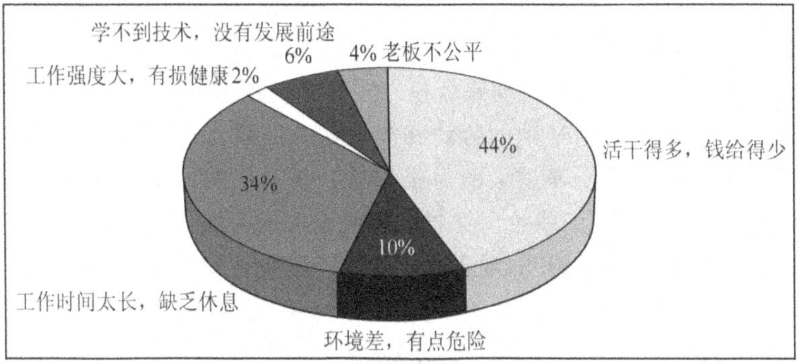

图 3-15　中部六省新生代农民工跳槽原因

在对企业管理者进行访谈的过程中，他们也经常提到新生代农民工离职率高的问题。其原因包括新生代农民工知识技能得到提升、求职渠道变得宽广等积极因素，但更多的离职是由于很多不理性的因素。农民工需要认识到频繁跳槽对于自身经济条件的提高和职业生涯的发展的不利影响，谨慎做出离职决策。

3.4　中部六省新生代农民心理能力

（本节内容中的心理能力不是指一般心理学意义上从事心理活动所需要的能力，而是指新生代农民工对于自我和环境的认知、调节和适应能力。）

新生代农民工具有特定的群体心理特征。与父辈相比，新生代农民工文化程度相对较高，信息渠道和接受信息的范围拓展，对人生产生了较高的理想和期望，有了更多的精神上和情感上的诉求。但是，新生代农民工由于年龄和社会阅历的局限，心理承受能力相对较弱，缺少应对压力、挫折和各种社会不公平现象的经验和能力，往往会产生强烈的心理矛盾与冲突。

3.4.1　中部六省新生代农民自我认知不清

新生代农民工或者是大部分在城市长大，或者是毕业后直接进入城市务工的，对于农村和土地没有深厚的感情。在调查中了解到

(见图 3-16),有 30%的新生代农民工开始重视自我尊重的需要和自我价值的实现。但当他们怀着对外面世界的向往和未来的憧憬来到城市寻找新的生活,却发现要么和一大群人挤在大工厂里从事各种体力劳动,每月拿着用辛勤的劳动和汗水换来的薪水;要么在城市夹缝中艰难地生活,遭受城里人的另眼相看。新生代农民工面临"回不去农村,入不了城市"的尴尬。身居城市但无法成为城里人的困境和"理想很丰满,现实很骨感"的现实造成了他们自我认知不清。

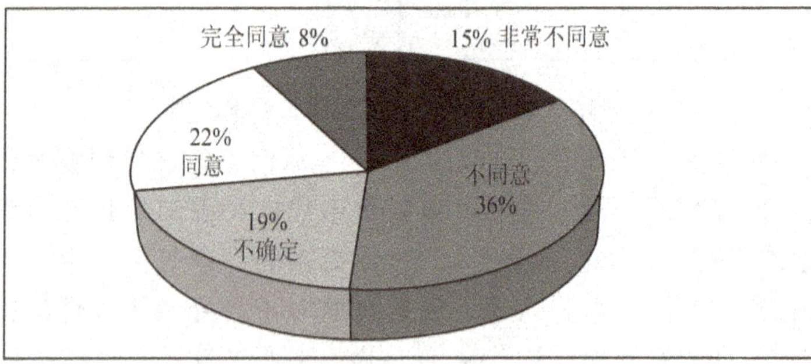

图 3-16 中部六省新生代农民重视自我尊重的满足和自我价值的实现

新生代农民工自我认知不清的原因,首先来自于其自身与城镇居民之间在就业机会、收入水平、社会保障等方面的巨大差距。一方面,由于户籍制度的限制和自身知识、技能的匮乏,多数农民工从事的都是城市中苦、脏、累、险的工作,缺乏更多的就业选择机会;另一方面,在实际待遇上,往往存在着农民工与城镇劳动者同工不同酬的现象,农民工的劳动报酬极低,劳动时间过长,劳动定额也极不合理,且往往不能享受到各种福利和社会保障,这就使得新生代农民工在同城镇居民的比较时产生身处社会底层的挫折感和强烈的生存焦虑。

其次,理想和现实之间的巨大鸿沟也会给新生代农民工造成巨大的挫折感和失落感。同传统农民工相比,新生代农民工有着更为远大的人生目标,他们希望能在繁华的都市中构筑自己的美好生活;然而,从现实情况看,城乡二元的社会结构和户籍制度壁垒却极大地阻碍了他们理想的实现。从社会地位上说,社会保障的缺失、合法维权的困难、政治与社会事务参与途径的狭窄、城市居民的歧视等都会使新生代农民工产生“低人一等”的自卑感；从经济收入上说，农民工不仅承担着城市中最累最苦的工作，还往往面临着劳动中的合法权益受到剥夺的情况，这种残酷的生存现状很容易使这些年轻的打工者产生理想破灭的绝望。新生代农民工在现实生活中对自我、对社会、对梦想一次又一次否定，如果不在这种否定中完成自我心理的调节，实现一次新的自我超越，就很容易陷入无望的泥潭不能自拔。

3.4.2 中部六省新生代农民价值观不稳定

新生代农民工生活在信息爆炸的时代，他们是伴随互联网、电视机、手机成长起来的一代，信息获得的便捷性使他们比较了解外部世界，在思想观念、时代意识、民主意识上都较传统有所觉醒。城市文明对他们有巨大的吸引力，他们上网聊天、写博客，也关心股市，不喜欢单调的工作，不希望过着单一的两点一线生活。然而信息爆炸的时代，文化是多元的、网络又是开放的、充斥着各种信息，各种良莠不齐的文化形态无障碍进入，造成了新生代农民工价值观不稳定。

新生代农民工在所面临的环境发生重大变化之后，自我意识明显增强，在平时的学习、工作和生活中，较之以往更多地强调个体利益的实现。新生代农民工自我意识增强的重要表现是渴望独立，更多地关心自我的发展，希望自己的命运自己主宰，特别希望被社会所承认、所尊重，自己的利益得到更多的实现。自我意识增强虽然可以促进农民工更好地发展，但在客观上也导致了新生代农民工在处理集体利益与个人利益关系时，更多地向自我方向偏离，集体意识减弱，严重者甚至走入极端的个人主义深渊。在对新生代农民工提出同意将“个人合法权益与承担社会责任相统一”时，有18%的受访者给出了否定或不确定的答案，在不能保证自身权益的情况下，主动承担社会责任确实是奢谈(见图3-17)。

3.4.3 中部六省新生代农民心理承受能力较弱

新生代农民工大多是独生子女，从小在较为优越的环境中长大，衣食无虞，生活无忧，进城前又都处于单纯的学校环境中，在进城之前或在城市就业之前并没有做好充分受挫的思想准备和心理

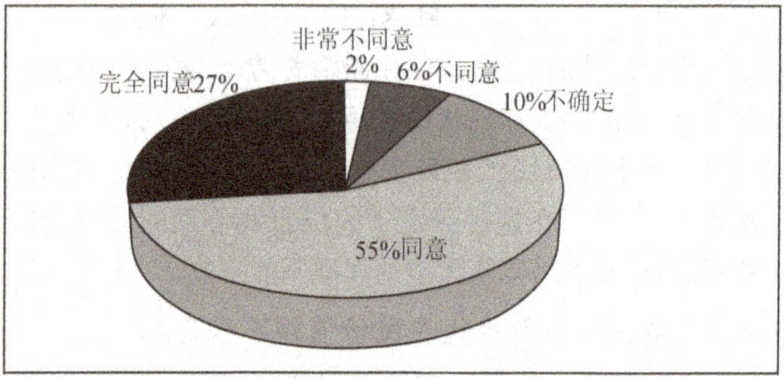

图 3-17　中部六省新生代农民注重个人合法权益与承担社会责任相统一

准备。简单的生活经历使他们普遍自尊心强，对于工作生活的期望值较高，但心理承受力较弱。当他们从初高中校园里满怀憧憬地踏入社会时，他们才发现社会竞争如此激烈，生存压力如此沉重，美好的理想与雄心抱负被现实社会沉重击碎。生活压力，工作不顺，情感困扰，让他们不知所措，但他们缺乏良好的社会支持系统：亲人远在农村，人际关系淡薄，缺乏知心朋友，而一些工会等组织没有被有效地利用起来，没有人去倾听他们的声音。当一个又一个挫折、失望、困惑不断来临却无法得到及时排解或无法通过自身心理调节实现心理转型，积累到一定程度的时候，就会导致心理抑郁和焦虑，形成心理疾病。在对中部地区新生代农民工进行抗挫折能力的调查时，只有18%的受访者认为自己在面对挫折时拥有克服挫折的能力，69%的受访者表示自己不具备克服挫折的心理能力(见图3-18)。

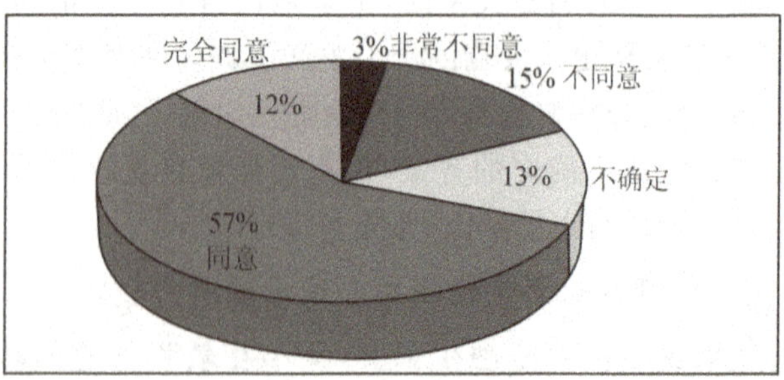

图 3-18　中部六省新生代农民拥有克服挫折的心理能力

第4章　中部六省新生代农民人力资源能力对比分析

包括湖北、湖南、河南、山西、江西以及安徽在内的中部六省均为人口大省，2000年至2010年，各省人口数据如表4-1所示。另据相关调查显示，目前，河南省9918万人口中有71.1%是农村人口，而其中外出务工人员占据农村劳动力的33%，在河南2150多万农民工中，新生代农民工占70%以上，达到1500万人之多；[①]山西省外出务工的农民共有388万余人，其中80后、90后新生代务工农民约264万人，占到68%[②]；安徽省外出务工农民人数已逾1200万人，新生代务工农民占六成以上，超过720万人。[③] 江西省共有692万外出务工人员，其中新生代务工农民占到了62.6%；[④]湖南省新生代外出务工农民约为600多万人，占外出务工农民总数的60.8%。[⑤] 如今外出务工农民已经成为规模庞大的社会群体，而中部六省的新生代外出务工农民也成为了中部地区城市建设的生力军。

---

① 共青团河南省委：《河南新生代农民工的生存及思想状况察报告》

② 山西新生代农民工调查，http://epaper.sxqnb.com.cn/shtml/sxqnb/20100318/6268.shtml.

③ 詹婷婷.新华网安徽频道.发布时间：2010-9-3，http://www.ahnw.gov.cn/2006nwkx/html/201009/%7B32518D46-4808-42F9-8C7A-0F299377F9A1%7D.shtml，检索时间：2012年7月9日。

④ 华夏经纬网.《新生代农民：站在城市边缘看新农村建设》，http://www.huaxia.com/jx-tw/zjjx/jrjx/2011/05/2410219.html，检索时间：2012年9月7日。

⑤ 中国新闻网，http://www.chinanews.com/gn/2010/11-18/2665531.shtml，检索时间：2012年9月7日。

表 4-1 中部六省人口数及比重变化

省份	人口数(人)	比重(%)	
		2000 年	2010 年
湖北省	57237740	4.76	4.27
湖南省	65683722	5.09	4.9
河南省	94023567	7.31	7.02
山西省	35712111	2.6	2.67
江西省	44567475	3.27	3.33
安徽省	59500510	4.73	4.44

4.1 中部六省新生代农民基本情况分析

4.1.1 从事务工的年龄分布

对中部六省新生代农民中外出务工者的随机抽样调查结果显示，山西、河南、安徽、江西、湖北和湖南六省新生代农民外出务工者中年龄处于 16 岁—25 岁之间的人数占了总人数的大部分，分别为76.5%、85%、66%、65.6%、74.3%以及 84.8%。这说明当前中部六省新生代农民中务工的人员，即新生代农民工，主要以 80 后、90 后为主。其中，山西、河南、湖南的新生代农民工以 90 后居多，而安徽、江西、湖北以 80 后居多。这表明山西、河南和湖南的新生代农民工较其他三省而言更倾向于低龄化，多数高中未毕业或刚毕业就开始外出务工。

同时，与第一代外出务工的农民相比，中部六省的新生代农民工更倾向于低龄化，山西、河南、安徽、江西、湖北以及湖南六省新生代农民工中 16 岁以下的比例分别达到 18.6%、10%、9%、6.25%、8%和 11.4%，童工现象比较严重。这除了与监督不严、执法不力、违法不究等社会环境因素有关外，还与这些少年儿童或其家长的选择有关。与其说这些童工是“被骗”出来的，不如说是他们的一种自主选择。他们之所以做出这样的选择，可能并不仅仅是为了挣钱，为了生活，而是因为在今天的农村，对年轻人来讲，外出打工已经成为一种“时尚”，一种潮流，而且这种"时尚"与潮流又得到其父辈高度认同。年轻人不外出打工，在很多农村人心目中可能就是保守、不思进取、懦弱、甚至无能的表现，成为农村"熟人社会"议论甚至指责的对象。追求时尚是少年儿童的天性，再加上"熟人社会"强大的舆论压力，两股力量迫使很多少年儿童"一脚踏出校门，一脚踏入城门"，也许他们在城市生活很困难，但他们的信念是"死也要死在城市"。这也许才是中部六省新生代农民工低龄化、童工现象严重的最主要的原因。

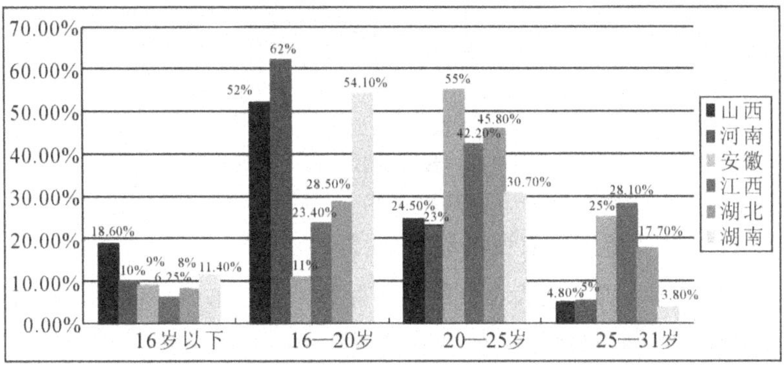

图 4-1　中部六省新生代农民外出务工者年龄分布

4.1.2　文化程度有所提高

关于中部六省新生代农民的学历结构的调查结果显示，总体而言，中部六省新生代农民多半以上接受了高中及以上教育，具有较高的文化素养。但是六省相比而言，安徽省和江西省新生代农民中具初中学历的比例最大，而山西、河南、湖北以及湖南四省新生代农民中具有中专或高中学历的所占比例最大，可见，山西、河南、湖北以及湖南四省新生代农民的学历结构略优于安徽省和江西省，这可能跟各省教育经费的投入有关。此外，与第一代农民相比（具体数据[①]见图 4-2），由于面临较好的教育环境和教育机会，中部六省新生代农民的学历水平已经有了较大幅度的提高，特别是具有本科及本科以上学历者的比例显著上

① 全国总工会新生代农民工问题课题组：《2010 年企业新生代农民工状况调查及对策建议》，2011 年 2 月《工人日报》。

升,其普遍具有较高的文化知识,也更加看重个人能力的发展。

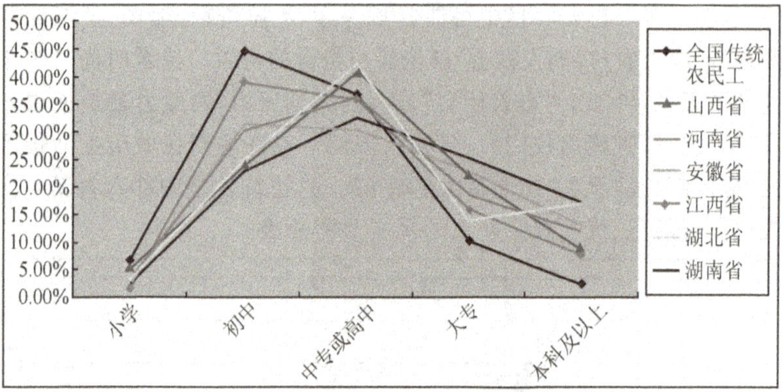

图 4-2 中部六省新生代农民受教育程度

来源:2010 年企业新生代农民工状况调查及对策建议

4.1.3 新生代农民的职业选择

对中部六省新生代农民务农与否的调查结果显示:山西、河南、安徽、江西、湖北和湖南六省中外出打工的农民占了绝大多数,分别为 91.1%、74.6%、86%、89.1%、93.3%和 92.6%,在家务农的农民仅占很少的一部分。而传统的农民更多的是守着那片土地,从事农业劳动。可见,相较于传统的农民,中部六省新生代农民更多的选择背井离乡,外出打工。此外,相比而言,河南省外出务工的新生代农民略低于中部其它五省。

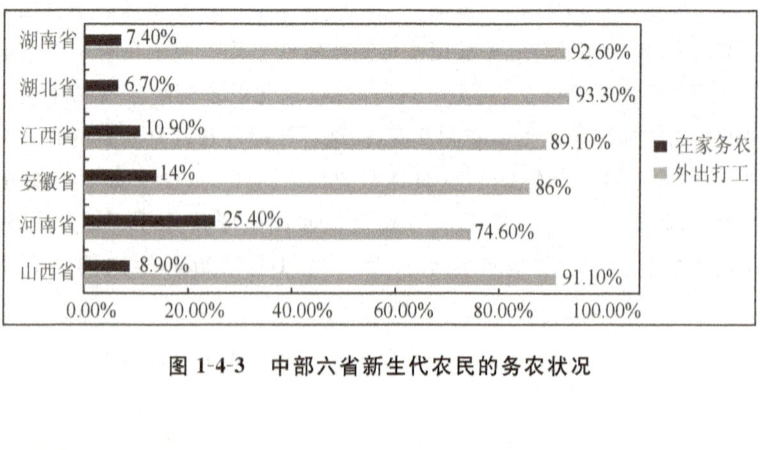

图 1-4-3 中部六省新生代农民的务农状况

4.1.4　外出务工女性比例增加

在关于中部六省新生代农民中外出务工者性别的调查显示，山西、河南、安徽、江西、湖北和湖南六省外出务工的女性分别占调查总人数的 35.7%、48%、30%、43.9%、43%和 35.1%。与老一代农民外出务工的女性比例 37.9%[①]相比，河南、江西和湖北新生代农民中女性的比重明显上升，这可能是由于如今的未婚农村女性没有家庭负担和婚姻责任，外出就业成本比较低的原因。而山西、安徽、湖南新生代农民中女性的比重略低于全国老一代农民工的女性平均比例，这可能与该三省女性农民工相对倾向于留在本地务工，更换工作的频率比较低，在大城市和劳务市场、人才市场进行随机抽样调查易造成误差等原因有关。

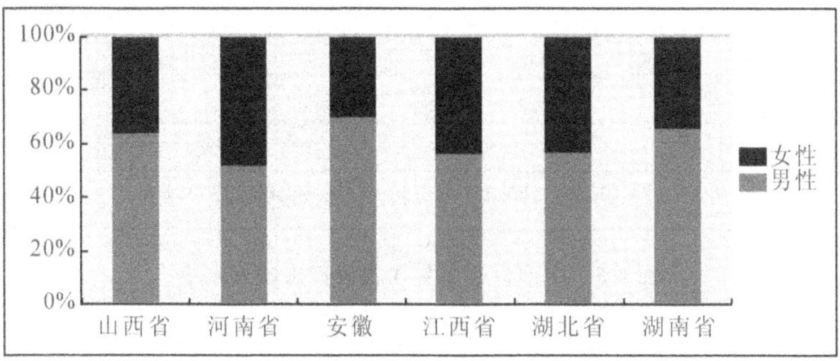

图 4-4　中部六省新生代农民外出务工者性别分布

4.1.5　打工收入虽有所增加，但仍普遍较低

关于中部六省新生代农民打工收入问题，调查结果显示：中部六省中山西、河南、江西、湖北和湖南五省新生代农民工打工工资收入主要集中在 1000—2500 之间，工资在 2500 以上的比重比较低，而安徽省新生代农民工打工工资收入在 2500 以上的比重却相对比较高，达到了 32.7%。这可能跟近年来安徽经济快速发展，皖江城市带产业转移示范区经济带动效应以及小城镇建设大力推动，使得安

① http://www.stats.gov.cn/tjfx/fxbg/t20120427_402801903.htm

徽省内务工收入水平快速提高有关。

总的来说，中部六省新生代农民打工工资收入总体有所提高，但工资水平在2500元及以上的比例仍还比较低。而且，据国家统计局发布的统计数据显示，2011年全国城镇非私营单位在岗职工年平均工资（即原“全国在岗职工年平均工资”）为42452元①，即全国平均月工资水平为3538元。可见，中部六省新生代农民的工资水平与全国平均工资水平差距还比较大。

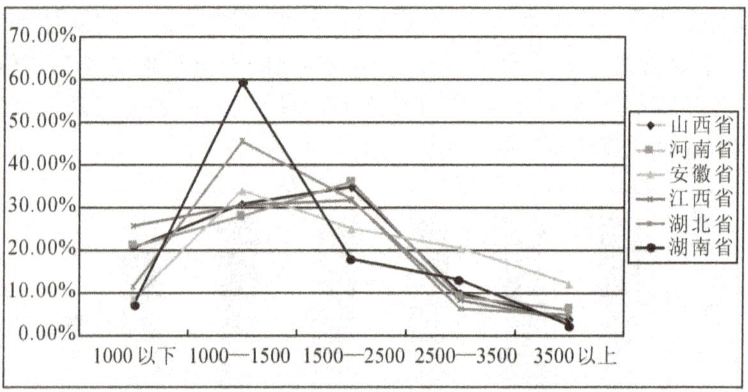

图4-5 中部六省新生代农民打工收入水平

4.1.6 行业分布

问卷调查结果显示，中部六省新生代农民中从事农业工作的都比较少，各省新生代农民大多都从事非农业工作。六省中，江西省从事制造业方面的农民最多，达54.7%，其次是山西省，占42.8%；山西和江西省农民从事建筑业方面的比较少，其他四省所占比例差不多；六省农民在从事商业、饮食业等服务业方面都占有一定比列，但安徽省比较突出，而江西省相对比较弱。另外，各省新生代农民在其他方面也占有一定比例。可见，中部六省新生代农民工行业分布广泛，一方面，这可能是由于他们大多数所从事的第二、第三产业的蓬勃发展，对劳动力的需求比较旺盛。另一方面，还与这些新生

① http://www.gov.cn/gzdt/2012-05/29/content_2147968.htm

代农民工大多数通过学习各种职业技能，具备了一定的科学、技术知识和劳动经验、生产技能，能够满足各行各业的需要有着莫大的关系。中部地区这些绝大多数的从事非农业的新生代农民便成为了新生代农民工，也成为了产业工人的重要组成部分。

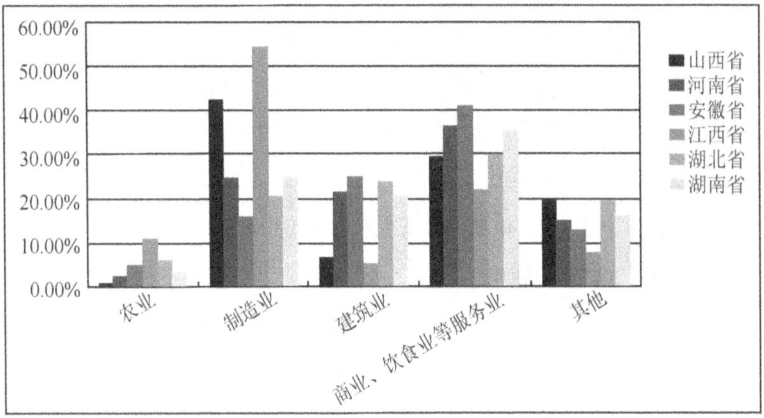

图4-6　中部六省新生代农民职业分布

4.1.7　工作满意度

关于中部六省新生代农民外出务工者对目前工作状态的满意情况，调查结果(见图4-7)显示：中部六省新生代农民外出务工者对目前的工作状态满意程度由高到低依次为湖北、湖南、河南、山西、安徽和江西。虽然湖北和湖南的新生代农民工相对于中部其他四省而言，对目前的工作状态满意的比例相对较高，但他们中仍然都存在相当一部分新生代农民工对目前工作状态表示不满意，且表示非常满意的比例也很小。可见，中部六省新生代农民工对目前的工作状态的满意度还有很大的提升空间。虽然这些新生代农民工由乡土社会进入城市社区后，城市文明给他们带来了强烈的影响与冲击，但是可能由于其在经济方面经常遭遇拖欠工资、延长劳动时间、与城市居民同工不同酬等不平等情况，在社会人格方面受到肮脏、粗鲁、野蛮、偷盗、不礼貌、不文明等污名的侮辱等，造成现实生活与其期望差距甚大，才使得他们对目前的工作状态不太满意。

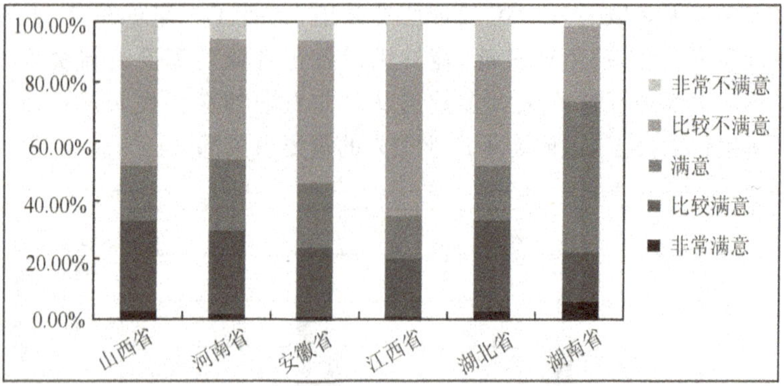

图 4-7 中部六省新生代农民工作满意情况

4.1.8 跳槽频率高

对中部六省新生代农民工换工作情况进行调查发现，山西、河南、安徽、江西、湖北以及湖南六省新生代农民工中没有换过工作的分别仅有 21.2%、23.5%、20%、24.6%、15%以及 13.4%，其中，跳槽率最高的是湖南省，其次是湖北省，其他四省跳槽率比较相近。总体而言，中部六省新生代农民工工作的跳槽率比较高。一方面可能是由六省农民工就业的临时性和非正规性决定的；另一方面，可能是因为六省新生代农民工在就业质量、就业期望等方面的要求比第一代农民工高，对工作比较挑剔，容易对目前的工作产生厌倦感，因而处于频繁的跳槽中。（见表 4-2）

表 4-2 中部六省新生代农民工换工作的情况

	没换过	换过
山西	21.2%	78.8%
河南	23.5%	24.1%
安徽	20%	80%
江西	24.6%	75.4%
湖北	15%	85%
湖南	13.4%	86.6%

关于中部六省新生代农民工因何种原因而转换工作的调查中(见图 4-8),山西、河南、安徽、湖南的被调查对象主要选择的原因有活多钱少,学不到技术和环境差有危险;江西省的被调查对象主要选择的原因是活多钱少,管的太严,学不到技术和环境差有危险;而湖南省被调查对象主要选择的原因是学不到技术和环境差有危险。此外,三天两头停工,老板和领头人不公平等也是中部六省新生代农民工转换工作的原因。由此可见,除了工资待遇之外,中部地区新生代农民工也越来越重视工作强度、工作环境、自我提升以及公平尊严等问题。根据马斯洛的需求层次理论可知,中部六省新生代农民工的需求层次在不断提高。再进一步究其原因,中部六省新生代农民工频繁跳槽可能还跟现行的就业制度和用人单位的具体做法有关。从现行的就业制度来看,城市农民工的工作是临时性的,在单位里的身份被统称为“临时工”。不仅不享有单位职工的福利,而且连工资级别也完全与城镇职工是两个体系。这样农民工在心理上从来也没有把自己看作是单位的人。因为没有心理上的归属感,因此,他们在单位之间更换工作,就成为很自然的事情了。再从用工单位来看,很多农民工并不是受雇于传统的“体制内”单位,而是受雇于“体制外”单位,在这里奉行的完全是劳动力自由雇佣的市场交换原则。换而言之,雇主与雇工之间完全是一种交换关系。因此,这种市场型的关系本身就容易形成工作的频繁更换。再加上我国劳动力市场不够健全、不够完善,劳资双方只是用十分简单的辞

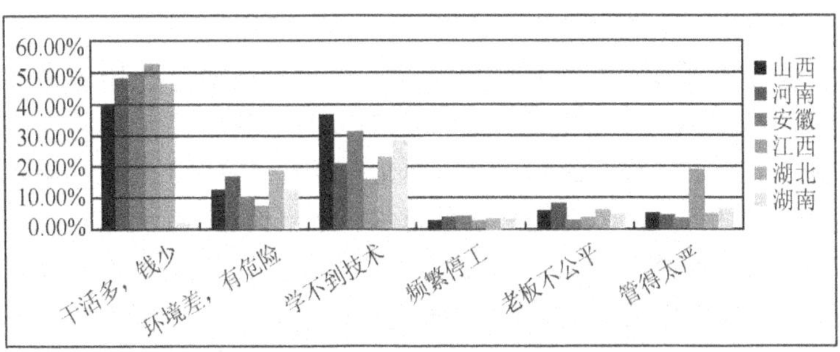

图 4-8　中部六省新生代农民工换工作的原因

职、解雇解决单位内部的矛盾，这同样会导致中部六省新生代农民工就业的不稳定性。

4.2 中部六省新生代农民人力资源能力现状

4.2.1 自我认知与定位

对中部六省新生代农民工是否清楚学习哪些知识能提高自己的收入的调查显示，虽然，中部六省有一定比重的新生代农民工中对学习哪些知识有一个比较清晰的定位，但仍然还有很大部分没有一个清晰的定位。其中江西省的现象特别严重，农民工中表示比较清楚和非常清楚的比例仅占29.4%。可见，虽然中部六省新生代农民工对自我认知与定位达到了一定水平，但是他们仍然还有很大的提升空间，尤其是江西省的新生代农民工。（见图4-9）

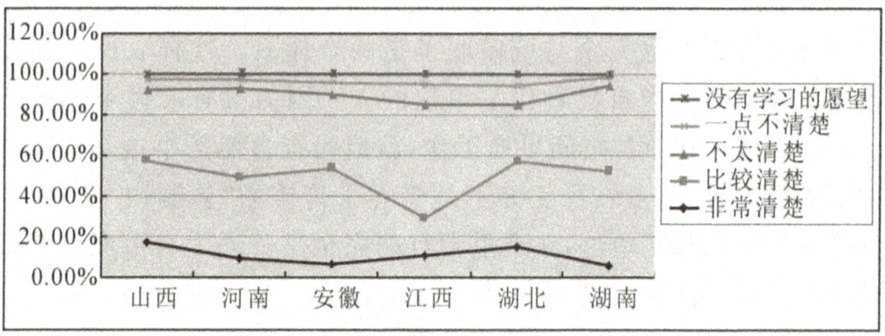

图4-9 中部六省新生代农民工对能提高自身收入的知识的认知

4.2.2 就业认知

关于中部六省新生代农民工关于知识对于职业选择的作用的看法，调查结果显示：中部六省的大部分新生代农民工都认为知识对于其职业的选择有影响，其中，湖北省新生代农民工对此认识最深刻，安徽省相对较弱。这与社会的进步和新生代农民工的文化水平的提高以及其思想、观念、生活方式等的转变是离不开的，同时也体现了中部六省新生代农民工日益增加的对知识的重视。（见图4-10）

对中部六省新生代农民工是否参加过专业技能培训进行调查，近一半的被调查者表示参加过专业技能培训，其中以湖北省（55%）

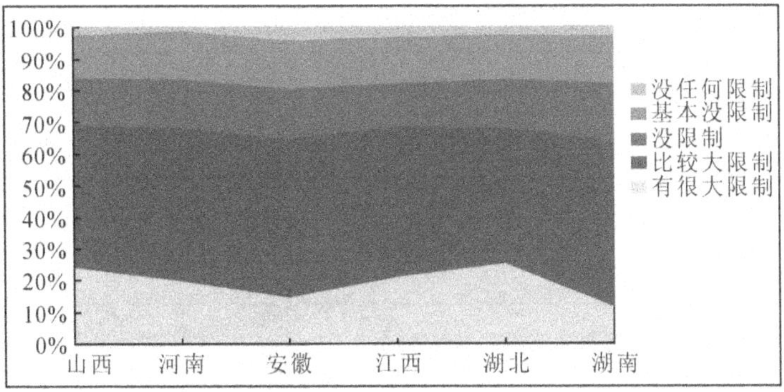

图 4-10　中部六省新生代农民工关于知识对择业的作用的看法

和湖南省(52.3%)(见表 4-3)尤为突出。此外,中部六省新一代农民工没参加过培训,但打算参加培训的比例也较大。这表明,中部六省新生代农民工仍有较大部分具有较强烈的学习欲望,但他们中也还有小部分缺少对专业技能培训重要性的认识。

表 4-3　中部六省新生代农民工专业技能培训状况

	参加过,并获证书	参加过,未获证书	没参加过,打算参加	不打算参加	没考虑过
山西	16%	23%	36.7%	9.3%	15%
河南	17.7%	29.3%	32.3%	8.2%	12.5%
安徽	18%	27%	29%	11%	15%
江西	19%	25%	30%	12%	14%
湖北	25%	30%	31%	8%	6%
湖南	22.4%	29.9%	28.4%	11.9%	7.4%

4.2.3　职业技能

关于中部六省新生代农民工目前掌握的专业技能的种类,调查显示:六省大部分的被调查者都没有掌握专业技能或仅掌握了 1 项专业技能,而掌握了 2 项及 2 项以上专业技能的调查者还比较少。各省被调查者中,掌握 1 项专业技能的比例最大,其中,江西省比例最大,为 54.7%;接着依次是安徽(50%)和湖北(47.7%),其他三省比例相当。总体上来看,中部六省新生代农民工目前掌握的职业技

能比较单一，专业技能较欠缺。（见图 4-11）

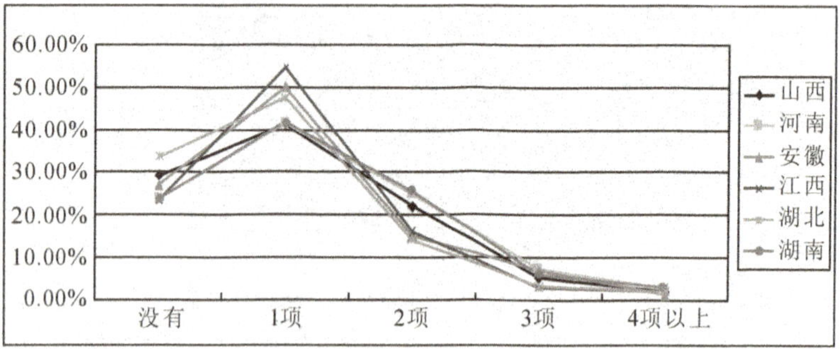

图 4-11 中部六省新生代农民工掌握专业技能的情况

4.2.4 执业资格

关于中部六省新生代农民工持有劳动部门颁发的专业技术等级证书的情况（见图 4-12），山西、河南、安徽、江西、湖北以及湖南六省被调查者中不会考取相关证书以及没有相关的专业技术等级证书的比例分别高达 54.3%、72.9%、86%、87.5%、71.9%和 70.1%。可见，中部六省新生代农民工中大部分缺少劳动部门颁发的专业技术等级证书。一方面，这些省份的新生代农民工多忙于时间长、负荷重的工作，没有足够的时间和精力去获得这些劳动部门颁发的专业技术等级证书。另一方面，仍有不少农民工习惯于传统的小农生产生活方式，还残留着市场经济意识淡薄，墨守成规，安于现状，小进则满，小富即安的封建思想遗风，不愿积极主动通过努力学习来完善自身，提高自身素质。

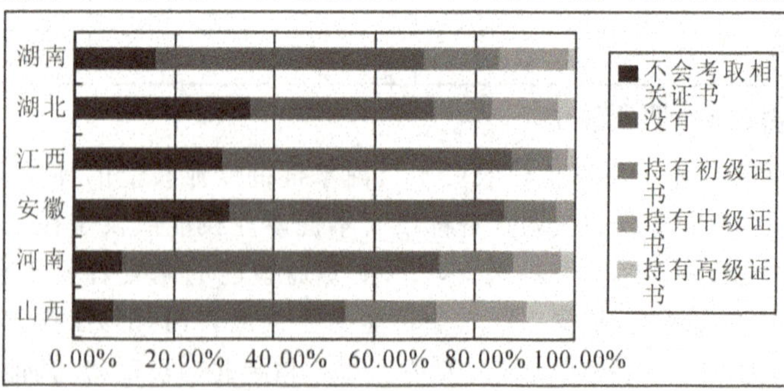

图 4-12 中部六省新生代农民工持有专业技术等级证书的情况

4.3　新生代农民对提高自身人力资源能力的动机、态度

4.3.1　学习意愿

关于中部六省新生代农民工主动的去学习知识的调查结果显示：山西、河南、安徽、江西、湖北以及湖南六省新生代农民工中表示一直在不断学习的分别占此次调查总人数的 13％、17.7％、21％、12.5％、27.7％和 22.4％；表示经常学习的分别占此次调查总人数的 23.8％、22.2％、15％、21.2％、22.8％和 19.4％；表示偶尔学习的分别占此次调查总人数的 27.5％、26.5％、33％、28％、24.3％和 23.7％；表示想学，但不知道学什么，怎么学的分别占 23.4％、24.3％、21％、25％、20.9％和 23.9％；表示知道文化知识很重要，但不能坚持的分别占 12.3％、9.3％、10％、13.3％、4.3％和 10.6％。可见，中部六省新生代农民工普遍有学习的意愿，且湖北省新生代农民工的学习意愿最强烈，接着依次是河南、安徽、湖南、山西和江西。中部六省的新生代农民工将是中部地区人力资源能力提升工作的主要对象，如何有效地继续激发并满足他们的学习意愿，是未来政府和企业的主要课题。

4.3.2　学习动机

对于中部六省新生代农民工参加技能培训的主要原因，调查结果显示，大幅度提高自己的经济收入、找工作时自主选择度加大以及提高自己的生活水平是中部六省新生代农民工参加技能培训的前三大主要原因，其中，江西和湖南的被调查者将提高自己的生活水平放到比找工作时自主选择度加大更重要的位置。可见，中部六省新生代农民工有比较高的通过学习来提高自身生活水平和工作层次的期望。(见图 4-13)

4.3.3　学习的限制因素

关于中部六省新生代农民工没有参加技能培训的主要原因的调查，湖南的被调查者表示主要是因为不知道参加哪方面的培训、参加培训后仍然找不到好工作以及没时间，学起来也难；湖北、安徽

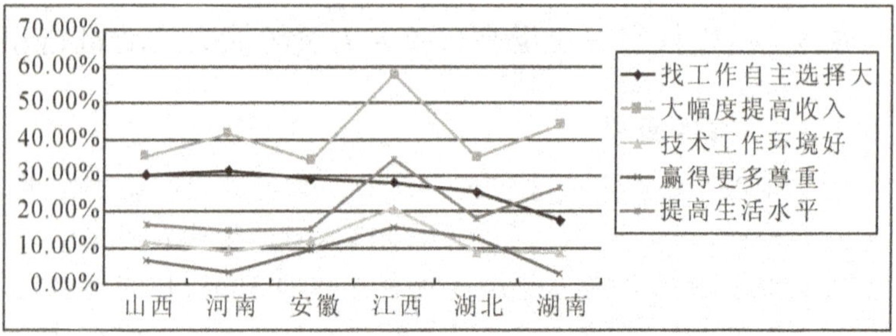

图 4-13 中部六省新生代农民工技能培训的主要原因

和山西的被调查者表示主要是因为参加培训后仍然找不到好工作和不知道参加哪方面的培训;江西的被调查者表示主要的原因是没时间,学起来也难,不知道参加哪方面的培训以及同村同龄人大都没参加;河南的被调查者表示主要是因为不知道参加哪方面的培训以及没时间,学起来也难。可见,中部六省新生代农民工缺少学习的限制性因素主要在时间、精力、资金以及学习方向上。(见图 4-14)

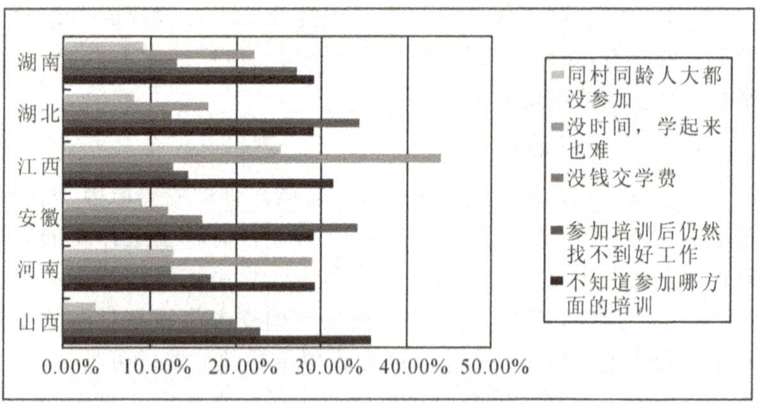

图 4-14 中部六省新生代农民工没有参加技能培训的主要原因

4.3.4 就业空间二次选择

对于其家乡能够科技致富,中部六省新生代农民是否会外出打工的调查显示:山西、河南、安徽、江西、湖北以及湖南六省新生代农民在家乡能够科技致富的情况下,不会外出打工,留在家乡或根据国家政策重新选择的比例分别为 63.2%、68.1%、74%、70.3%、62.8%和 64.7%。可见，如果家乡有足够的机会致富，中部六省大部分新生代农民更愿待在家乡工作，而不会外出打工。

4.3.5　工作生活目标

中部六省新生代农民对未来的人生规划（以后工作和生活的计划）是否明确的调查显示：山西、河南、安徽、江西、湖北以及湖南各省被调查者表示明确的分别占 69.3%、68.6%、62%、57.8%、71.4%和 73.1%。可见，中部六省新生代农民工对未来的人生规划总体比较明确，且湖南和湖北相对比较突出，安徽和江西相对较弱。（见图 4-15）

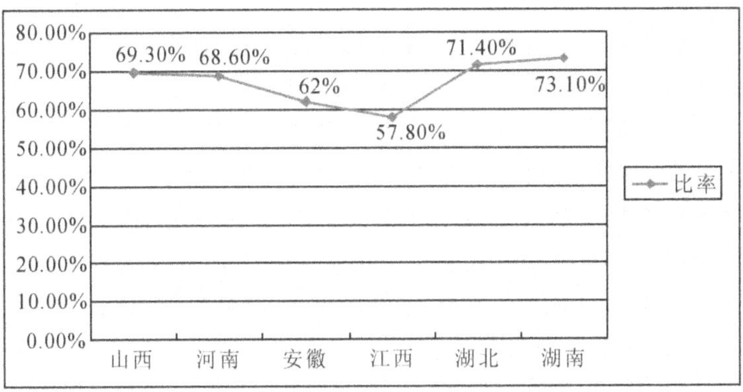

图 4-15　中部六省新生代农民对未来的人生规划明确比例

关于中部六省新生代农民对未来人生规划（以后工作和生活的计划）的具体目标的调查显示，山西、河南、江西和安徽省被调查者更多的倾向于干出一番事业和学通一门技术，赚钱养家；而湖北和湖南省被调查者除了更多的倾向于干出一番事业和学通一门技术，赚钱养家外，还比较重视赢得别人的尊重以及尽快成为城里人。此外，六省被调查者中还有一部分的目标是挣够钱后回老家做个小生意；收入少点但工作稳定或收入少点但工作条件好。同时，也有一部分被调查者的态度是走一步看一步再说。

第5章 中部六省新生代农民人力资源能力概念模型实证分析

自2004年福建、珠三角地区企业出现“民工荒”后，沿海传统产业密集型城市的民工荒现象愈演愈烈。不仅如此，2012年春季招聘季中，在河南、安徽、湖北这些传统的劳动力输出大省（市）也面临着“民工荒”的问题。究其原因，除了受金融危机、产业结构调整、企业内部因素的影响外，就是农民工队伍内部的主体发生了变化，新生代农民工取代了传统农民工成为外出务工人员的主要力量。2010年国务院发布的中央一号文件《关于加大统筹城乡发展力度 进一步夯实农业农村发展基础的若干意见》中，首次使用了“新生代农民工”的提法，标志着新生代农民工已成为我国产业工人重要的组成部分。新生代农民工指1980年以后出生、年龄在16岁以上、20世纪90年代中后期外出务工、主要从事第二、第三产业劳动，但户籍身份是农民的劳动者。与父辈相比，新生代农民工文化程度总体较高，有较远的人生职业规划、就业期望、融入城市意愿较高等新的特征，但也存在技能和经验较少、就业质量较低、公共服务可及性差等问题。我国现阶段新生代农民工总数约在1亿人左右，约占农民工总数的60%。①

随着产业结构的调整和产品结构的升级，经济发展从投入型模式转变为技术型模式。而技术型的增长模式除要求有新机器、新设备外，更需要有一大批掌握先进技术的高素质工人。日益壮大的新

① 《2009年全国总工会农民工报告》http://news.xinhuanet.com/politics/2010-06/21/c_12240721.htm

生代农民工群体其人力资源能力的高低，不但关系着我国经济的发展，在促进地区产业结构调整、升级和转型中，也起着举足轻重的作用。因此，对新生代农民工人力资源能力研究对农民工个人以及对企业、政府等解决近年来"用工荒"问题有重要的现实意义。本书课题组于2011年7月开展了关于中部六省新生代农民工人力资源能力现状的调查研究。主要采用随机抽样问卷调查和个案访谈相结合的方法进行。通过课题组深入农村实地走访发现，16岁以上农村青年除仍在校接受教育的以外，绝大部分选择到城市务工，只有农忙的时候回家帮助家人务农。新生代农民的身份具有了双重性，农闲的时候他们是产业工人的重要组成部分，农忙的时候他们又是农民中的重要力量。因此将新生代农民工的人力资源能力作为研究对象，是现实的需要，且具有广泛的代表性。

5.1　国内外研究

5.1.1 人力资源能力的内涵

最早的人力资源能力思想可以追溯到亚当·斯密《国富论》，他把工人技能的增强视为经济进步和福利增长的基本源泉，认为一国居民后天获得的能力是资本的重要组成部分。马克思经济理论中关于劳动力、劳动力商品使用价值以及劳动者素质中教育的作用等论述也是人力资源思想的重要体现。人力资源（human resource）最早是由美国的约翰·科蒙斯（John R. Commons）于1912年提出的，人力资源能力（Human resource capacity，HRC）的概念则来源于人力资源理论。20世纪90年代人们开始兴起对人力资源能力的研究。1990年联合国开发计划署（UNDP）开始发布《人类发展报告》，将发展人的能力作为报告的重要主题。1995年UNDP的《人类发展报告》认为人的能力是体能、技能和智能的统一。舒尔茨认为人类具有经济价值的五类能力是：学习能力、完成有意义工作的能力、进行各项文娱体育的能力、创造力和应付非均衡的能力。Sandberg（1995）认为人力资源能力是在有意义的环境中，产生具有适应性结果的个体特征(包括技能、知识和态度)。

"人力资源能力"术语首次在国内出现,是在1994年国务院环委会通过的《中国21世纪议程》的"教育与可持续发展能力建设"一章中。该议程明确指出"人力资源开发和能力建设"是我国教育与可持续发展能力建设的一个领域。国内对"人力资源能力"的理解很大程度上受到了1995年UNDP的《人类发展报告》的影响。

牛文元等人(2002)认为人力资源能力是体能、技能和智能的高度统一,是由初级能力、中级能力和高级能力多种能力构成的综合体。徐华、王大勇(2002)、戚鲁(2003)等则认为能力是指人作为个体的自然人从体能、技能、智能、潜能四个方面展现出对某项任务的胜任度,人力资源能力就是人力资源在现实社会活动中表现出来的实际本领、能量和成熟度。韩庆祥(2004)指出人力资源能力是个人所特有的、能够产生绩效的知识、技术技巧、态度和行为,可以外化为本领、能量和成熟度,并通过现实社会活动来展现。商红日(2006)认为,人力资源能力本质上是一种生产力,通常包括学习能力、团队合作能力、交往能力、劳动技能、创新能力以及创造力等。刘尔铎(2006)指出人力资源能力是指能够对劳动者的生产效率和生活能力产生重要影响的知识、技能和综合素质。人力资源能力建设是对劳动者生存、生活和发展所需要的基本技能的培养和开发。郑新立(2008)则认为人力资源能力是指人的内在素质在实践活动中的表现,具体应包括德能、智能、技能、体能。越来越多研究者基于自身的学科领域从不同层面围绕人力资源能力建设相关问题展开探讨,针对从不同研究目的和理论视角出发,造成"人力资源能力"概念的理解差异,王艳艳(2011)分别从宏观、微观、心理学和管理学的角度出发对"人力资源能力"概念和外延进行了比较和辨析。

与前面的学者不同的是陈劭峰、赵秀成、夏芳等学者开始运用现代的方法对人力资源能力进行实证研究。陈劭峰(2002)构建了人力资源能力等效系数方程,并对国内的人力资源能力分区进行了评价。赵秋成、杨秀凌(2009)探讨了人力资源能力内涵,并从体能、智能和技能三方面分析了大连市的人力资源能力建设水平。夏芳

(2009)基于阿马蒂亚·森的可行能力理论，构建了农村进城务工人员人力资源能力的指标体系，利用因子分析和多元线性回归分析技术实证分析了农村进城务工人员人力资源能力的结构关系。国内对人力资源能力的研究多以定性的内涵分析为主，定量实证研究为辅；研究对象大多是大学生、医务工作者、财务人员等知识性员工，对其他群体的研究相对较少。

5.1.2　新生代农民人力资源能力研究

从现有的研究来看，关于新生代农民工能力和素质方面的成果很多，涉及的问题包括素质、知识能力、心理、教育培训、就业能力、人力资本建设等，这些课题的研究或与人力资源能力问题相关，或是其重要的组成部分。

郭根山等(2007)就新生代农民工的素质问题进行了探讨；何小红(2010)、张磊(2011)则分别探讨了新生代农民工的精神健康和思想道德建设问题。胡少云、安雅丽、杨海芬、孙学敏、王成辽等对新生代农民工职业技能培训的现状和存在问题研究，认为通过教育培训提高新生代农民工的素质和融入城市的能力是现实必须解决的问题。罗恩立(2010)、刘叶云、游钊(2011)等分别研究了影响新生代农民工就业能力高低的因素，并建立了相应的评价体系。陈聪(2011)、刘万云(2011)等则从人力资本的角度分析了新生代农民工的生存和发展问题。刘瑶、彭建娟等学者则采用定量的分析方法对新生代农民工的就业能力进行了研究。刘瑶等(2011)针对新生代农民工知识能力状况进行了实地调研，对其知识能力总体状况做了评价和判断。彭建娟(2010)对吉林省建筑行业的新生代农民工的就业能力进行了测量，并从职业培训和教育的角度提出了提高就业能力的建议。曾丽(2011)从个人因素、个人环境因素、外部环境因素出发，对珠三角地区新生代农民工就业能力的影响因素进行了实证研究。

上述研究取得了丰硕的成果，对于解决新生代农民工就业能力问题，提高新生代农民工的综合素质有着重要的指导意义。目前，研究人员和地方劳动部门工作的重点多集中在农民工的就业安排、技能培训方面，研究内容大多为人力资源能力的一个侧面，并没有将心理、思想等因素纳入到对新生代农民工人力资源能力建设的范畴中来。鲜有以“新生代农民工人力资源能力”为主题进行全面、系统的研究。新生代农民工是我国经济社会发展中出现的特殊群体，是我国产业工人的重要组成部分。因此，对我国新生代农民工人力资源能力模型进行科学、系统的研究具有重要的现实意义。

5.2 研究设计及样本情况

5.2.1 研究设计

人力资源能力是人的体能、智能和技能三者的高度统一。体能是人力资源能力的载体和基础，是新生代农民工学习、工作的体力保证。体能主要包括生理机能、身体抵抗疾病能力和身体素质等。智能是人所具有的运用知识和经验等观察、分析和解决问题的能力。根据我国三项规模相对较大的新生代农民工调查(1. 中国人民大学 2010 年对全国 28 个省、自治区、直辖市共 1595 名新生代农民工的调查。2. 为珠三角新生代农民工的调查数据。3. 全国总工会研究室 2009 年组织对千家已建工会企业的问卷调查。)，数据显示：平均年龄 23 岁左右，初次外出务工岁数基本上为初中刚毕业年龄，就业的行业多集中在服务业和建筑业。考虑到其较低的文化水平和以体力劳动为主的就业现状，本文对智能的测量主要从职业常识、文化理论水平，以及完成工作任务的能力等方面来进行。技能就是把所学的专业知识在实际工作中灵活运用的能力，是新生代农民人力资源能力中产出劳动成果最重要的能力。对新生代农民工而言职业搜寻能力、技术专长和执业资格衡量其技能的主要指标。

新生代农民工是农民工队伍中的新生力量，他们有着与第一代农民工不同的显著特征，就业动机已由生存型转变为生活型或发展型，外出务工赚钱的同时，改变生活状态，追求城市文明的生活方式是他们主要的追求。新生代农民工的发展诉求强烈，与父辈相比他们的“城市梦”更为执着。受现行城乡、地域分隔教育、户籍体制等因素的制约，教育和技能水平整体处于较低水平，公民意识和道德素质与市民化的要求还有相当的距离。新生代农民工文化水平高，思想解放，对城市有强烈的向往，返乡务农意愿很低。但受制于以户籍限制为代表的现行的诸多制度阻碍，他们的城市梦在现实中遇到了很多不公平对待，诸如城市户籍、社保、教育、子女就学就业、住房等无一不困扰着他们，使他们承受了父辈无法体会的心理压力。富士康公司的“十二连跳”事件更是证明了沉重的日常工作量、等级森严的人事制度、较高的生活成本使新时期的打工者心理压力倍增。因此，对于新生代农民工人力资源能力的研究必须基于新生代农民工群体全面发展的需要，不能仅仅关注体能、技能、智能等方面，还应将心理素质、进取态度等因素考虑在内。心能，即心理积蓄的、潜在开发的和心理能够承受外界压力的能力，是测量新生代农民工人力资源能力不可或缺的指标，衡量指标包括心理潜能、抗挫折能力、克服逆境能力等。

综上，本文将从体能、智能、技能、心能等四方面来分析中部地区新生代农民工这一特殊群体的人力资源能力。考虑到人力资源能力及体能、智能、技能、心能等变量不便于直接观察与测量，传统的统计分析方法在处理和解释这些变量之间关系存在局限性，因此采用结构方程对新生代农民工的人力资源能力结构进行分析。研究思路如下：首先本文将对新生代农民工体能、智能、技能、心能四个能力因子进行一阶验证性模型分析，若四个能力因子间有中高度的关联度，且一阶验证性分析模型与样本数据又可匹配，说明四个能力因子均受到一个高阶因素（人力资源能力）的影响。然后对新生代农民工人力资源能力进行高阶验证性分析，若二阶验证性分析模型与样本数据匹配度较好，说明人力资源能力（高阶因素）对四个能力因子（初阶因素）的解释能力较高。

5.2.2　量表设计及数据来源

由于国内外没有衡量体能、智能、技能、心能的成熟量表，在王成和郑新立学者的研究基础上，从个人评价量表、WHO 生存质量量表、成就动机测量量表、中国心身健康量表等诸多成熟量表中挑选出符合测量体能、智能、技能、心能的测试题 20 项，结合新生代农民工的实际情况，对原题进行适当修改，然后征求专家的修改意见，形成本研究的测试量表。通过小样本预调研，对量表的信度和效度进行初步检验，又剔除了一些不可靠的指标，形成本研究的最终问卷。调查问卷由两部分组成，第一部分是人口统计特征及区域，另一部分则是根据研究设计提出的新生代农民工人力资源能力调查。量表由一组与人力资源能力相关的问题或陈述组成，用来表明被调查者对某一事物的态度、看法、评价或意向，除了人口统计特征及区域之外，本量表均采用 Likert 五级量表的形式，1、2、3、4、5 分别代表“非常不同意”、“不同意”、“不确定”、“同意”、“非常同意”。

本文所采用的数据来源于 2011 年 6—9 月课题组成员对中部六省新生代农民工实地走访调查而得。中部地区农民工占全国农民工总量的 31.1%①，中部六省中的河南、湖北、安徽等省是全国的劳务输出大省。处于中部地区的新生代农民工人力资源能力的高低直接关系着我国关于促进中部崛起战略布局的实现。以中部地区的新生代农民工作为研究对象，具有一定的代表性和现实意义。对样本采取平均抽取的方法，即向每个被调查省份发放 1000 份调查问卷，共发放问卷 6000 份，回收问卷 3823 份。剔除了一些数据大量缺失或者明显随意作答的问卷，最终得到能反映新生代农民工人力资源能力的有效问卷 2517 份，有效回收率 41.95%。

5.2.3 样本基本情况

接受调查的新生代农民工个人属性见表 5-1 所示。从样本的性别分布来看，新生代农民工中男性的比例略大于女性；从样本的地区分布来看，此次调查中部六省样本比例比较均衡，具有比较好的代表性；新生代农民工的学历构成主要以初、高中为主，大专及以上学历相对较少；受调查对象的年龄普遍较小，其中 20 岁以下的新生代农民工占 64.2%，25—31 岁的农民工仅占 2.6%；新生代农民工

---

① 《2009 年全国总工会农民工报告》http://news.xinhuanet.com/politics/2010-06/21/c_12240721.htm

的收入不高，超过一半的调查对象收入在 1500 元以下，收入在 2500 以上的农民工不足 15%。

表 5-1　样本基本情况

调查项目	项目分类	频数	分布状况(%)
性别	男性	1477	58.7
	女性	1040	41.3
地区	湖南	447	17.8
	湖北	479	19.0
	河南	617	24.5
	山西	309	12.3
	安徽	277	11.0
	江西	388	15.4
年龄	16 岁以下	458	18.2
	16—20 岁	1159	46.0
	20—25 岁	835	33.2
	25—31 岁	65	2.6
文化程度	小学	59	2.3
	初中	620	24.6
	高中或中专	948	37.7
	大专	597	23.7
	本科及以上	293	11.6
收入	1000 以下	228	9.1
	1000—1500	877	34.8
	1500—2000	1042	41.4
	2000—2500	253	10.1
	3500 以上	117	4.6

5.3 实证结果与分析

5.3.1 信度和效度检验

本研究利用统计产品与服务解决方案软件 SPSS17.0 版本(Statistical Product and Service Solutions),AMOS17.0 矩结构分析软件,对数据进行分析。对于量表的信度,采用最常用的克伦巴赫 α 值(Cronbach's alpha)来检验;对于量表效度,采用验证性因子分析来检验。利用 SPSS17.0 对模型的能力因子信度进行计算,结果如表5-2所示。总量表及能力因子量表的 Cronbach's alpha 值除体能(0.579)以外,其他变量的信度均大于 0.6。至于信度要多高才能宣称内在适配指标的信度是好的,学界并没有一个明确的原则。但多数学者均采用 Kline(1998)分类观点:信度系数在 0.9 以上是最佳的,0.8 附近非常好,0.5 以上是最小的可以接受的范围。模型计算结果显示本量表及其能力因子量表具有较好的信度。

表 5-2 量表的信度

潜变量	可测变量个数	Crobach's alpha
体能	3	0.579
智能	3	0.722
技能	3	0.616
心能	3	0.726
总量表	12	0.795

根据 Fornall 和 Larcker(1981)研究评价问卷汇聚性原则,所有标准化的因子载荷需介于 0.5—0.95 之间,T 值大于 2。利用 AMOS17.0 对模型中的能力因子及测量变量进行一阶验证性因子分析,结果如表 5-3 所示,模型中的能力因子及测量变量的标准载荷因子均大于 0.5,且 T 值均大于 2,说明量表具有较高的汇聚有效性。

表 5-3　量表的效度分析结果

能力因子	测量指标	标准因子载荷
体能	身体素质(t1)	0.521
	职业病抵抗能力(t2)	0.515
	疾病抵抗能力(t3)	0.659
智能	职业常识(z4)	0.675
	文化理论(z5)	0.631
	完成任务的能力(z6)	0.733
技能	职业搜寻能力(j8)	0.578
	专业技能水平(j9)	0.692
	执业资格(j10)	0.503
心能	心理承受能力(x11)	0.723
	抗挫折能力(x12)	0.748
	人生观(x13)	0.636

5.3.2　结构方程模型的结果分析与讨论

在各项指标的信度和效度均达到要求的基础上，本文首先采用极大似然估计法(ML)对新生代农民工人力资源能力模型进行一阶验证性分析和计算。一阶验证性模型计算结果如表 5-4 所示。四个潜在变量(能力因子)之间的协方差显著不等于 0，表示四个能力因子之间有显著共变关系。六组能力因子相关系数中有四组大于 0.5，说明能力因子间存在高度相关。因此四个能力因子可能存在另一个更高阶的共同因素。从一阶验证性模型适配度的检验结果来看，所有适配指标均达到了良好水平。表明本文所提出的体能、智能、技能、心能四个能力因子的一阶验证性因素分析模型与实际样本数据适配情形良好。

表 5-4　一阶验证性模型结果

	协方差	相关系数	P	拟合指数
心能↔体能	0.156	0.614	***	χ^2/df=1.365<2;GFI=0.996>0.9
体能↔智能	0.117	0.785	***	
智能↔心能	0.262	0.66	***	RMR=0.012<0.05; RMSEA=0.012<0.08
心能↔技能	0.194	0.35	***	CFI=0.997>0.9;NFI=0.99>0.9
体能↔技能	0.078	0.463	***	PNFI=0.735>0.5;PCFI=0.730>0.5
智能↔技能	0.17	0.583	***	PGFI=0.625>0.5; RFI=0.986>0.9

注：*** 表示在 99.9%的置信度下显著。

GFI：拟合优度指数，RMR：均方根残差值，RMSEA：近似误差均方根，CFI：比较拟合指数，NFI：规范拟合指数，PNFI：简约规范拟合指数，PCFI：简约比较适配指数，PGFI：简约适配度指数，RFI：相对适配指数。

由一阶验证模型分析结果可知，四个能力因子之间存在更高阶的因素构念。二阶验证性模型中，一阶因素构念为“体能”、“智能”“技能”“心能”变为内因变量，外因潜变量为高阶因素构念“人力资源能力”。用 AMOS17.0 对新生代农民工人力资源能力二阶验证性模型进行运算，输出结果如表 5-5 所示，各项指标均达到较好水平，这表明我们所建立的新生代农民工人力资源能力模型得到了实际调查数据的较好支持。

表 5-5　新生代农民工人力资源能力结构模型拟合指数

指标	绝对拟合度				简约拟合度			增值拟合度		
	χ^2/df	GFI	RMR	RMSEA	PNFI	PCFI	PGFI	NFI	RFI	CFI
模型结果	1.572	0.995	0.014	0.015	0.763	0.769	0.65	0.988	0.984	0.996
评价标准	<2	>0.9	<0.05	<0.08	>0.5	>0.5	>0.5	>0.9	>0.9	>0.9
拟合情况	较好	较好	较好	较好	较好	较好	较好	较好	较好	较好

根据模型运算结果，我们可以得到模型中每一个潜变量和测量变量的路径系数。估计出参数后的路径图如图 5-1 所示。从体能、智能、技能和心能的路径系数上来看，各初阶因素对高阶因素人力资源能力影响程度的排序为：心能、智能、技能、体能。人力资源能力就是人力资源在现实社会活动中表现出来的实际本领、能量和成熟度。在苍白的教育背景、工作量繁重和就业环境较差的情况下，积极的人生态度、面对压力和失败的从容以及压力环境中形成的良好职业素养往往是新生代农民工从同伴中胜出的关键。这也表明，在新的社会发展和转型阶段，漠视人文关怀的生活环境，强硬的组织文化，使新生代农民工的心理和生理始终处于比较紧张的状态，已严重影响到了新生代农民工的工作效率和生活质量，进而限制了其个人能力的发挥和提高。

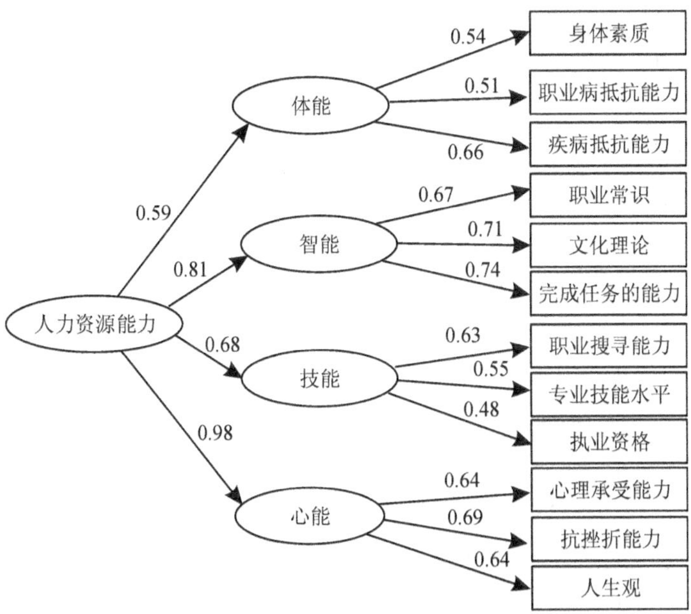

图 5-1　人力资源能力二阶验证性模型图

我国 4.9 亿农村劳动力中，接受过短期培训的只占 20%左右，接受过中等职业技术教育的只有 0.13%。一方面地方政府对职业教育和技能培养的重要性认识不到位，导致对职业教育的培养投入不足，现有的技校、培训机构规模小、基础设施条件差、师资少，培训能力低。另一方面，现有的农民工很少得到雇主提供的培训，即便提供就业培训也往往以无酬劳动作为交换，更妄提人力资源能力开发和职业生涯通道的提供。这些已严重影响农民工操作技能训练和新技术、新工艺、新技能的培养。新生代农民工的平均年龄只有23岁，他们拥有强壮的体魄且大多从事以体力劳动为主，技术含量较低的行业。因此，体能对人力资源能力影响最小也在情理之中。从整体来看，模型分析结果与新生代农民工的实际情况也是比较吻合的。

5.3.3 新生代农民工人力资源能力评价权重的确定

二阶验证性模型的分析结果，我们可以确定新生代农民工的人力资源能力模型，根据测量变量和能力因子的路径系数，可以计算能力因子和各指标的权重，如表5-6所示。

表5-6 各因子权重计算

能力因子	影响系数	权重*(%)	测量指标	影响系数	权重*(%)
体能	0.59	19.28	身体素质	0.54	31.57
			职业病抵抗能力	0.51	29.82
			疾病抵抗能力	0.66	38.61
智能	0.81	26.47	职业常识	0.67	31.6
			文化理论	0.71	33.39
			完成任务的能力	0.74	35.01
技能	0.68	22.22	职业搜寻能力	0.63	37.95
			专业技能水平	0.55	33.13
			执业资格	0.48	28.92
心能	0.98	32.03	心理承受能力	0.64	32.48
			抗挫折能力	0.69	35.04
			人生观	0.64	32.48

通过上面的分析,我们可以构建中部六省新生代农民工人力资源能力评价模型:$F=\sum_{i=1}^{4}(\sum_{j=1}^{3}X_j\times W_j)P_i$,其中 i=1,2,3,4;j=1,2,3;$X_j$ 为能力因子测量指标的平均得分;W_j 为各测量指标的权重;P_i 为各能力因子的权重。我们可以根据新生代农民工各项指标的得分,计算出该新生代农民工人力资源能力水平;也可以根据某地区各项指标的平均分,计算出该地区新生代农民工人力资源能力的平均水平。

新生代农民工人力资源能力不仅是体能、智能和技能的高度统一,心能也对新生代农民工的人力资源能力发展起着重要的制约和促进作用。通过对四个能力因子进行结构方程验证性分析,得到新生代农民工人力资源能力模型。从四个能力因子对人力资源能力的影响程度来看,企业以后要加强对新生代农民工心理问题的关注,为他们创设良好的工作和培训环境,不但要担负起对新生代农民工人力资源开发的责任,更要提供心理的咨询、疏导、治疗等服务,定期传授舒缓压力的方法,从而促进新生代农民工工作积极性的发挥和能力提高。地方劳动部门除了做好职业服务平台的建设和技能培训外,还应做好入职前对新生代农民工的心理调查、疏导、咨询和心理指导工作。多策并举,积极指导、配合企业做好本地新生代农民工的人力资源能力开发工作。

利用模型路径系数计算能力因子和测量指标的权重,然后通过对各指标打分加权最终得到新生代农民工人力资源能力评价的综合值。应用结构方程模型确定人力资源能力各要素的权重,克服了以往研究中直接对评价要素采用专家打分的主观性,使得人力资源能力评价更加客观、科学,也为新生代农民工人力资源能力进行全面、系统的测量提供了一个可操作性的方案。

第 6 章　中部六省新生代农民人力资源能力建设提升策略

党和政府一直高度重视农民工问题。在中共十八大报告中，胡锦涛同志强调“解决好农业农村农民问题是全党工作重中之重，要加大统筹城乡发展力度，促进城乡共同繁荣”。这充分说明了在新的历史阶段党和中央政府对“三农”问题的持续重视，而人作为发展的主体，农民的素质对“三农”问题的解决有着重大的影响。近年来，随着我国经济转型和城乡统筹发展，新生代农民逐渐成为我国农民群体的主体，他们面对社会所展示出来各种诉求大大区别于传统父辈。提升新生代农民的人力资源能力，不仅仅是新生代农民自己的事情，更涉及政府、社会、企业。因此，针对中部六省的实际区域情况，从国家政策导向、地方政府支持、职业教育组织、地区制造业和服务业等劳动密集型企业的配合以及新生代农民自身五个方面，从宏观到微观依次提出提升新生代农民人力资源能力建设的策略。

6.1　国家政策导向

6.1.1　加快经济发展，创造新生代农民能力提升平台

经济发展是中部六省新生代农民提升人力资源能力的基础，没有一个足够坚实可靠的经济发展平台，中部地区注定无法留住新生代农民这一重要且富有活力的群体，即使留住也无法从根本上对其人力资源能力的提高产生积极作用。新时期，中部六省面临前所未有的发展机遇。继 2004 年 3 月，温家宝总理在政府工作报告中正式提出“促进中部地区崛起”的重要战略构想，将中部地区发展战略提

高到一个前所未有的高度后，中部六省又迎来了沿海地区产业转移的重大发展机遇，中部六省南部毗邻珠三角经济区，东部毗邻长三角经济区，北部毗邻京津唐经济区，是沿海地区产业转移的第一站，具有承接沿海地区产业转移得天独厚的区位优势，中部六省应及时出台相应政策，完善配套设施，积极吸引投资，促进经济发展，留住人才并培养人才。

6.1.2　政府应关注政策制定的时效性

在确定新生代农民的主体地位的同时，要明确突出政府的主导作用。政府在制定农民有关的政策时，要与时俱进地论证农民的人力资源能力提升产生的社会影响与预期目标之间出现的差距，根据新生代农民的特点变化做出必要的适应性调整，之后，通过媒体将调整后的政策及时有效地传递给农民。新生代农民作为主体与政府相关部门、培训的中介组织和企业等共同构成人力资源能力提升的"利益相关人"。其中，新生代农民在政策受益上具有天然的"弱质性缺陷"，针对"弱质性缺陷"的特点，在维护新生代农民主体地位的前提下，运用国家宏观调度工具，保证弥补新生代农民获得政策利益的缺陷。

6.1.3　强化农村教育培训

教育是人力资源能力建设的核心和根本途径，新生代农民是农村人力资源能力建设的主体，如何强化这一主体的教育培训，主要途径：一是强化基础教育。认真贯彻《义务教育法》，将国家制订的农村义务教育学费免除政策落实到位，保证适龄青少年都能够得到受教育的机会，享受到接受教育的权利。发挥政府在教育投资中的主体作用，保证农村基础教育资金到位。高效利用财政和教育资源，为农村青少年进入大学前创造一个平等的机会。二是加强职业教育和成人教育。一方面，针对坚持在家以务农为生的新生代农民，围绕农业主导产业，强化实用技术培训。另一方面，针对坚持外出务工为主的新生代农民，分门别类地进行职业技能培训。三是建立农村学习型组织。将终身学习和有组织学习的理念灌输到农村和农业发展以及新生代农民的培训中，保持新生代农民素质的可持续性提高。

6.2 地方政府支持

6.2.1 强化政府对新生代农民全面能力的提升

政策支持是中部六省新生代农民提升人力资源能力的保障。新生代农民是青年群体中的一个重要类别，他们既具有农民的一般特点，又受到整个社会制度和社会结构的制约，需要帮助和支持。针对新生代农民这一重要群体，政府可以考虑给予一定的政策倾斜，调拨一定的社会资源，为中部六省新生代农民长期稳定地提升自身人力资源能力提供重要保障。

新生代农民人力资源能力提升的真正的实践者落实到了地方政府身上，所以，地方政府是新生代农民全面能力提升的关键和最有力的支持者和实施者。首先，政府要加强思想道德建设，培养新生代农民正确积极上进的人生观和价值观。其次，政府需积极探索新生代农民的培养途径，提高新生代农民的科学文化素质。第三，政府尽可能对新生代农民的职业规划和人生规划给予指导帮助，让新生代农民明晰自己的职业定位和生活目标，提高生活幸福感。第四，建立鼓励新生代农民精英创业的政策扶持机制，搭建新生代农民能力发挥平台，鼓励乡村经济精英回乡创业。另外，政府可以根据城镇化进程的需求，立足发展乡村优势产业，努力壮大乡镇企业队伍，加快农业产业化步伐。

6.2.2 完善新生代农民培训体系

完善新生代农民培训体系，地方政府需提高补贴标准，减轻新生代农民参加培训的成本和压力，提高新生代农民参与培训的积极性。统筹建立政府、企业和新生代农民联合技能培养系统机制，保证各方权益，提高个人、企业和社会的效益，政府应该完善管理机制，整合培训资源；加强基础设施，提升培训能力；提高培训实效，健全补贴制度。地方政府应给予招聘新生代农民的企业以税收等之类的优惠政策，鼓励企业要配合政府的政策，系统性地有步骤地对企业新生代农民进行分层次的培训，引导其尽可能地实现自身职业技能积累，更快更多地为企业提供智力和技能支持。

6.2.3　建立“就业—培训”良性互动机制

地方政府通过提供优良的就业和生存环境，促进新生代农民主动参加培训提升就业能力。具体措施包括：第一，政府适当提高本地新生代农民工最低工资标准，保证其基本生活。鼓励全市职业学校和企业对接，根据当地产业发展需要，选送新生代农民工去职业学校学习，接受专业的技能培训，然后再去企业上岗。第二，改善务工环境，清理和废止所有限制农民进城就业的歧视政策，积极建立统一、开放、竞争、有序、城乡一体化的人力资源市场，在用人单位和求职者之间建起信息沟通的桥梁。第三，改善新生代农民工的住宿条件，在工业园区内规划建设农民工公租房、廉租房，同时也鼓励企业建设员工宿舍，妥善解决员工的住宿问题。第四，放宽户籍限制，凡有合法固定住所或工作的农民工及其共同居住生活的配偶和未成年子女，可根据本人意愿登记城镇户口，子女也可就近入学。第五，完善农民工创业相关政策，提供新生代农民创业融资绿色通道，帮助新生代农民成功创业。

6.3　企业实施配合

6.3.1　构建新生代农民培训机制

企业直接对在岗新生代农民工进行培训具有很强的针对性，可以加强对其职业生涯和人生定位方面的引导培训，满足新生代农民对自我的认识和定位，增加企业工作效率的目的。由于新生代农民工和企业地处一线，这样不但降低新生代农民工培训费用，而且提高培训质量，加强岗前培训和岗后再培训，能够保证培训的长期性和有效性，可以真正提高新生代农民工的人力资源能力。强化企业培训义务和责任，把农民工纳入职工教育培训计划，享有相同的培训待遇。企业可以为新生代农民工提供更多带薪培训的机会，能够激发新生代农民工进行培训的热情，有助于进一步提高他们的职业技能水平和提升培训效果。

6.3.2 建立企业和专业培训机构合作

企业受自身培训条件限制，要坚持与各种专业技能培训机构合作交流，各取所需，利润共享。企业要鼓励新生代农民工考取职业技能证书，职业技能培训机构要根据新生代农民工的实际情况，减轻职业技能考试的有关费用，发挥企业的社会责任。企业要立足于一个主动性的角度，促使新生代农民工统筹兼顾技能培训和素质培训。职业技术培训的基本目标是让新生代农民具有谋生的一技之长。在新生代农民工的职业技术培训工作中，新生代农民工是内因，也需要企业、政府和职业技能培训组织共同担负外因作用。既要注重新生代农民工在职业技术培训过程中职业技能水平的提高，又要提供平台加强新生代农民工的综合素质。

6.4 新生代农民自身塑造

个体自身作为就业能力的主要载体，也是就业能力提升的内在原动力。自我提升是中部六省新生代农民提升人力资源能力的根本。新生代农民相对于老一代农民虽然具备了一定的文化知识，但普遍只有小学、初中或高中文化程度，层次仍较低。此外，虽然新生代农民具有年龄和学习能力优势，但低层次的职业技能、单一的工作搜寻途径及健康风险等条件约束使他们长期处于职业发展的初期，降低了向更高层次职业流动的可能性。在新形势下，新生代农民受城乡二元结构制约，面临双重尴尬，一方面他们不能和谐地融入城市，另一方面由于缺乏农业技能又难以回到农村，这对新生代农民提出了更高的要求。因此，新生代农民自身应增强提升就业能力的主动性，提高自我增能意识，利用好身边的优势资源，积极学习文化知识，提高技能。一方面，积极利用已经开放的城市公共服务设施如公共图书馆等，主动寻找教育、培训的机会以提升自身人力资本。另一方面，要更积极的适应信息时代的发展，充分地利用互联网等信息化手段来提高工作搜寻的效率。此外，还应客观地进行自我定位，脚踏实地工作，学习技能，积累经验，以便更好地实现职业向上流动和融入城市。

6.5　职业教育组织应提升经济价值和社会价值

6.5.1　建立网状的综合性教育培养体系

应该依据新生代农民的就业走向规律，构建起普通教育与能力技术教育相互融合，初等、中等、高等教育相互衔接的适合多元化产业结构发展的教育新体系，为新生代农民提供内容丰富、层次多样的教育场所和载体，实现新生代农民人力资源的有效开发并使之快速转化为人力资本。

把职业技术教育和基础教育有机结合起来，把初、高中毕业的青年学生纳入中等职业教育和高等职业教育体系，不失时机地进行职业技能培训，使之成为新型的劳动者，具备转移就业和创业的能力。多元化发展农村职业教育，形成区域性、网链式发展局面。要根据实际情况，在经济发达地区打造“职教航母”，使其成为地区的职业教育基地；在经济欠发达地区，要进一步整合教育资源，加大投入力度，采取联合办学、职普对接等形式，使普通教育、职业教育、成人教育配套运用，鼓励学校走产学研相结合的道路，鼓励发展民办职业教育，建立多元化职业教育发展体系。以地区大中城市为中心，向周边城镇、农村进行辐射，城镇、农村中学通过分流教育、职普对接、联合办学等形式，向大中城市职教学校提供生源；大中城市职教学校依托地域、经济、信息等优势，与省内外工厂、企业广泛协作，提供专业教育、实训基地、就业市场。

6.5.2　发挥教育优势价值效益

中部地区集中了我国大量的高等院校以及职业院校，《中国统计年鉴》统计数据显示，截至2010年，中部地区共有613所本专科院校，3779所普通高中，17426所普通初中，中等职业学校招生规模达到2017627人，中部其它各省应该学习湖北、湖南两省，大力推行高等教育和职业教育，将教育优势同新生代农民智能、技能的提高紧密结合起来。中部地区毗邻长三角、珠三角、京津唐等教育发达地区，还可考虑与这些地区建立合作机制，引进师资或委托培养。政府部门应当协调高校、职校与广大企业做好新生代农民的教育、培训工作，提高其智能、技能，将新生代农民的智能、技能转化为现实生产力，促进中部地区的经济发展和人民生活水平的提高。

6.6 统筹政府、企业和新生代农民联合技能培养系统机制

6.6.1 建立多方位联合培训机制

整合职业教育培训资源，健全职业技能培训体系，提高培训质量和效果。对现有就业培训资源进行充分整合，形成以公共培训机构和职业技术学校为主体，社会培训机构和大企业、龙头企业内部培训机构相配合的培训体系，同时统筹规划，充分发挥大企业、龙头企业的自培自用作用，社会民办培训机构的市场调剂作用，公共培训机构的拾遗补缺作用，省、市中职教育机构的专业培训作用，形成政府主导，官民并举，输出地与输入地联合，学校教育、机构培训与远程培训结合的多层次的技能培训体系。

建立多元化的新生代农民培训投入保障机制。在新生代农民培训经费投入上，继续实行政府、用人单位和新生代农民个人共同分担的多元化投入机制。政府应强化其主要责任，中央财政要安排专项资金，扶持新生代农民培训工作。各级财政要把新生代农民培训经费纳入财政经常性预算，用于补贴新生代农民培训的经费要专款专用，提高使用效益，加大投入力度，增加新生代农民输出前培训补贴，使政府成为新生代农民培训资金投入的主体。用人单位应承担在岗新生代农民工的培训费用，政府可以通过税收、订单等形式激励企业培训在岗新生代农民工。同时，作为主要受益人，新生代农民在培训中，也应承担相应的费用，增强其责任意识。

政府、企业和新生代农民是在同一个系统当中，相互依存，相互支持。统筹建立政府、企业和新生代农民联合技能培养系统机制，保证各方权益，提高个人、企业和社会的效益。政府方面，首先，要

统筹城乡发展，破除城乡二元体制；其次，放手组建农民工会，加强农民组织化建设；完善社会救助体系，创设公平公正的社会环境；建章立制，有效管理各类资源，创造持续发展的社会环境；进一步加强相关法律的制定工作，依法治村；开展法制宣传教育，提高新生代农民法制意识。再次，企业方面，要加强尽职企业责任的义务。企业要配合国家政府的宏观环境和政策，系统性的有步骤地对企业新生代农民进行分层次的培训，引导其尽可能的实现自身职业技能积累，更快更多为企业进行智力和技能支持。同时，政府要立法保证企业的利益不受损。新生代农民自身方面，新生代农民要了解国家政策，以一个职业人的职业规范来要求自己，掌握知识和技能，完成自己的岗位工作的职责，从而实现自己的人生目标。

6.6.2　完善多层面社会支持网络

由于家庭距离较远、居住和工作环境较差、较薄弱的金融和社会网络支持等因素影响，新生代农民工求职、就业及职业流动都受到不同程度的限制。当前，应着力构建以企业和社会组织为主体的提升新生代农民就业能力的社会支持网络。

企业应改善新生代农民工工作的人文环境，适时开展一些娱乐活动，使新生代农民劳逸结合，提高工作效率，增强新生代农民工的归属感和企业忠诚度；实行 8 小时工作制，按时发放工资，加班依据企业制定的标准发放加班工资，认可新生代农民工劳动价值；营造企业内平等的氛围，不排斥新生代农民工，不对他们有歧视或不尊重态度；在薪酬福利等方面尽量保持与城市打工者一致；对贫困家庭给予一定补助，让新生代农民工感觉到温暖，从而更专心投入工作，提高生产效率。同时，企业应分担培训新生代农民工的责任，加大对新生代农民工的培训投入、扩大培训的宽度和长度，利用新生代农民工学习的积极性，为他们创造条件，提供培训学习机会。

新生代农民工普遍存在年龄偏小，身份认同困惑，容易出现价值体系的混乱和选择的偏差，心理压力较大等实际问题，所以，应首先重视新生代农民工心理健康教育和疏通引导。因此，成立农民工工会对于维护进城务工人员的合法权益，排解务工人员的不良情绪，帮助其适应城市生活具有重要意义。一方面，当新生代农民工的合法权益受到侵害时，可以寻求工会的帮助，给其提供相关建议，另一方面，定期组织一些活动促进新生代农民工了解城市文化、习俗和生活习惯等，对于提高新生代农民工的融入城市能力具有重要意义，再者，借助农民工工会的力量，也扩大了进城务工人员的社交网络，提高其社会资本，有助于其在城市的工作和生活。

第7章　湖北省新生代农民人力资源能力建设

中部六省包括湖北、湖南、河南、山西、江西、安徽六省，在全国经济发展格局中，中部地区是我国经济由东向西梯次发展的第二阶梯。根据《中部六省经济社会综合发展比较研究》的结果显示①，从人口与劳动力、经济发展、社会发展、基础设施和环境保护四个方面进行评价，采用百分制，河南得分84.5分，位于第一；湖北83.8分，位于第二；湖南76.8分，位于第三；山西70.7分，位于第四；安徽69.9分，位于第五；江西68.2分，位于第六。其中，湖北在人口结构、城镇化水平、就业结构、教育科技、社会保障、环境保护方面具有显著优势。

为深入了解湖北省新生代农民人力资源能力现状及能力建设需求，本课题组在湖北省开展了"新生代农民人力资源能力建设研究"专题研究，研究主要包括新生代农民的基本情况、外出打工现状调查、人力资源现状调查和提高人力资源能力的动机、态度调查四部分，根据现状探寻导致新生代农民人力资源能力现状的原因以及人力资源能力建设提升对策。

截止2011年末，湖北省常住人口5758万人（指常住本省半年以上人口），其中：城镇2984.40万人，乡村2773.60万人。城镇化率达到51.8%。全年出生人口59.67万人，出生率为10.39‰；死亡人口34.52万人，死亡率为6.01‰，人口自然增长率为4.38‰。此次在湖北省的调研范围包括武汉、十堰、宜昌及其它城市，采取问卷调查

① 国家统计局河南调查总队：《中部六省经济社会综合发展比较研究》. http://www.tjcn.org/，2007-04-13.

和结构访谈相结合的方式。问卷发放方式包括直接到企业发放和随机调查两种。第一种在企业发放问卷。在选择企业时适当考虑企业性质和规模，并兼顾行业类型，主要调研企业有十堰市东风汽车有限公司22厂、46厂、东风轻型发动机有限公司、东风汽车悬架弹簧有限公司、湖北世纪中远集团、武汉金银湖建筑有限公司等。第二种是随机抽样调查，主要包括新生代农民较为密集的人才市场、工业园区、餐饮酒店业、美容美发业等，如智通人力资源市场、纳杰人才市场、起点人力市场、湖北长途汽车站、武昌火车站等。本课题组分别于2011年3月和7月在湖北省开展调查研究，本次调查发出问卷200份，回收193份，回收率为96.5%。

7.1 湖北省新生代农民基本情况

7.1.1 新生代农民外出务工年龄和性别分布

(1)年龄分布

湖北省新生代农民的年龄分布分为三个阶段，16—20岁的样本占29.5%，21—25岁的样本占50.8%，26—31岁的样本占19.7%。根据《深圳新生代农民工生存状况调查报告》显示，深圳成为外出务工的新生代农民主要聚居地，深圳的新生代农民在全国范围内具有代表性，在此将湖北省新生代农民年龄结构与深圳市新生代农民年龄结构作比较，如图7-1所示。

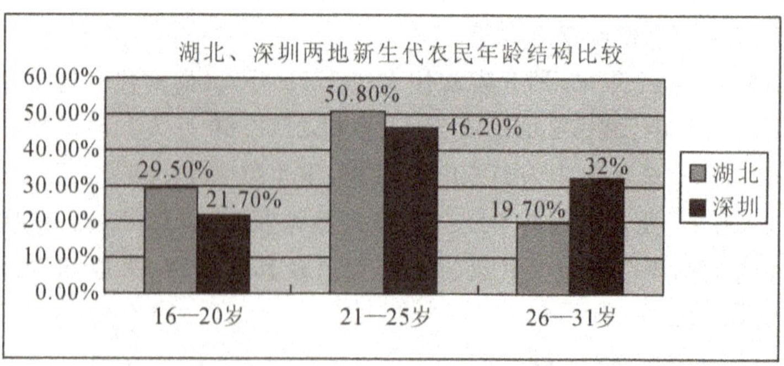

图7-1 湖北、深圳两地新生代农民年龄结构比较

由图可知，湖北省新生代农民较之深圳市新生代农民而言，年轻化趋势更为明显，21—25 岁的新生代农民比深圳市高出 4.6%，而 26—31 岁的新生代农民比深圳市低 12.3%。数据显示，湖北省新生代农民初次外出务工年龄更低，多数是离开学校即开始外出务工，这意味着与传统农民相比，他们缺少从事农业生产劳动的经历，他们的生活模式多为“校园生活与外出务工”的结合。

(2)外出务工女性比例增加

湖北省新生代农民调查数据显示，女性外出务工者比例为 43%，男性占 57%，而传统农民工中女性比例仅为 26.9%。在全部农村从业劳动力中，女性的比例为 46.8%；而在全部外出农民工中，女性的比例仅为 34.9%。而且，女性的比例与外出农民工的年龄高度相关。分年龄段看，如图 7-2 所示，随着外出农民工年龄的增加，女性的比例逐渐降低。在较为年轻的外出农民工中，男女比例较为均衡，16—20 岁之间的外出农民工中女性的比例基本上接近 50%。但是，当外出农民工的年龄超过 40 岁时，女性的比例已经降到约 25%。外出务工的年轻女性比例上升的原因是没有家庭负担和婚姻责任，而外出务工的年长女性比例降低则是受到了家庭和婚姻责任的束缚。

图 7-2　湖北外出务工者女性比例随年龄变化的情况

7.1.2 新生代农民的文化程度

湖北省的教育经费在中部六省中位居第二，考虑人口基数因素，则湖北省的人均教育经费位于中部第一。湖北高等教育经费充足，远远高于其他五省，但针对新生代农民的教育经费支出却少于河南、湖南和安徽。中部六省教育经费见表 7-1，数据对比见图 7-3。

表 7-1 中部六省各类教育机构教育经费收入情况

省份	各类教育机构教育经费收入情况						
	教育部门和其他部门	高等学校	农村高中	农村初中	农村小学	农村职业高中	技工学校
湖北省	40379959	28070745	775515	7660919	7695108	46566	86721
湖南省	39518988	16796892	1480430	8672137	11126652	334048	297912
河南省	55454447	16603804	825576	10661517	17121373	489554	738790
山西省	26879276	7017452	313569	4203714	7989194	123889	232556
江西省	25633827	10813595	368612	4705355	8210359	69955	17653
安徽省	35338579	11876872	1385694	7561853	11636218	495149	186189

资料来源：中国教育经费统计年鉴 2010

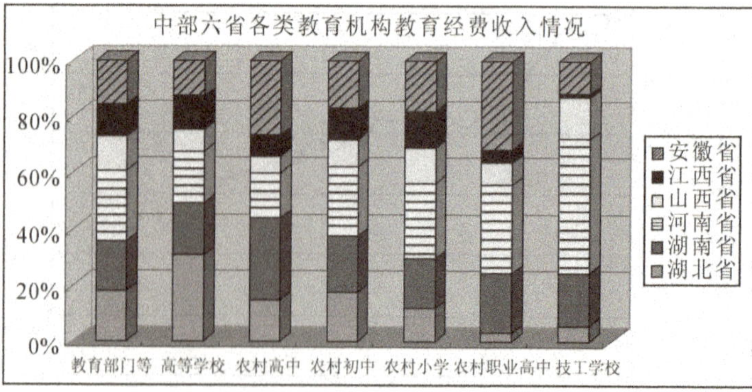

图 7-3 中部六省各类教育机构教育经费收入情况图

基础教育、职业教育、技术教育等教育经费的支出决定了新生代农民的教育水平，由图7-2可知，湖北省总体教育经费位居第二，但高等教育所占比重最大，农村高中、农村初中、农村小学所占比重优势不明显，特别是农村职业高中、技工学校教育经费小于其他五省，可见湖北省职业教育和技术教育体系亟待完善。

基于以上分析，将湖北省新生代农民受教育经历与全国新生代农民工、传统农民工、农民工总体进行比较，结果如表7-2所示。如表所示，湖北省新生代农民高中（中专）及职高所占比重最大，大学本科及以上的新生代农民比全国新生代农民工比重高出11.5%。总体上，湖北省新生代农民中拥有高中及以上受教育经历者高出传统农民工。

表7-2 湖北省新生代农民受教育经历

受教育经历	比例(%)			
	湖北省新生代农民	全国新生代农民工	全国传统农民工	全国农民工总体
小学及以下	2.6	0.4	6.6	2.8
初中	24.4	32.4	44.4	37.1
高中(中专)及职高	42	41.8	36.6	39.7
大专(高职)	14	19.7	10.1	16.0
大学本科及以上	17.1	5.6	2.4	4.4

7.1.3 新生代农民的职业选择及行业分布

湖北省调查数据显示，93.3%的新生代农民选择外出务工，其向往城市生活，在心理上希望融入城市。只有6.7%的新生代农民选择在家务农，说明新生代农民和老一代农民最大的差别，即土地情节明显消退。绝大多数新生代农民成为新生代农民工，成为产业工人的重要组成部分。从事农业及相关产业的占37.3%，制造业的占16.6%，建筑业的占7.8%，商业、饮食业等服务业的占30.1%，其他占8.3%。由此可见，湖北省新生代农民从事农业或与农业相关行业者比例不小(占37.3%),从事非农业者中服务业者居多,从事制造业、建筑业者比例较小。如图7-4所示。由此可见,新生代农民的行业选择具有一定的倾向性,倾向于劳动条件和就业环境更好的行业。

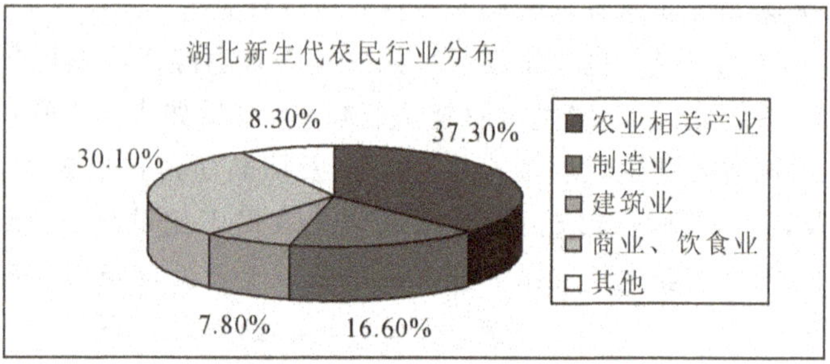

图7-4 湖北新生代农民行业分布

7.1.4 新生代农民务工情况及工作满意度

(1)打工时间短,打工收入普遍较低

接受调查的新生代农民打工时间普遍较短,打工时间为1年以下者占28%,1—3年者占36.8%,3—5年者占17.1%,5—7年者占7.8%,7年以上者占10.4%。可见新生代农民趋于年轻化,踏出校门即步入社会打工,打工年限较短。

湖北新生代农民收入虽有所增加,但仍普遍较低。打工收入为1000元以下者占11.4%,1000—1500元的占45.6%,1500—2500元的占32.1%,2500—3500元的占6.2%,3500元以上的占4.7%。外出务工的新生代农民工平均月收入为1747.87元,仅为城镇企业职工平均月收入(3046.61元)的57.4%,比传统农民工(1915.14元)低167.27元。5.4%的新生代农民工明确表示其工资水平未达到当地最低工资标准。

新生代农民打工收入受打工时间、文化程度、技能、经验、行业性质等因素的影响,新生代农民打工时间较短,经验不足,技能培训途径少,因此打工收入普遍较低。

(2)新生代农民工作稳定性差

调查显示,新生代农民工外出务工后更换工作的平均次数为2.79次,传统农民工为1.42次,新生代农民工每年变换工作0.26次,传统农民工为0.09次,前者是后者的2.9倍。在打工过程中没换过工作者占15%,换过2次以下者占20.7%,换过5次以下者占37.3%,换过10次以下者占23.8%,换过10次以上者占3.1%,如图7-5所示。外出务工的新生代农民工频繁更换工作的现状隐含了其自身技能与期望薪金的巨大矛盾。在访谈过程中,大部分新生代农民工表示更换工作的原因在于"对工资不满意",另有部分新生代农民工认为"工作环境差"、"无发展前景"、"工作中遭遇不公"等是其跳槽的原因。如此频繁的工作变更表明一方面新生代农民工的心理期许随工作现状发生变化,另一方面表明企业缺乏留住新生代农民工的政策与激励措施。

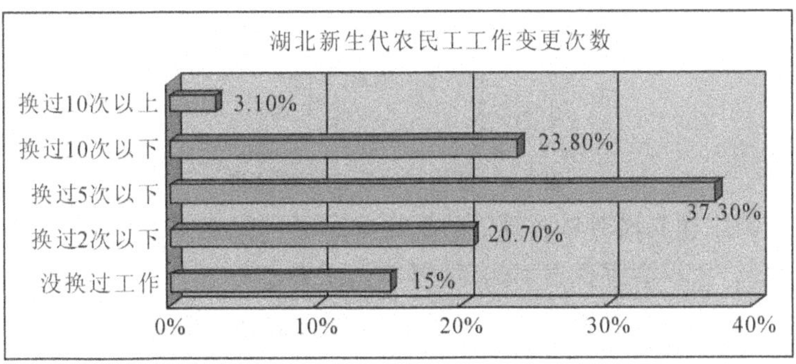

图7-5　湖北新生代农民工工作变更次数

(3)新生代农民工作满意度低

工作满意度包括工资满意度和现状满意度,本次调查对湖北省新生代农民的工资满意度、生活现状满意度进行了详尽调查。

根据目前所拥有的技术和能力,新生代农民对每月获得工资的满意率为:非常满意者占9.4%,比较满意者占24.6%,基本满意者占39.8%,不满意者占24.1%,非常不满意者占2.1%,即有不满情绪的新生代农民占66%,比例较高。与传统农民工相比,外出务工的新生代农民工消费水平更高，消费内容更丰富，包括吃饭、房租水电、朋友交际、个人培训、上网、日用品开支、通讯费用、医疗费用等，因此其对工资的期望要高于传统农民工，根据期望理论，当期望无法实现时，则满意度有所下降。在期望理论的基础上，图 7-6 显示了新生代农民工工作满意度低的原因。

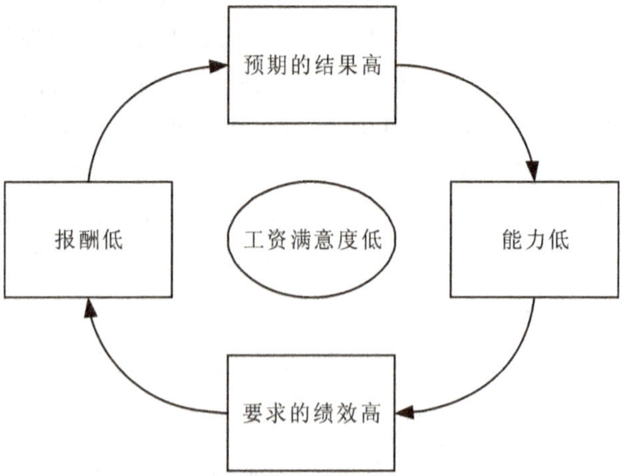

图 7-6 新生代农民工资满意度

新生代农民对目前打工的工作状态满意度如下：非常满意者占 14.1%，比较满意者占 30.7%，基本满意者占 24.5%，比较不满意者占 26%，非常不满意者占 4.7%，即具有满意情绪和不满意情绪者比例为 44.8∶55.2。传统农民工外出务工的主要目标是挣钱养家，其需求层次位于生理需求和安全需求层。但外出务工的新生代农民工 80%未婚，承担的家庭责任较轻，其对工作的期望不仅仅是挣钱，还包括“锻炼自己”、“学一门技术”、“实现自我价值”等，他们的需求更偏向于尊重需求、社会交往需求以及自我实现需求。职业发展空间小，无法满足实现自我发展的主观愿望，是导致新生代农民工工作满意度低的主要因素。如图 7-7 所示。

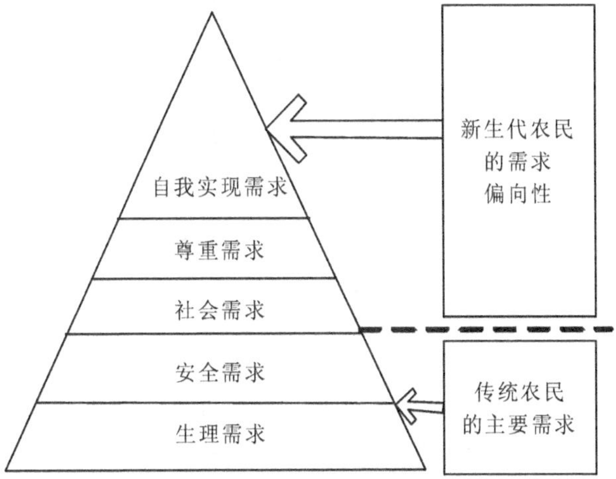

图 7-7 新生代农民与传统农民的需求偏向

7.2 湖北省新生代农民人力资源能力现状

7.2.1 新生代农民就业认知能力

湖北新生代农民对就业的认知包括：一、知识对于职业选择具有重要作用；二、知识对于提升自身收入具有显著作用，两种认知能力的关系如图 7-8 所示。68.6%的外出务工新生代农民工认为知识对选择工作具有很大的限制性，正是由于知识的局限性导致新生代农民工无法选择向往的工作，说明新生代农民工对知识的认可度很

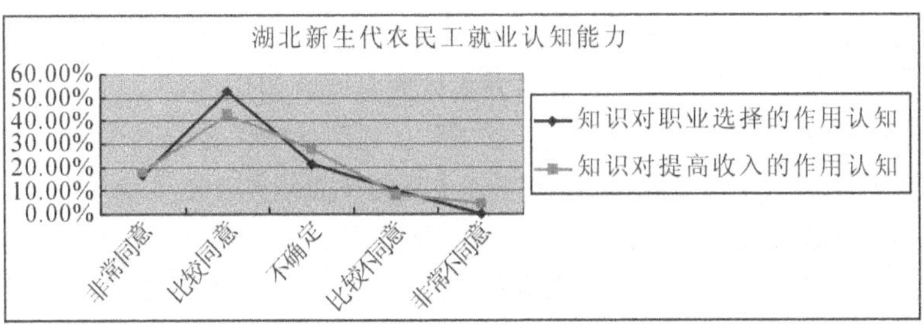

图 7-8 湖北新生代农民工就业认知能力

高。50.7%的新生代农民工认为知识能够提高自身收入，特别是掌握专业技能对提高收入有显著影响。但是，新生代农民工就业认知能力不足之处在于其虽然认同知识对就业的作用，却对自身从事职业所需的具体知识和技能缺乏认知。对新生代农民工而已，知识是一个笼统的概念，知识如何在工作中发挥作用却不可知。

7.2.2 新生代农民职业技能培训情况

(1)技能培训率低，培训途径缺乏

对湖北省新生代农民工进行调查发现，60.1%的新生代农民工没有参加过任何职业培训。根据访谈内容，新生代农民工非常注重未来发展，因此其渴求多方面的培训。湖北新生代农民工培训率低的影响因素包括：培训课程实用性、培训种类、培训时间、培训方式、组织培训的部门等。

首先，新生代农民工在学校参加的技能培训相关课程：计算机课占 20.2%，手工制作占 26.9%，园林设计占 19.7%，电器修理占 8.8%，服装设计占 0.5%，农业种植占 1%，其他占 22.8%。可见学校的技能培训课程比较丰富，但实用性以及新生代农民工的培训效果有待进一步调查。

其次，新生代农民工参加的技能培训的种类包括：就业前培训占 14.5%，入职培训占 11.9%，工作中的培训占 12.4%，再就业培训占 1%，没参加过任何培训占 60.1%。培训种类丰富，但技能培训率低，这与组织培训的部门、培训内容、新生代农民工自身都等因素有关。

再次，培训时间平均为 20 天，10 天以内的培训占 29.7%，20—30 天的培训占 24%。新生代农民工缺乏系统的、长期的、稳定的培训。新生代农民工希望参加的培训方式依次是有人组织到村里开培训班(36.3%)，购买学习资料自学(22.8%)，到职业学院校参加学习并取得学历(21.2%)，在学校经过 1～3 个月的技能培训(19.7%)。

最后，组织培训的部门包括：企业占 22.8%，农广校占 14.5%，农业部门占 17.1%，职业教育中心占 9.3%，劳动部门占 8.8%，其他部门占 27.5%，新生代农民工的培训工作涉及三方面：政府、企业、个人。调查结果显示政府及企业的培训力度不足，新生代农民工自身想要参与培训却缺乏途径。

(2)职业技能单一

目前,新生代农民工掌握的专业技能主要包括:烹饪(18%),驾驶(16%),服装加工(11%)机床加工(10.5%),美容美发(10.5%)等。调查显示,仅有18.9%的人掌握了2项或2项以上的职业技能,更有33.4%没有掌握任何职业技能,新生代农民工虽然受教育程度高,但专业技能较欠缺,所掌握的职业技能单一,职业选择有限。由于自身职业技能以及生活技能等的限制,面对当前产业结构调整的复杂局面,他们处于就业的弱势地位。

(3)专业技术等级证书不被重视

调查显示,不会考取专业技术等级证书的新生代农民工占34.9%,没有专业技术等级证书的占37%,具备初级证书的占11.5%,中级的占13%,高级的占3.6%,如表7-3所示。结果表明新生代农民工不注重专业技术等级证书。访谈中,新生代农民工表示参加部分技能培训后可获得相应的专业技能等级证书,但他们不会主动考取相关技能等级证书。

表7-3 湖北新生代农民工专业技术等级证书获取情况

专业技术等级证书获取情况	比例
不会考取相关证书	34.90%
未获取专业技术等级证书	37%
初级专业技术等级证书	11.50%
中级专业技术等级证书	13%
高级专业技术等级证书	3.60%

7.3 湖北省新生代农民提高人力资源能力的动机和态度

7.3.1 新生代农民的学习意愿和学习动机

(1)学习意愿强烈,但对学习内容迷茫

新生代农民工经常学习的比例为27.7%,偶尔学习的比例为

22.8%，不能坚持学习的比例为10.9%，想学习但不知道学什么的比例为34.3%，不想学习的比例为4.3%，如表7-4所示。调查显示，新生代农民工学习意愿强烈，通过各种途径找寻学习的机会，但处于学习迷茫期的新生代农民工比例也不小(34.3%)，这一人群的学习之路需要外界的支持。

表7-4 湖北新生代农民工学习意愿

学习意愿	比例
经常学习	27.7%
偶尔学习	22.8%
不能坚持学习	10.9%
想学习但不知道学什么	34.3%
不想学习	4.3%

(2)学习动机以增加经济收入为主

在对湖北新生代农民工学习动机的调查中，34.9%的受访者选择了“增加经济收入”，18%的受访者选择了“提高自己的生活水平”，即52.9%的受访者将提高经济收入和生活水平作为学习的第一动机，如表7-5所示。调查发现，湖北第一产业在中部地区占有绝对优势，但二、三产业发展滞后，因此湖北省新生代农民工收入普遍较低，新生代农民工希望通过学习改变现状，提高经济收入。

表7-5 湖北新生代农民工学习动机

学习动机	比例
增加工作选择的自主性	25.4%
增加经济收入	34.9%
更好的工作环境	9%
赢得社会尊重	12.7%
提高生活水平	18%

另有25.4%的受访者选择了“找工作时自主选择度加大”，9%的受访者选择了“技术性工作的工作环境较好”，即部分新生代农民希望通过学习获得更好的职业发展。目前，很多外出务工的新生代农民工面临高温、低温作业问题，工作环境存在噪音污染、粉尘污染，工作过程中机械故障隐患严重，因此，34.4%的受访者表明学习动机是可以选择工作环境更好的职业。

12.7%的受访者选择了“能够赢得更多的社会尊重”，该比例虽然不高，但在一定程度上表明了新生代农民的学习动机之一是提高社会地位、融入城市主流社会。与传统农民工不同的是新生代农民工对自己的身份认同出现了模糊化的倾向，新生代农民工渴望融入城市，希望从农民身份转变成市民。

7.3.2　职业学习的影响因素

新生代农民工学习的限制因素包括：不知道参加哪方面的培训，学习目标不明确(28.9%)，参加培训后仍然找不到好工作、浪费时间和金钱(34.2%)，没钱交学费(12.3%)，没时间、学起来也难(16.6%)，同村同龄人大都没参加培训(8%)，如表7-6所示。调查结果表明新生代农民工认为培训的风险较大，培训的投入与产出比不明晰。

表7-6　湖北新生代农民工学习的限制因素

学习的限制因素	比例
学习目标不明确	28.9%
担心学习后仍找不到好工作	34.2%
没钱交学费	12.3%
没有时间学习	16.6%
同村同龄人大都没参加学习培训	8%

7.3.3　新生代农民的人生目标和就业空间二次选择

(1) 工作生活目标明确

71.4%的新生代农民工对未来的工作和生活目标比较明确，只有28.6%的受访者对未来的人生规划不明确。新生代农民工对未来自己的人生规划(以后工作和生活的计划)目标是:学通一门专门技术,挣钱养家(46.6%),尽快成为城里人(10%),干出一番事业(11.4%),赢得别人的尊重(15.2%),挣够钱后回老家做个小生意(7.9%),收入少点但工作稳定(2.1%),收入少点但工作条件好(0.5%),走一步看一步再说(6.2%)。调查结果显示,一、提高经济收入仍然是新生代农民工最主要、最迫切的目标;二、新生代农民工改变农民身份的诉求强烈;三、新生代农民工成就动机强烈,希望在事业上有所成就。

(2)就业空间的二次选择

如果在家乡能够科技致富,新生代农民工的就业空间二次选择是:会留在家乡(31.9%),会根据国家政策重新选择(30.9%),会外出打工、认为这是国家城镇化的大环境要求(18.6%),会外出打工、向往大城市的生活(10.1%),会外出打工、但先掌握一门打工技术(8.5%),如图7-9所示。

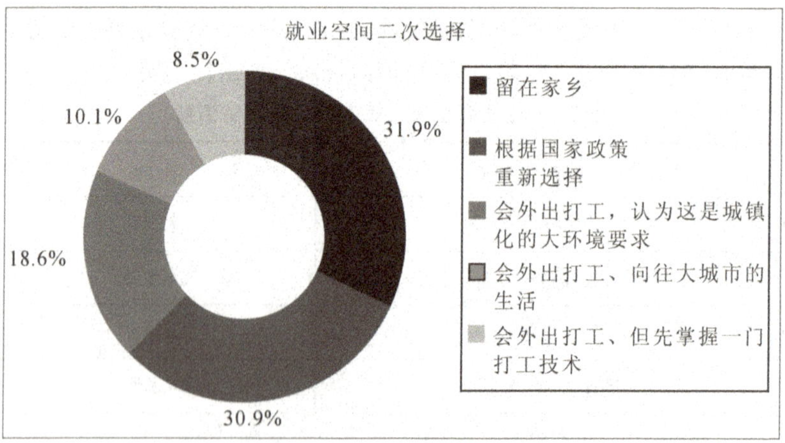

图7-9 湖北新生代农民工就业空间二次选择

在外务工的新生代农民工虽然试图融入城市,但其在城市中的归属感始终难以建立。由图可知,在家乡能够科技致富的前提下,31.9%的受访者愿意留在家乡,这说明其对家乡的认同程度很高。

30.9%的受访者愿意重新考虑职业选择。37.2%的受访者选择继续留在城市打工，原因分为三类：一是城镇化对城市和农村的产业结构以及就业分布的影响；二是因为城市提供了更多的工作机会，城市的工作条件和生活条件对其具有吸引力；三是城市环境以及城市的工作带给自身的学习机会。

7.4　湖北省新生代农民人力资源能力存在问题分析

中国社会正处在一个经济社会转型阶段，在转型过程中，原有的社会结构体制被打破，新的社会结构体系尚未建立，在这个转型阶段会有种种的复杂性、不确定性。新生代农民身处转型期，经历着乡土特质和城市特质的不断冲击，他们比任何一个阶层都更为强烈地感受到社会急剧变化的不适应和原有制度结构上的不适应，使他们在生存上面临着一系列的问题，这也是其人力资源能力不高的主要原因。

7.4.1　湖北省产业结构升级缓慢

湖北省人口居于全国前十位，常住人口5758万人，其中：城镇2984.40万人，乡村2773.60万人，但反映经济发展指标的GDP却低于全国平均水平。2011年湖北GDP总量超过1.8万亿元，增速达13.8%，比全国高出4.6个百分点。GDP总量由第11位上升至第10位，人均GDP居全国第13位。据国家统计局数据，2011年湖北省城镇居民可支配收入水平为18374元（增速14.4%），在全国居于第16位，不仅低于全国平均水平（21280元）和全国中位数（19118元），也低于同样位于中部的湖南（18844元）和安徽（18606元），甚至低于位于西部的广西（18855元）和云南（18576元），与湖北目前的总体经济增长水平不太相称。

根据湖北省统计数据，近三年来，全省第一产业占比的下降速度仍然有限，第二产业占比仍在明显提高，而第三产业的占比反而出现了下降。比照各国经验，第三产业比重以较快的速度增加，并逐渐超过50%，是完成工业化的一个重要标志。因此，湖北仍需要不断调整经济结构，加快促进工业化进程；走出“第二产业不强”、“第三产业不大”的困境，建设具有自主知识产权、具有跨国知名企业、具有国际知名品牌、具有强大技术能力的现代制造业，同时不断发展金融、商贸、物流、信息、文化创意等现代服务业，建设高附加值的现代服务业体系。

中部地区发展的制约因素主要有：政策驱动不力导致中部地区资本匮乏，优势难以发挥；产业结构水平低，阻碍中部工业化进程；城市化水平低，城市综合实力不强，制约了中部整体竞争力的提升；三农问题突出，成为中部经济发展的沉重包袱；外贸依存度低于全国平均水平，对外开放水平与沿海地区的距离越来越大；非国有经济发展滞后，区域经济缺乏活力等。在综合竞争力上，湖北省连续三年居于中部地区第二位，同样也受上述因素的制约。

7.4.2 湖北省职业教育匮乏

湖北省总体教育经费居于中部第一，但大部分教育经费用于高等教育。湖北高等教育经费充足，远远高于其他五省，但针对新生代农民的教育经费支出却少于河南、湖南和安徽。湖北省用于农村高中、初中、小学、职业学校、技工学校的教育经费并没有明显优势，这直接导致湖北省的新生代农民在基础教育、职业教育上的匮乏。

新生代农民人力资源能力建设应以全面提高德能、智能、体能、技能、心能、意能为目标。尽管以基础教育、高等教育、职业教育、科普教育和继续教育为内容的学校教育培训体系是人力资源能力建设的重要途径，但是在现有的经济、技术条件下，完全寄希望于政府发展正规的学校教育，很难说新生代农民人力资源能力建设会在短时间内取得良好的效果。目前，主要的教育方式是基础教育，职业教育、继续教育尚不普及，外出打工的新生代农民在教育途径的选择上面临困难。

7.4.3 湖北省新生代农民技能培训率低

在湖北省的调研中发现，组织新生代农民培训的部门包括企业、农广校、农业部门、职业教育中心占、劳动部门等。政府组织的培训并不少，但培训质量有待提高，培训内容应根据新生代农民的职业技能需求进行科学设置；政府对职业技能培训的宣传工作不到位，有20%的农民不知道政府有农民技能培训工作；政府对农民职业技能培训投入不足，农民个人分摊比例大，因为培训费用高而不参与。

企业对新生代农民的培训并不重视，新生代农民的岗前培训、在岗技能提升培训、转岗培训未成体系，且企业投入培训经费不多。且培训内容缺乏针对性，没有考虑新生代农民具有一定的文化基础，培训内容远远落后于市场需求；也不考虑农民参与培训后所学技能是否为社会急需，造成培训内容与就业脱节。培训方式单一，缺乏灵活性，多以课堂讲授形式为主，实践操作缺乏。

就新生代农民自身而言，部分人希望参与培训的意愿强烈，但也有部分人的参训意识不够。新生代农民工与培训机构存在信息不对称。包括培训需求、培训时间、培训地点都有错位，可见环境限制对职业技能培训也有很大约束。

7.5 湖北省新生代农民人力资源能力建设提升对策

7.5.1 推进产业结构升级

新生代农民人力资源能力的提升离不开良好的经济社会发展环境，推进产业结构升级是助力。第一，加强农业的基础地位。保护和提高粮食综合生产能力，稳定粮食生产；深入推进农业结构调整，保持湖北省九大优势农产品产业带；健全产品市场体系，为农民提供丰富的信息；第二，推进城乡工业的发展，加快农村工业化进程。大力发展乡镇企业，为新生代农民提供更多就业机会；大力发展农村服务业，缩小农村服务业与城市服务业之间的差距。

产业结构升级需要倾注更多的精力、拿出更多的投入。支持农业、农村发展，贯彻工业反哺农业、城市支持农村方针，从根本上解决好“三农”问题，实现农村经济社会全面和可持续发展。要紧扣发展第一要务，夯实基础，改善农村生产生活条件，重点解决好农村民生问题，破解城镇化发展难题，做好资源整合。

7.5.2 完善“基础教育+职业教育+成人教育”体系

湖北省农村基础教育发展良好，但就提升新生代农民人力资源能力而言，仅有基础教育不够。应该依据新生代农民的就业走向规律，构建起普通教育与能力技术教育相互融合，初等、中等、高等教育相互衔接的适合多元化产业结构发展的教育新体系，为新生代农民提供内容丰富、层次多样的教育场所和载体，实现新生代农民人力资源的有效开发并使之快速转化为人力资本。

把职业技术教育和基础教育有机结合起来，把初、高中毕业的青年学生纳入中等职业教育和高等职业教育体系，不失时机地进行职业技能培训，使之成为新型的劳动者，具备转移就业和创业的能力。多元化发展农村职业教育，形成区域性、网链式发展局面。要根据实际情况，在经济发达地区打造“职教航母”，使其成为地区的职业教育基地；在经济欠发达地区，要进一步整合教育资源，加大投入力度，采取联合办学、职普对接等形式，使普通教育、职业教育、成人教育相互沟通，鼓励学校走产学研相结合的道路，鼓励发展民办职业教育，建立多元化职业教育发展体系。以地区大中城市为中心，向周边城镇、农村进行辐射，城镇、农村中学通过分流教育、职普对接、联合办学等形式，向大中城市职教学校提供生源；大中城市职教学校依托地域、经济、信息等优势，与省内外工厂、企业广泛协作，提供专业教育、实训基地、就业市场。

7.5.3 建立“政府+企业+社会”联合培训机制

整合职业教育培训资源，健全职业技能培训体系，提高培训质量和效果。对现有就业培训资源进行充分整合，形成以公共培训机构和职业技术学校为主体，社会培训机构和大企业、龙头企业内部培训机构相配合的培训体系，同时统筹规划，充分发挥大企业、龙头企业的自培自用作用，社会民办培训机构的市场调剂作用，公共培训机构的拾遗补缺作用，省、市中职教育机构的专业培训作用，形成政府主导，官民并举，输出地与输入地联合，学校教育、机构培训与远程培训结合的多层次的技能培训体系。

建立多元化的农民工培训投入保障机制。在农民工培训经费投入上，继续实行政府、用人单位和农民工个人共同分担的多元化投入机制。政府应强化其主要责任，中央财政要安排专项资金，扶持农民工培训工作。各级财政要把农民工培训经费纳入财政经常性预算，用于补贴农民工培训的经费要专款专用，提高使用效益，加大投入力度，增加农民工输出前培训补贴，使政府成为农民工培训资金投入的主体。用人单位应承担在岗农民工的培训费用，政府可以通过税收、订单等形式激励企业培训在岗农民工。同时，作为主要受益人，农民工在培训中，也应承担相应的费用，增强其责任意识。

第8章 河南省新生代农民人力资源能力建设

十一届三中全会以后，我国农村实行了家庭联产承包责任制，农民逐步获得了流动自由，开始以离土不离乡、离土又离乡等方式进城务工。如今农民工已经成为规模庞大的社会群体。新生代农民是指出生于1980年代、1990年代，从小在农村长大，拥有农村户口的农民，包括外出的农村流动人口和没有外出的农村人口。而新生代农民工是指出生于1980年后、户籍仍在农村、身份还是农民、有承包土地，但主要从事非农产业、以工资为主要收入来源的人。目前，我国新生代农民工已经超过了1亿人，成为农民工的主力和城市建设的生力军。河南省是全国的人口大省，9918万人口中有71.1%是农村人口，而其中外出务工人员占据农村劳动力的33%。在河南2150多万农民工中，新生代农民工占70%以上，达到1500万人之多。[①] 为了准确地了解河南新生代农民人力资源能力现状，并为河南省新生代农民人力资源能力建设提供具体的有针对性的建议，本课题小组分别于2011年3月和7月开展了关于河南省新生代农民人力资源能力现状的调查研究。

8.1 河南省新生代农民基本情况

8.1.1 从事务工的年龄和文化程度分布

(1)从事务工的年龄

对河南省新生代农民中务工者的随机抽样调查结果显示，16岁

---

① 共青团河南省委:《河南新生代农民工的生存及思想状况察报告》.

以下的占调查总人数的 10%；16 岁—20 岁之间的占调查总人数的 62%；20 岁—25 岁之间的占调查总人数的 23%；25—31 岁的占调查总人数的 5%(见图 8-1)。由此可见，此次调查对象中 16 岁—25 岁之间的人数占了大多数，说明当前新生代农民中务工的人员，即新生代农民工，主要以 80 后、90 后为主。

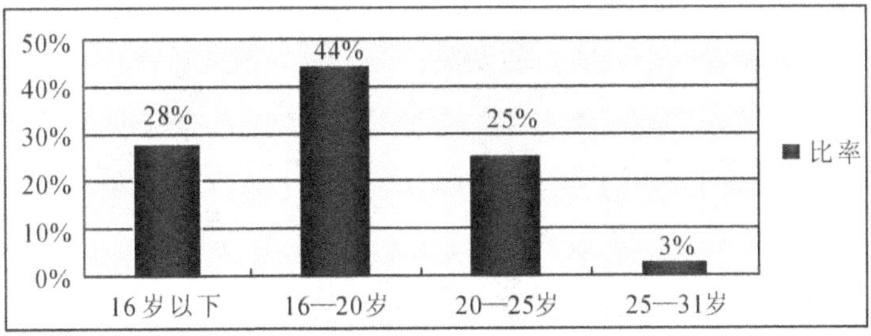

图 8-1　河南省新生代农民工年龄分布

此外，与第一代农民工相比，河南省新生代农民工倾向于低龄化，16 岁以下的比例高达 28%，童工现象比较严重。这除了与监督不严、执法不力、违法不究等社会环境因素有关外，还与这些少年儿童或其家长的选择有关。与其说这些童工是“被骗”出来的，不如说是他们的一种自主选择。他们之所以做出这样的选择，可能并不仅仅是为了挣钱，为了生活，而是因为在今天的农村，对年轻人来讲，外出打工已经成为一种“时尚”，一种潮流，而且这中“时尚”与潮流又得到其父辈高度认同。年轻人不外出打工，在很多农村人心目中可能就是保守、不思进取、懦弱、甚至无能的表现，成为农村“熟人社会”议论甚至指责的对象。追求时尚是少年儿童的天性，再加上“熟人社会”强大的舆论压力，两股力量迫使很多少年儿童“一脚踏出校门，一脚踏入城门”，也许他们在城市生活很困难，但他们的信念是“死也要死在城市”。这也许才是河南省新生代农民工低龄化、童工现象严重的最主要的原因。

(2)文化程度

调查结果显示，河南省新生代农民的学历结构中，本科及以上文化程度的人数占到调查对象总数的 12%；大专文化程度的占

19%;具有中专或高中学历的人数占总调查人数的36%,是此次调查对象中人数最多的;而初中以及小学文化程度的劳动者分别占到调查总人数30%和3%。即河南省新生代农民多半以上接受了高中及以上教育,具有较高的文化素养。可见,相对于第一代农民而言(具体数据[①]见图8-2),由于面临较好的教育环境和教育机会,第二代农民的学历水平已经有了较大幅度的提高,普遍具有较高的文化知识,也更加看重个人能力的发展。

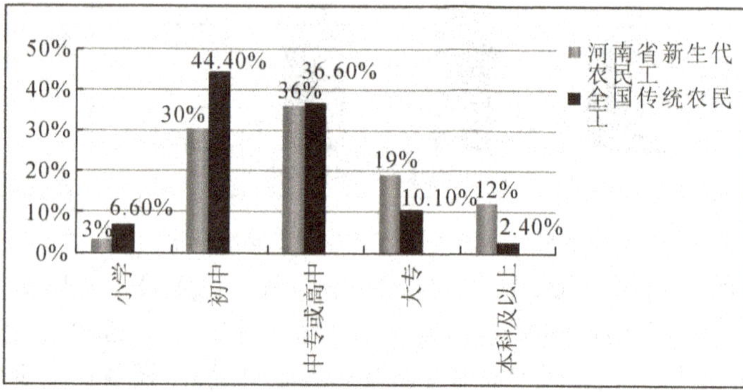

图8-2 河南省新生代农民工受教育程度

8.1.2 新生代农民的职业选择和行业分布

(1)新生代农民的职业选择

对河南省新生代农民务农与否的调查结果(见图8-3)显示:外出打工的农民占74.6%,而在家务农的农民仅占25.4%。而传统的农民更多的是守着那片土地,从事农业劳动。可见,相较于传统的农民,新生代农民中更多的选择背井离乡,外出打工。

(2)行业分布

对河南省新生代农民从事行业问卷调查结果(见图8-4)显示,河南省新生代农民中仅2.5%从事农业,而97.5%的从事非农业,其中从事制造业的占24.4%,从事建筑业的占21.6%,从事商业、饮食

---

① 全国总工会新生代农民工问题课题组:《2010年企业新生代农民工状况调查及对策建议》,2011年2月《工人日报》。

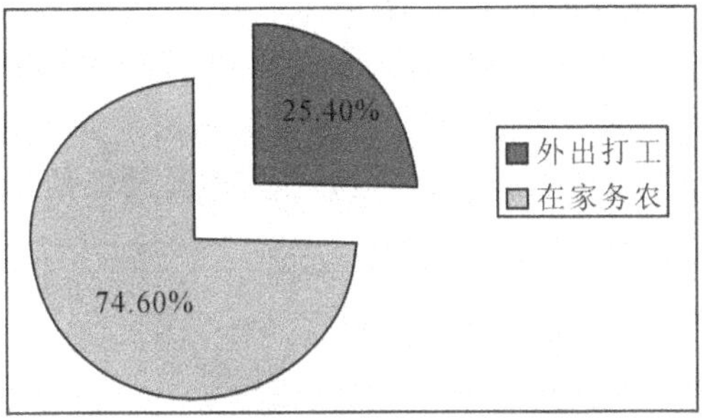

图8-3　河南省新生代农民的务农状况

业等服务业的占36.6%，其他类的占14.7%。河南省新生代农民工行业分布广泛，一方面，可能是由于他们大多数所从事的第二、第三产业发展蓬勃，对劳动力的需求比较旺盛。另一方面，与这些新生代农民工大多数有通过各种职业技能的学习，具备了一定的科学、技术知识和劳动经验、生产技能，能够满足各行各业的需要有着莫大的关系。这些绝大多数的从事非农业的新生代农民便成为了新生代农民工，也成为了产业工人的重要的组成部分。

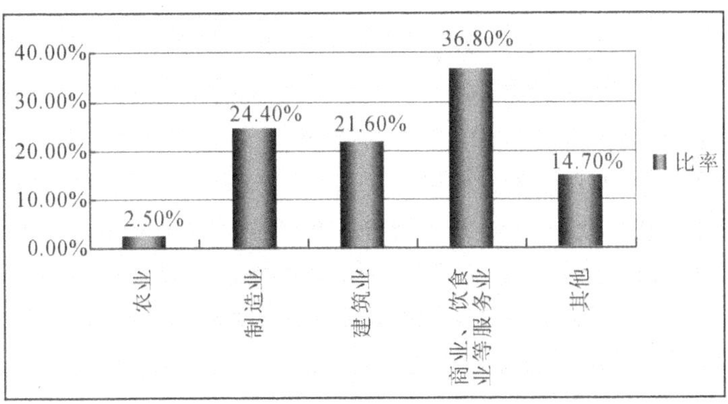

图8-4　河南省新生代农民职业分布

8.1.3　新生代农民外出务工的性别和收入状况

(1)外出务工女性比例增加

在关于河南省新生代农民中外出务工者性别的调查(见图8-5)

显示，外出务工的男性占调查总人数的 52%；女性占调查总人数的 48%。与老一代农民外出务工的女性比例 37.9%[①]相比，河南省新生代农民中女性的比重明显上升，这可能是由于如今的未婚农村女性没有家庭负担和婚姻责任，外出就业成本比较低的原因。

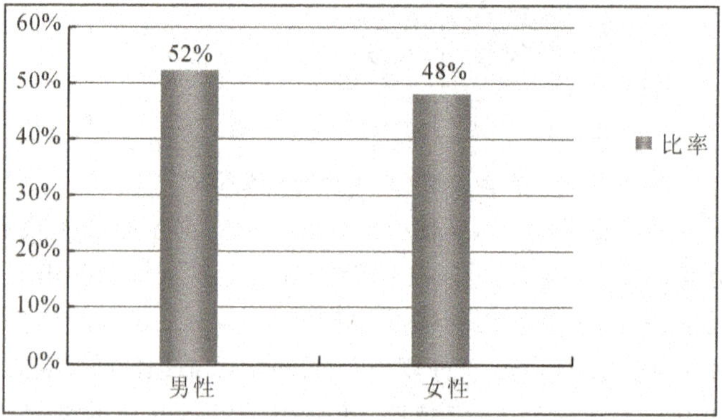

图 8-5 河南省新生代农民工性别分布

(2)打工收入虽有所增加，但仍普遍较低

关于河南省新生代农民打工收入问题，调查结果(见图 8-6)显示：打工工资收入在 1000 以下的占 21%，1000—1500 的占 28%，1500—2500 的占 36%，2500—3500 的占 9%，3500 以上的占 6%。总的来说，河南省新生代农民打工工资收入总体有所提高，但工资水平在 2500 及以上的比例仍比较低，仅占 15%。而且，据国家统计局发布的统计数据显示，2011 年全国城镇非私营单位在岗职工年平均工资(即原“全国在岗职工年平均工资”)为 42452 元[②]，即全国平均月工资水平为 3538 元。可见，河南省新生代农民的工资水平与全国平均工资水平差距还比较大。

(3)新生代农民务工收入的影响因素

关于影响河南省新生代农民工收入的主要原因，调查结果显

① http://www.stats.gov.cn/tjfx/fxbg/t20120427_402801903.htm

② http://www.gov.cn/gzdt/2012-05/29/content_2147968.htm

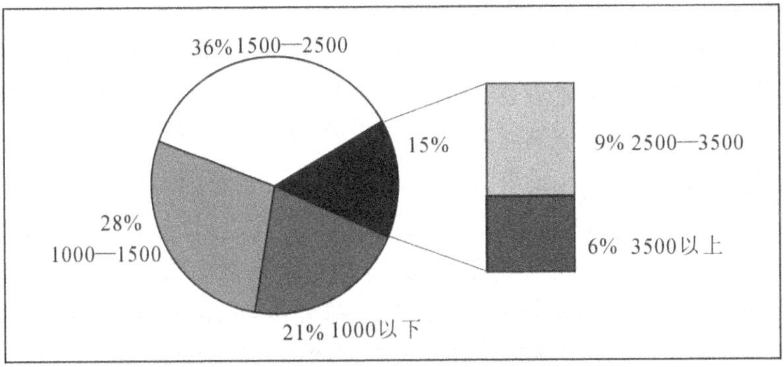

图 8-6　河南省新生代农民工收入水平

示：45.8%的被调查对象认为主要原因中最重要的是因为文化程度不高；29.8%的认为最重要的是因为没有掌握一门专业技术；17.5%的认为最重要的是因为社会关系比较弱；3.5%的认为最重要的是因为缺乏高人的指点；还有 3.4%的认为最重要的是因为政府政策引导不切合实际情况。可见，文化程度不高、没有掌握一门专业技术以及社会关系较弱成为影响河南省新生代农民工收入的主要原因。

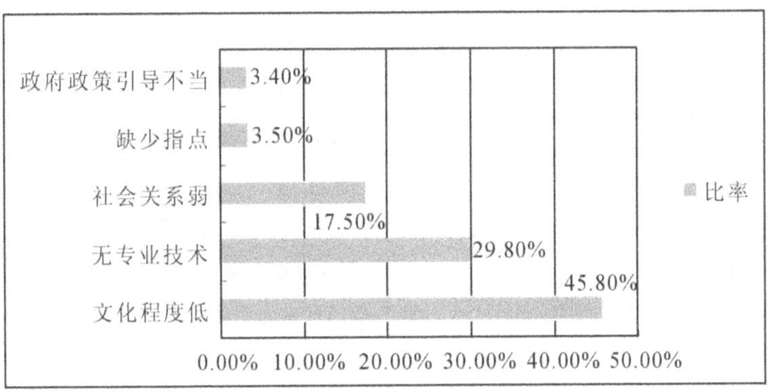

图 8-7　影响河南省新生代农民收入的因素

8.1.4　新生代农民工作满意度

关于河南省新生代农民工对目前工作状态的满意情况，调查结果（见图 8-8）显示：表示比较满意的占调查总人数的 27.6%；24%的被调查对象选择了满意；表示比较不满意的占调查总人数的 40.4%；对目前的工资待遇状况非常不满意占调查总人数的 5.9%；仅有 2.1%的被调查对象表示非常满意目前的工资待遇。可见，河南省新生代农民工对目前的工作状态满意度不高。虽然这些新生代农民工由乡土社会进入城市社区后，城市文明给他们带来了强烈的影响与冲击，但是可能由于其在经济方面经常遭遇拖欠工资、延长劳动时间、与城市居民同工不同酬等不平等情况，在社会人格方面受到肮脏、粗鲁、野蛮、偷盗、不礼貌、不文明等污名的侮辱等，造成现实生活与其期望差距甚大，才使得他们对目前的工作状态的满意度不是很高。

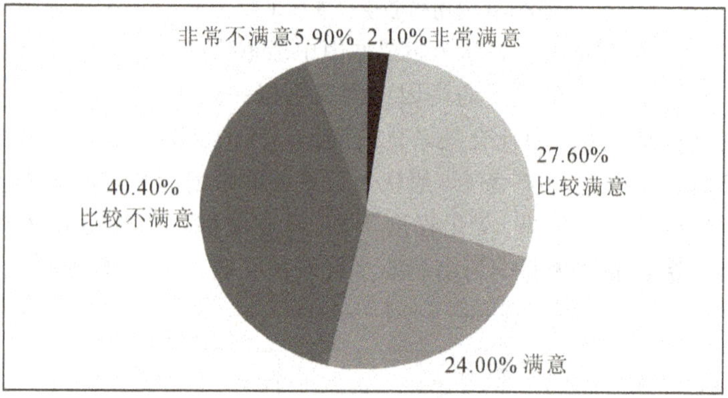

图 8-8　河南省新生代农民工作满意情况

对河南省新生代农民工换工作情况进行调查（见图 8-9）发现，河南省新生代农民工中仅 23.5%没有换过工作，而 76.5%的换过工作。其中，换两次以下的占 24.1%，换 5 次以下的比例最大，占 31.8%，换 10 次以下的占 12.5%，换 10 次以上也有 8.1%。可见，总体而言，河南省新生代农民工工作的跳槽频率比较高。这一方面可能是由农民工就业的临时性和非正规性决定的；另一方面，可能是因为新生代农民工在就业质量、就业期望等方面的要求比第一代农民工高，对工作比较挑剔，容易对目前的工作产生厌倦感，因而处于频繁的跳槽中。

关于河南省新生代农民工因何种原因而转换工作的调查（见图

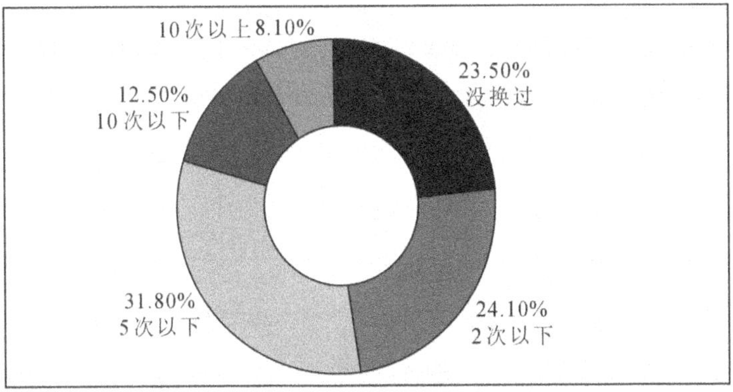

图 8-9　河南省新生代农民换工作的情况

8-10)中，有 48％的调查对象选择的原因是活干得多，钱给得少，这也是所有原因中被选次数最多的；16.4％的调查对象选择的原因是因为环境差，有点危险；20.5％的调查对象选择了因为学不到技术；3.4％的调查对象选择因为三天两头停工；7.8％的调查对象选择了因为老板和领头人不公平；另外还有 4％的调查对象选择了因为厂里管的太严太多。由此可见，除了工资待遇之外，新生代农民工也越来越重视工作强度、工作环境、自我提升以及公平尊严等问题。根据马斯洛的需求层次理论可知，河南省新生代农民工的需求层次在不断提高。再进一步究其原因，河南省新生代农民工频繁跳槽可能还跟现行的就业制度和用人单位的具体做法有关。从现行的就业制度来看，城市农民工的工作是临时性的，在单位里的身份被统称为“临时工”。不仅不享有单位职工的福利，而且连工资级别也完全与城镇职工是两个体系。这样农民工在心理上从来也没有把自己看作是单位的人。因为没有心理上的归属感，因此，他们在单位之间更换工作，就成为很自然的事情了。再从用工单位来看，很多农民工并不是受雇于传统的“体制内”单位，而是受雇与“体制外”单位，在这里奉行的完全是劳动力自由雇佣的市场交换原则。换而言之，雇主与雇工之间完全是一种交换关系。交换得成功就在这里干，交换不成功就不在这里干。因此，这种市场型的关系本身就容易形成工作的频繁更换。再加上我国劳动力市场不够健全、不够完善，劳资双方只是用十分简单的辞职、解雇解决单位内部的矛盾，这同样会导致河南省新生代农民工就业的不稳定性。

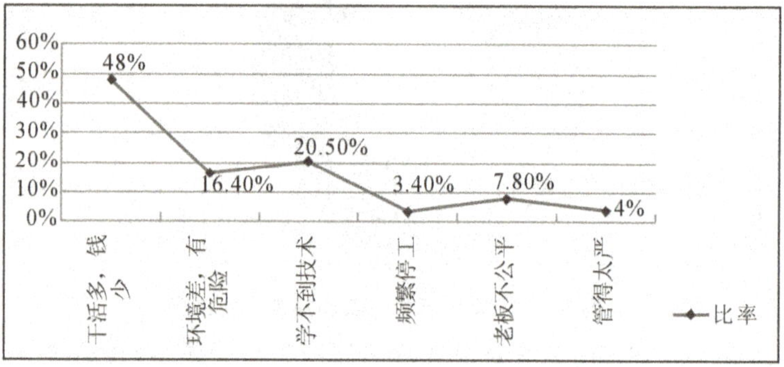

图 8-10 河南省新生代农民换工作的原因

8.2 河南省新生代农民人力资源能力现状

8.2.1 就业认知和自我定位

(1)就业认知

关于河南省新生代农民关于知识对于职业选择的作用的看法，调查结果(见图 8-11)显示：觉得知识对其选择工作有很大限制的占

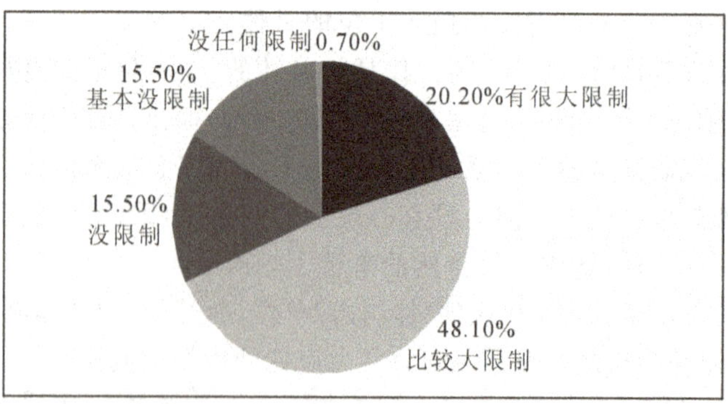

图 8-11 河南省新生代农民工关于知识对择业的作用的看法

20.2%；认为有比较大限制的占48.1%；认为没有限制的占15.5%；认为基本没有限制的占15.5%；而认为没有任何限制仅占0.7%。可见，河南省大部分新生代农民认为知识对于其职业的选择有影响。这与社会的进步和新生代农民的文化水平的提高以及其思想、观念、生活方式等的转变是离不开的，同时也体现了新生代农民日益增加的对知识的重视。

对河南省新生代农民是否参加过专业技能培训进行调查(见表8-1)，17.7%的被调查者表示参加过，并获得相关证书；29.3%的被调查者表示参加过，但没有获得相关证书；而被调查者中32.3%表示没参加过，但打算参加；还有8.2%的被调查者不打算参加；12.5%的被调查者没考虑过这个问题。可见，河南省新生代农民中有很大部分已经接受了教育培训，而且没参加过培训，但打算参加培训的比例较大，占32.3%，说明新生代农民仍有较大部分具有较强烈的学习欲望。但他们中还有小部分缺少对专业技能培训重要性的认识。

表8-1　河南省新生代农民工专业技能培训状况

	参加过，并获证书	参加过，未获证书	没参加过，打算参加	不打算参加	没考虑过
比率	17.7%	29.3%	32.3%	8.2%	12.5%

(2)自我认识和定位

对河南省新生代农民是否清楚学习哪些知识能提高自己的收入的调查显示，9.7%表示非常清楚；39.6%表示比较清楚；而43.5%表示不太清楚，需要他人指点；仍有4.6%表示一点不清楚，2.6%表示没有学习的愿望。虽然，河南省有一定比重的新生代农民中对学习哪些知识有一个比较清晰的定位，但仍有很大部分没有一个清晰的定位。

8.2.2　新生代农民职业技能培训和执业资格

(1)职业技能

关于河南省新生代农民工目前掌握的专业技能的种类，调查

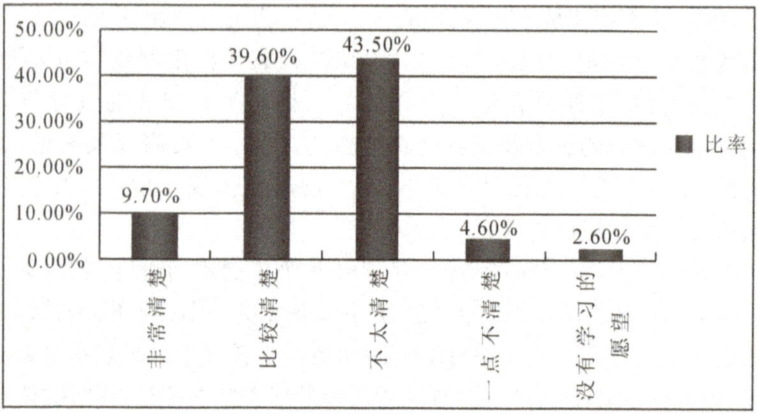

图 8-12 河南省新生代农民对能提高自身收入的知识的认知

(见图 8-13)显示:23.8%的调查者没有掌握专业技能;41.6%的调查者掌握了 1 项专业技能;24.7%的调查者掌握了 2 项专业技能;7.4%的调查者掌握了 3 项专业技能;2.5%的调查者掌握了 4 项以上专业技能。可见,河南省新生代农民目前掌握的专业技能的种类普遍比较少。

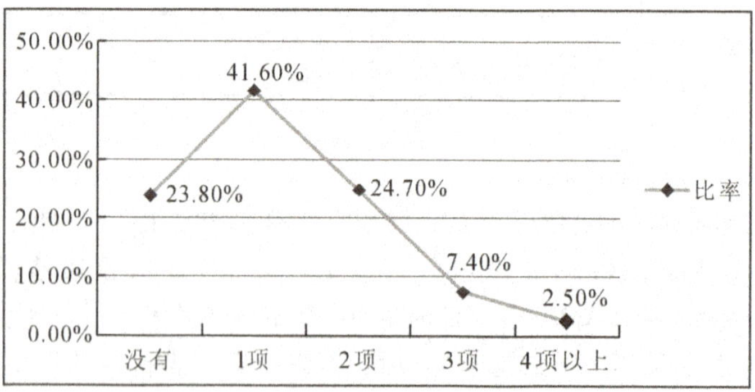

图 8-13 河南省新生代农民掌握专业技能的情况

对河南省新生代农民目前掌握的专业技能的调查,被调查者掌握了电焊、氩弧焊等的占 14%;被调查者掌握了机床加工的占 16.6%;掌握了烹饪的占 13.9%;掌握美容美发的占 8.7%;掌握了计算机应用的占 15.6%;掌握了家电、机动车维修的占 10.3%;而掌握其他专业技能的占20.9%。可见,河南省新生代农民目前掌握的专业技能涉及范围比较广泛。

(2)执业资格

关于河南省新生代农民持有劳动部门颁发的专业技术等级证书的情况(见图8-14),被调查者中9.7%认为不会考取相关证书;63.2%没有相关的专业技术等级证书;14.5%的持有初级的专业技术等级证书;9.8%的持有中级的专业技术等级证书;2.8%持有高级的专业技术等级证书。可见,河南省新生代农民中大部分缺少劳动部门颁发的专业技术等级证书。一方面,新生代农民多忙于时间长、负荷重的工作,没有足够的时间和精力去获得这些劳动部门颁发的专业技术等级证书。另一方面,仍有不少新生代农民习惯于传统的小农生产生活方式,还残留着市场经济意识淡薄,墨守成规、安于现状,小进则满,小富即安的封建思想遗风,不愿积极主动通过努力学习,来完善自身,提高自身素质。

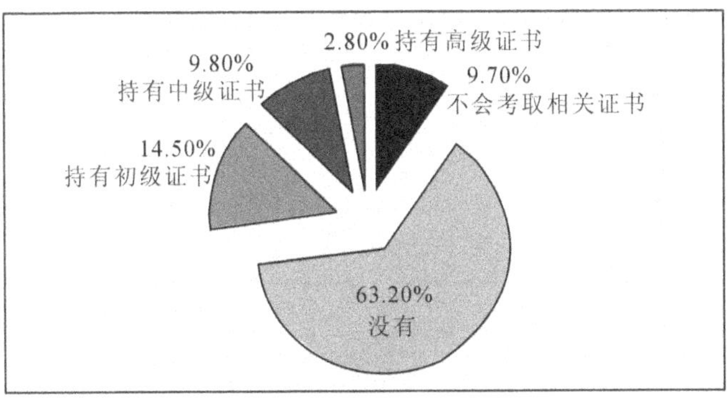

图8-14　河南省新生代农民工持有专业技术等级证书的情况

8.3　河南省新生代农民提高人力资源能力的动机和态度

8.3.1　学习意愿与动机

(1)学习意愿

关于河南省新生代农民主动的去学习知识的调查结果显示:表

示一直在不断学习的占此次调查总人数的17.7%；表示经常学习的占此次调查总人数的22.2%；表示一直在不断学习的占此次调查总人数的17.7%；表示经常学习的占此次调查总人数的22.2%；表示偶尔学习的占此次调查总人数的26.5%；表示想学，但不知道学什么，怎么学的占此次调查总人数的24.3%；表示知道文化知识很重要，但不能坚持的占此次调查总人数的9.3%。可见，新生代农民普遍有学习的意愿。

(2)学习动机

对于河南省新生代农民参加技能培训的主要原因，调查结果(见图8-15)显示，31.3%的被调查者是因为找工作时自主选择度加大；41.3%的被调查者是因为能够大幅度提高自己的经济收入；9.3%的被调查者是因为技术性工作的工作环境较好；3.2%的被调查者是因为能够赢得更多的社会尊重；14.9%的被调查者是因为可以提高自己的生活水平。由此可见，河南省新生代农民工有比较高的通过学习来提高自身生活水平和工作层次的期望。

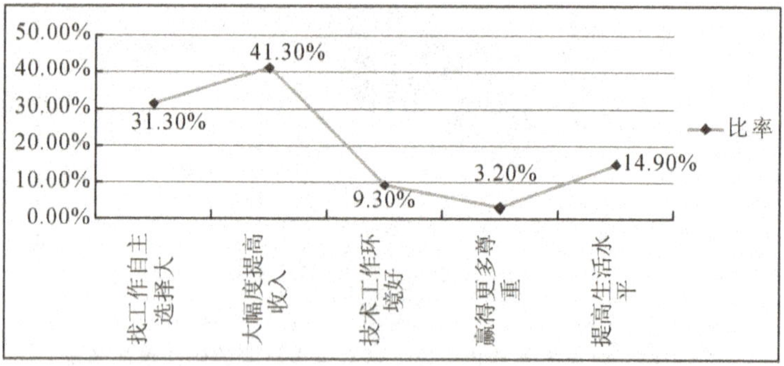

图8-15 河南省新生代农民工技能培训的主要原因

8.3.2 技能学习的限制因素

关于河南省新生代农民没有参加技能培训的主要原因的调查(见图8-16)，被调查者中29.2%的表示是因为不知道参加哪方面的培训；17%的表示是因为参加培训后仍然找不到好工作，浪费时间和金钱；12.4%的表示是因为没钱交学费；28.8%的表示是因为没时间,学起来也难;而 12.6%的表示是因为同村同龄人大都没参加培训。可见,河南省新生代农民缺少学习的限制性因素主要在时间、精力、资金以及学习方向上。

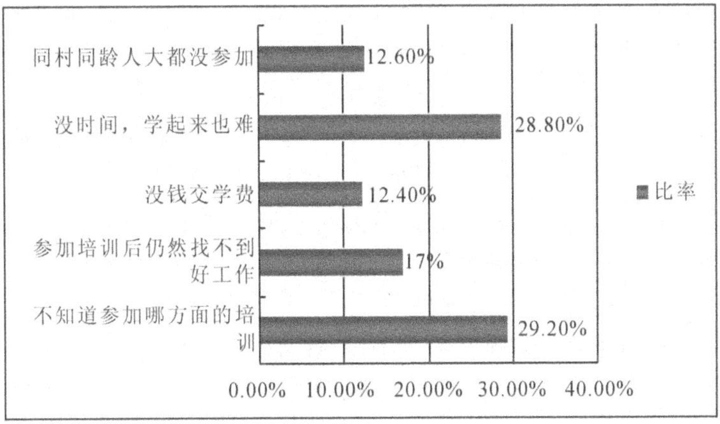

图 8-16　河南省新生代农民没有参加技能培训的主要原因

8.3.3　新生代农民人生目标和就业空间的二次选择

(1)工作生活目标

河南新生代农民对未来的人生规划(以后工作和生活的计划)是否明确的调查(见图 8-17)显示:表示非常明确的占 7.7%;表示比

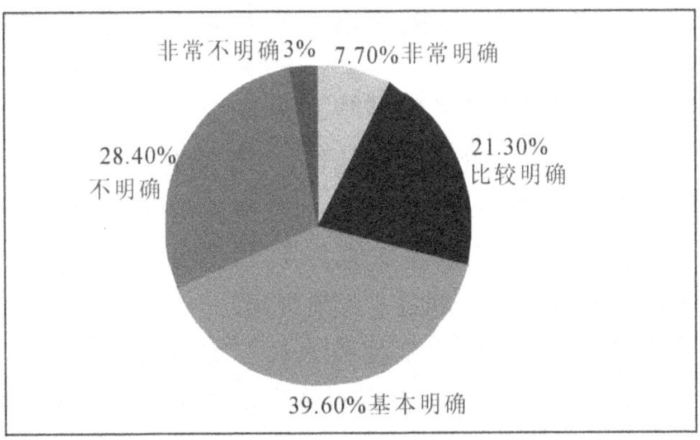

图 8-17　河南省新生代农民对未来的人生规划状况

较明确的占21.3%；表示基本明确的占39.6%；表示不明确的占28.4%；而表示非常不明确的占3%。可见，与第一代农民工相比，新生代农民工对未来的人生规划更明确。

而关于河南省新生代农民对未来自己的人生规划（以后工作和生活的计划）的目标的调查，26.4%的被调查者的目标是学通一门专门技术，挣钱养家；10.2%的被调查者的目标是尽快成为城里人；23.7%的目标是干出一番事业；12.4%的目标是赢得别人的尊重；10.8%的目标是挣够钱后回老家做个小生意；6%的目标是收入少点但工作稳定；3.8%的目标是收入少点但工作条件好；还有6.7%的态度是走一步看一步再说。

(2)就业空间的二次选择

对于其家乡能够科技致富，河南省新生代农民是否会外出打工的调查显示：36.4%的表示不会外出打工，会留在家乡；31.7%的表示不会外出打工，但会根据国家政策重新选择；11.3%的表示会，国家城镇化的要求大环境要求；12.6%的表示会，因为向往大城市的生活；8%的表示会，但先掌握一门打工技术。可见，如果家乡有足够的机会致富，大部分河南省新生代农民更愿待在家乡工作，而不会外出打工。

8.4 河南省新生代农民人力资源能力存在问题分析

8.4.1 社会政策环境的制约

虽然与全国平均文化程度相比，河南省新生代农民文化程度仍然偏低，但据调查显示，河南省新生代农民普遍具有比较强烈的学习欲望，而且他们大多愿意主动地去学习，但由于各种社会限制因素而导致其文化程度得不到进一步地提高。

一方面，现有的户籍制度使得农民工成为城市中的“二等公民”，这就身份的歧视使得河南省新生代农民工无法享受与城镇居民同等的学习机会。河南省各部门在积极展开培训和文化服务，但农民工不是他们主要的服务对象。劳动局组织的职业培训，面向拥有本地户口的无业人员，外地流入的农民工无权参与。文化局在社区内开设流动图书馆，满足社区居民的阅读需要，所有人员只要提供姓名、身份证号等信息就可以办理借阅证，然而，农民工对这些资源的利用率不高，一方面是农民工劳动强度大，耕作后或下班后选择休息，而不是读书；另一方面可能是政府缺少宣传，农民工对图书馆运行的方式不了解。

另一方面，政府缺少对新生代农民学习和培训方面的引导。关于河南省新生代农民工主动的去学习知识的调查结果显示：表示想学，但不知道学什么，怎么学的占调查总人数的24.3%；表示知道文化知识很重要，但不能坚持的占调查总人数的9.3%。同时，对河南省新生代农民是否清楚学习哪些知识能提高自己的收入的调查显示，仅9.7%表示非常清楚；39.6%表示比较清楚；而43.5%表示不太清楚，需要他人指点；4.6%表示一点不清楚。可见虽然新生代农民学习、培训和自我提升的愿望比较强烈，但他们对工作所需的知识和技能还比较茫然，无从下手，而现今的政府也缺乏长效机制来对农民学习培训方面进行引导。

8.4.2　企业缺少对新生代农民工能力提升的重视

河南省新生代农民工工作的跳槽频率比较高。调查显示，河南省新生代农民工中仅23.5%没有换过工作，而76.5%的换过工作。其中，换两次以下的占24.1%，换5次以下的比例最大，占31.8%，换10次以下的占12.5%，换10次以上也有8.1%。在工作上的频繁跳槽以及工作种类的繁杂，导致新生代农民工仅学到各种知识和技能的皮毛，不能达到长期的积累，而使其能力不能显著提升。

此外，河南省企业没有给新生代农民工提供相应的文化教育服务。一般大中型企业在满足员工文化需要、丰富其业余生活方面均有相应的努力，尤其值得一提的是，较成熟的企业经营者会把这一工作纳入企业文化建设的范畴，希望通过培训、娱乐活动增强员工的团结和向心力。在这些企业，员工下班后可以在阅览室读书看报，在运动区打球。企业会定期组织员工培训，培训主要涉及思想教育和职业技能。而河南省新生代农民工所在的一般是小型企业或单位，这些企业或单位一般在这些方面没有作为，对农民工的态度是实用型的而不想为员工充电。同时，又由于新生代农民工频繁的跳槽，企业也不愿意为他人做嫁衣，所以很少会花大量成本对农民工进行培训，岗前培训、技能培训、职业培训等基本与农民工无关。

8.4.3 新生代农民自身缺乏自我能力提升的条件和动力

河南省新生代农民人力资源能力不高与其缺乏提升自身能力的条件和动力有着很大关系。

首先，新生代农民缺少学习的时间和资金。调查显示，河南省新生代农民中12.4%表示因为没钱交学费而无法进行培训；28.8%表示因为没时间进行培训，学起来也难。而且，由于收入限制，他们在购买书、报、杂志上不会投入太多；由于工作比较忙，没有时间去图书馆和听讲座，身边也缺乏知识渊博的朋友；由于工作压力比较大，上网时也会尽量找些轻松愉快的事情来做。这些必然使得他们获得的知识信息量比较少。

其次，新生代农民工缺少自我提升的动力。在对河南省新生代农民的调查中，2.6%的被调查者表示没有学习的愿望。由于一些农民工长期处于生活的底层，工作和生活的压力使得他们对生活现状感到麻木和疲惫，对政府、企业持不信任的态度，所以，表现出的教育和自我提高的需求并不强。

再次，新生代农民工对自身认识不清，缺乏对未来职业生涯的规划。关于河南省新生代农民对未来的人生规划(以后工作和生活的计划)是否明确的调查显示：表示非常明确的占仅7.7%；表示比较明确的占21.3%；表示基本明确的占39.6%；而表示不明确的却占28.4%；而表示非常不明确的也有3%。新生代农民工因为没有职业生涯规划和目标，便不知道自己需要什么样的知识和信息来提高自身能力，也无法深刻体会到这些知识和信息对他们的重要性，从而无法从内心深处激发提升能力的动力。

8.5　河南省新生代农民人力资源能力建设提升对策

8.5.1　政府应多策并举全方位提升新生代农民人力资源能力

河南省政府重视新生代农民能力的提升可从以下几个方面着手：

首先，推进户籍制度改革，消除户籍制度所附加的教育权利分配功能。政府应推进户籍制度改革，消除乡城户口身份划分和户口迁移的行政限制，实行一元化的身份制，防止城市出现新的“二元结构”，即防止新生代农民工被边缘化，逐步剥离户籍制度上所附加的各种权利和资源分配功能。特别在城乡户口差异仍然存在的过渡时期，城市可以向长期（如五年以上）在本城务工人员发放居住证，凭居住证可以在就业、教育培训等方面享受与持本城户口人员相仿的待遇。

其次，重视新生代农民教育，将新生代农民教育纳入成人教育体系。在城市化、现代化和建设和谐社会的过程中，新生代农民素质的提升是不容忽视的重要课题，河南省政府必须对新生代农民教育问题予以高度的重视，首先必须将新生代农民教育纳入成人教育体系。成人教育体系应不断扩建，延伸至各社区、乡镇，努力满足这一特殊而庞大群体的教育需求。

再次，采用大教育概念，提供更多的新生代农民自主学习的机会。课堂教学受到时间、地点、师资的限制，自学、同伴互助学习等方式更适合于农民工教育。大量新生代农民有初中文化水平，有独立阅读能力，能够进行自学。因而，在处理新生代农民教育问题上，要进行“大教育”的倡导，创造条件，鼓励农民工参加课堂学习、开展业余学习、实行同伴互助式教学。当前，河南省需要加强基础条件建设，支持农民工自学，如提供适合新生代农民学习的专门场所、学习资料，提供相应的自学方法和同伴互助方法培训。应重视新生代农民的教育需求，提供更多的免费开放的文化场所、图书馆、“民工之家”，让新生代农民可以在这里彼此交流，自由阅读，并且在交流中舒缓压力，让背井离乡的游子找到在城市的归属感。

最后，还要重视文盲和功能性文盲新生代农民工人口的教育，提供相应服务，帮助他们适应城市工作和生活。文盲和功能性文盲人口是农民工群体中特殊的一群，主要在工矿企业、建筑工地、餐饮服务业从事重体力劳动。文盲、功能性文盲群体的教育需要是多方面的，在职业技能、法律知识、城市生活适应、子女教育等方面的胜任程度都有限。然而，由于他们长期处于生活的底层，部分人对生活现状是麻木的，对政府、企业持不信任的态度，所以，表达出的教育需求并不强。基于以人为本和社会公平的立场，社会应唤起这批农民工的人生理想和教育需求，努力提升其基本素质和生活水平。城乡政府应为文盲和功能性文盲群体提供系统的扫盲服务，帮助他们适应城市工作和生活。这一群体的扫盲工作，要将识字、数学的基本知识与职业技能、城市生活适应、法律政策、育儿知识等结合起来（有可能的情况下，将教学与岗位结合起来），让他们认识到学有所用，感受到学习的价值，否则，农民工不愿坚持。

8.5.2 完善企业的新生代农民工人力资源能力开发体系

河南省企业应重视新生代农民工能力的提升，并运用自身现有的资源对农民工进行技术培训。这不仅能提升农民工的技能，长期吸引和留住他们，还可以促进企业的长期发展。随着我国经济的发展，产业结构调整和升级的步伐加快，企业对劳动者的素质和技能的要求也不断提高，招收熟练工对企业无疑是更有利些。而随着企业生产规模的扩大，用工需求的增多，仅仅只依靠招些熟练工已经不能满足企业的需要。况且随着熟练工用工需求的增加，企业若再想招募他们的难度也越来越大，成本也会越来越高。

一方面，企业可以利用新生代农民工学习的积极性，为他们创造条件，提供培训学习机会。另一方面，企业要重视新生代农民工的培训，加大对新生代农民工的培训投入、扩大培训的宽度和长度，对其进行上岗前的培训和在岗培训。企业可以根据自身发展情况和需要，对新生代农民工进行上岗前培训，对在职新生代农民工加强在职培训，这不但可以有针对性地提高企业的生产效率，而且可以增强农民工的素质，使其心存感激，忠于企业，在一定程度上减少其跳槽的频率。

8.5.3　创造新生代农民个人能力提升的条件和动力

(1)确立政府、企业、新生代农民个人之间合理的经费分担机制，减少新生代农民学习经费的压力.不论是自学、同伴互助式学习，还是课堂教学，都要求相应的资源配备和资金投入。新生代农民个人不愿投入学费，有其客观的合理性，但对于所有服务都不付费，也是不合理的。企业在投入经费时有顾虑，因为担心员工跳槽。政府有责任全面规划成人教育，但在新生代农民教育问题上，涉及到流入地政府与户口所在地政府之间的协调。新生代农民教育供给必须在制度层面上加强设计，确定政府、企业、个人之间合理的经验分担方式。

(2)加强对新生代农民的心理疏通和培训学习的引导。河南省已经基本普及九年义务教育，新生代农民大多具有初中以上学历，但年纪轻、缺乏专业技能、工作经验不足，如果他们初中或高中毕业后盲目进入劳动力市场，必然面临就业难和工资低的困境。而且，新生代农民普遍存在年龄偏小，身份认同困惑，容易出现价值体系的混乱和选择的偏差，心理压力较大等实际问题，所以，应首先重视新生代农民心理健康教育和疏通引导。同时，根据产业发展的需要，加大对新生代农民工的技能、知识等专业培训，提升其在新一轮产业发展和结构调整中的就业能力，让新生代农民先掌握一定的职业技能，后进入劳动力市场，这既有利于提高新生代农民的就业能力和成功就业的机率，也有利于实现其职业层次的提升；此外，通过相应政策引导企业加强新生代农民工的培训力度，并作为提升其就业能力的主渠道。在对新生代农民工加强教育培训力度的过程中，应充分考虑培训对象在技能水平、工作性质、文化程度、年龄层次、就业心理等方面的差异，进行分类、分层的引导，使之适应产业结构调整升级和城市发展的需要。

第9章　安徽省新生代农民人力资源能力建设

新生代农民是农民中的新生力量，代表着农民工市民化的方向，是农民工市民化的希望所在；同时，新生代农民工又是青年群体中的一个重要类别，他们既具有农民工的一般特点，受到整个社会制度和社会结构的制约，需要帮助和支持，又突显出作为青年的一般特点，需要引导和扶持。促进新生代农村流动人口向产业工人和市民转化，无论对于我国的城市化还是对于产业技术结构的提升，都具有战略性意义。2010 年中央 1 号文件《关于加大统筹城乡发展力度进一步夯实农业农村发展基础的若干意见》中明确提出："采取有针对性的措施，着力解决新生代农民工问题"，随着城乡发展不协调问题日益突出，新生代农民工问题愈加为社会各界所关注。本报告中新生代农民是指出生于 1980 年代至 1990 年代间，从小在农村长大，拥有农村户口的农民，包括外出的农村流动人口和没有外出的农村人口。而新生代农民工是指出生于 1980 年后、户籍仍在农村、身份还是农民、有承包土地，但主要从事非农产业、以工资为主要收入来源的人。目前，我国新生代农民工已经超过了 1 亿人，成为农民工的主力和城市建设的主力军。

根据《中部六省经济社会综合发展比较研究》的结果显示[①]，从人口与劳动力、经济发展、社会发展、基础设施和环境保护四个方面进行评价，采用百分制，河南得分 84.5 分，位于第一；湖北 83.8 分，位于第二；湖南 76.8 分，位于第三；山西 70.7 分，位于第四；安徽

① 国家统计局河南调查总队. 中部六省经济社会综合发展比较研究. http://www.tjcn.org/，2012-09-13.

69.9分，位于第五；江西68.2分，位于第六。其中，安徽省在人口结构、城镇化水平、就业结构、教育科技、社会保障、环境保护方面都与河南、湖北和湖南具有一定的差距。

安徽省地处华东腹地，资源丰富，交通便利，是全国著名的人口大省。在第六次人口普查中，安徽省常住人口为5950.1万人（指常住本省半年以上人口），其中，城镇人口为2559.1万人，占43.01%，乡村人口为3391.0万人，占56.99%，全省人口出生率为12.7‰，死亡率5.95‰，自然增长率6.75‰，城镇化率43.2%[①]。

伴随着工业化和城镇化的进程，安徽省成为劳务输出大省，劳务经济成为其经济增长和农民增收的重要渠道之一，新生代农民工已成为务工主体。从安徽省人力资源社会保障厅日前召开的《安徽省农民工劳动保障权益维护体系建设研究》成果发布会上了解到，安徽省目前农民工人数已逾1200万人，新生代农民工占六成以上，超过720万人[②]。为了准确了解该地区新生代农民人力资源能力现状，同时为增强安徽省新生代农民人力资源能力提供具有针对性的参考意见，本课题组于2011年7月开展了关于安徽省新生代农民工人力资源能力现状的调查研究。

本次调查主要采用随机抽样问卷调查和个案访谈相结合的方法。通过课题组深入农村实地走访发现，16岁以上农村青年除仍在校接受教育的以外，绝大部分选择到城市务工，因此课题组选取新生代农民工作为主要调研对象，且本调研的结论论证了选取新生代农民工替代新生代农民作为主要研究对象的合理性。根据调研前的预先安排，此次调研为新生代农民课题的补充调研，结合2011年初的调研，课题组于2011年7月13日至2011年7月20日深入安徽省会合肥的宾馆酒店、工业园区、建筑工地、人才市场和劳务市场等新生代农民工工作地和求职地展开为期8天的实地调研工作。

---

① 安徽公布第六次全国人口普查全省初步汇总数据. http://news.163.com/11/0517/16/7495CVN400014JB6.html，2012-09-13.

② 安徽新生代农民工超过720万人成务工主体. http://news.xinhuanet.com/society/2010-09/02/c_12509983.htm，2012-09-15.

依据随机抽样的原理，本次调查共发放调查问卷360份，共收回有效问卷327份，有效问卷回收率90.8%。本次调查共设计了四个方面的内容，共36个问题。一是关于新生代农民工个人的基本情况，共设计了7个问题；二是关于新生代农民工外出打工调查，共设计了9个问题；三是人力资源能力现状调查，共设计了11个问题；四是新生代农民工提高人力资源能力的动机、态度调查，共设计了9个问题。在调研数据的基础上，课题组就安徽省新生代农民的基本情况、人力资源能力现状、对提高自身人力资源能力的动机和态度、造成安徽省新生代农民工人力资源能力不高的主要原因以及提升安徽省新生代农民人力资源能力的策略等问题进行深入分析挖掘，形成本报告。

9.1 安徽省新生代农民基本概况

9.1.1 新生代农民务工年龄和性别结构

(1)新生代农民务工年龄

本调查将安徽省新生代农民的年龄分为三个阶段，16—20岁的样本占12.1%，21—25岁的样本占60.4%，26—31岁的样本占27.5%。受访的新生代农民整体平均年龄为23.9周岁，这与传统农民工初次务工的平均年龄26岁[①]提前了2.1年。根据《深圳新生代农民工生存状况调查报告》[②]显示，深圳成为外出务工的新生代农民聚居地，深圳的新生代农民在全国范围内具有代表性，故将安徽省新生代农民务工年龄结构与深圳市新生代农民务工年龄结构作比较(见图9-1)。通过对比可知，安徽省新生代农民年龄主要集中在21—25岁，比深圳市高出14.2个百分点，16—20岁和26—31岁的新生代农民工分别比深圳市低9.6个百分点和4.6个百分点。

---

① 全国总工会新生代农民工问题课题组：《2010年企业新生代农民工状况调查及对策建议》，2011年2月《工人日报》。

② 深圳新生代农民工生存状况调查报告. http://acftu.people.com.cn/GB/67582/12154737.html，2012-08-15.

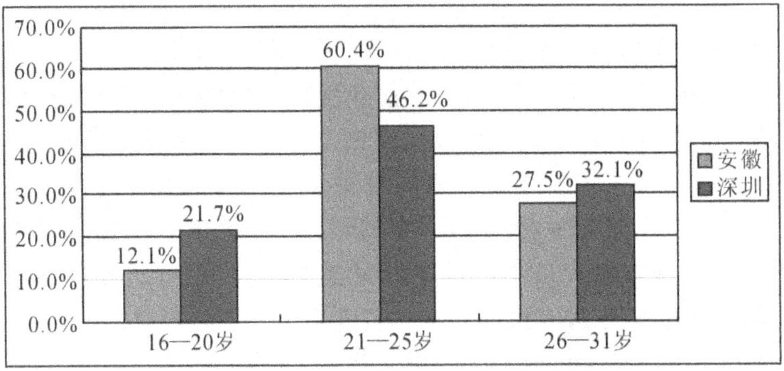

图 9-1　安徽、深圳两地新生代农民务工年龄结构比较

(2)性别结构

在安徽省新生代农民工人力资源调查的 327 个有效总样本中，男性占调查总样本的 70%，女性占调查总样本的 30%，男性新生代农民工的数量是女性的 2.33 倍。这与张建武等学者于 2010 年 9 月到 11 月开展的关于深圳市新生代农民工新特征的调查结果类似，其报告显示随机抽样结果为男性占调查总人数的 73%；女性占调查总人数的 27%①。然而，在第五次人口普查中，男性新生代农民工占 46.1% ，女性新生代农民工占53.9%，新生代农民工中女性的比例比男性高 7.8 个百分点②，与本次调查结果有较大出入。课题组通过深入调查发现，女性农民工相对倾向于留在本地务工，更换工作的频率也比男性农民工低，在大城市和劳务市场、人才市场进行随机抽样调查造成了这样的误差。

9.1.2　新生代农民的文化程度

调查结果显示，安徽省新生代农民初中及以下学历的占本次调查总人数的 34%(见表 9-1)，比全国的新生代农民工的 32.8%高出 1.2 个百分点，这说明安徽省的义务教育工作需要加强。高中、中专

---

① 张建武，张一名，杨锋锋．深圳市新生代农民工新特征调查报告[J]，劳动保障世界，2011，(3)．

② 丁志宏．我国新生代农民工的特征分析[J]，兰州学刊，2009，(7)．

或职高的比例低于全国新生代农民工、传统农民工及全国农民工总体，而大专和高职的比例却明显高于全国新生代农民工总体水平[①]。值得指出的是，此次调研的受访者本科及以上学历所占很高，原因有以下三个方面：一，新生代农民工的文化水平得到很大提高，他们将接受高等教育作为改变命运的重要道路；二，大城市的人才市场是高学历人才聚集地，这导致样本的整体学历较高；三，新农村建设的大环境下，农村户口不仅意味着家里的田地，更可能是拆迁时候的分配筹码，新生代农民外出求学时不愿舍弃农村户口。

表 9-1 安徽省新生代农民文化程度

文化程度	比例(%)			
	安徽省新生代农民	全国新生代农民工	全国传统农民工	全国农民工总体
小学及以下	2.8	0.4	6.6	2.8
初中	31.2	32.4	44.4	37.1
高中(中专)及职高	30.3	41.8	36.6	39.7
大专(高职)	22.9	19.7	10.1	16.0
大学本科及以上	12.8	5.6	2.4	4.4

数据来源：全国总工会报告

9.1.3 新生代农民务工收入和地区分布

(1)务工收入情况

据国家统计局安徽调查总队的一项抽样调查显示，2012 年第一季度安徽农民外出务工人员人均月工资 2366 元，在省外打工农民工人均月工资 2437 元，在省内打工农民工人均月工资 2164 元[②]，省外打工的农民工收入比省内高 273 元。

---

① 全国总工会新生代农民工问题课题组：《2010 年企业新生代农民工状况调查及对策建议》，2011 年 2 月《工人日报》。

② 郁宗菊. 中安在线—新安晚报，http://www.mingong123.com/news/30/201206/ad75e92b85f7dbb6.html，2012-07-09

表 9-2　打工收入与打工年限的关系(单位:人)

收入(元) \ 年限	1年以下	1～3年	3～5年	5～7年	7年以上	合计
1000以下	22	4	1	0	0	27
1000—1500	29	58	15	7	2	111
1500—2000	6	40	21	10	5	82
2000—2500	5	33	20	4	5	67
2500以上	3	18	10	4	5	40
合计	65	153	67	25	17	327

数据来源:本书课题组调研数据

本书课题组调查结果显示,安徽省新生代农民工的平均收入为1712.5元,远低于该省农民工平均工资水平。其中,打工收入在1000—1500元之间的比例最大,占全部受访者的33.9%。从表9-2中可以看出,新生代农民工的收入与其打工年限存在一定的正相关关系,打工1年以下的新生代农民工工资达到2500元以上的占打工1年以下新生代农民工的4.6%,而打工7年以上的新生代农民工工资达到2500元以上的仅占打工7年以上新生代农民工的29.4%。

本课题组对影响新生代农民工打工收入的因素进行深入调查,发现没有掌握一门专门技术、社会关系薄弱和文化程度不高是最主要的原因,缺乏专业人士的指点和政府政策的引导也是影响其收入的原因。

(2)务工地区分布

安徽省农民工最集中的工作地点是东部以江浙沪为代表的长三角地区,选择在东部打工的人数占到打工人数的七成以上。国家统计局安徽调查总队相关人士分析说,由于东部便利的交通条件和较高的工资收入,对皖籍务工人员吸引力最强。2010年在省内务工的农民工占外出务工人数的20.53%,省内务工人数增加,尤其乡外县内务工人数大幅增加。国家统计局安徽调查总队相关人士认为,这主要因为近年来安徽经济快速发展，皖江城市带产业转移示范区经济带动效应以及小城镇建设大力推动，省内务工收入水平也得到了快速提高。同时，为方便照顾家庭与小孩，越来越多的农民选择离家更近的地方打工。通过 2010 年和 2009 年的对比（见表 9-3）可见，安徽省农民工就业流向呈现"省内增加，省外减少；东部减少，中西部增加"的新特点。

表 9-3 安徽省农民工打工地点分布（百分比）

打工地点	2010 年	2009 年
1. 本省	20.53	19.89
(1)乡外县内	9.31	8.08
(2)县外省内	11.22	11.81
2. 省外	79.47	80.11
东部地区	76.78	77.59
其中：上海	20.22	21.24
江苏	22.13	21.56
浙江	23.53	24.12
中部地区	22.13	21.31
西部地区	1.09	1.10

数据来源：国家统计局安徽调查总队

从外出农民工的就业地点看，在直辖市务工的农民工占 21.62%，在省会城市务工的农民工占 15.34%，在地级市务工的农民工占 34.64%，在县级市务工的农民工占 16.74%，在建制镇务工的农民工占 9.10%，在其他地区务工的农民工占 2.56%。在地级以上大中城市务工的农民工合计占 71.60%，比上年略降 1.3 个百分点。农民工就业地点以县级以上城市为主，而且多集中在大中城市[①]。

---

① 国家统计局安徽调查总队. 外出务工人数增加 农民工收入快速增长. http://www.ahdc.gov.cn/dt2111111141.asp? DocID=2111133453，2012-09-16.

9.1.4 新生代农民工职业选择和行业分布

在安徽省外出打工的新生代农民工中，从事制造业的占样本总数的16.84%，从事建筑业的占26.32%，而从事服务业的占样本总数的43.16%。可见，安徽省新生代农民工已经逐渐从传统制造业和建筑行业等第二产业中脱离出来，向第三产业聚集。通过图9-2对比可知，安徽省新生代农民工在二、三产业打工的人数明显高于全国总体水平，安徽省新生代农民工数据是通过调研随机抽样得到，而全国新生代农民工数据是通过全国总工会发放企业问卷得到。

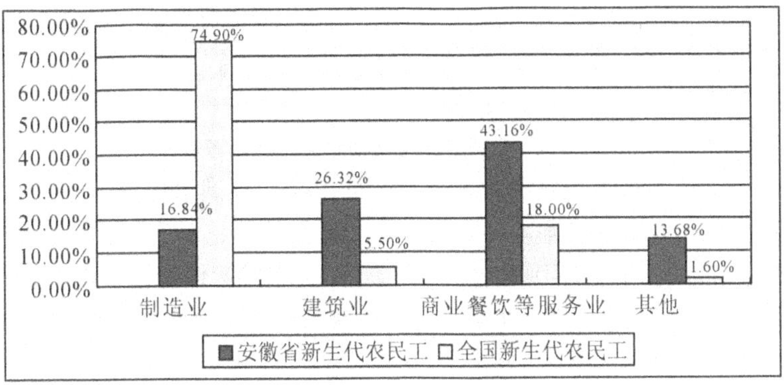

图9-2 安徽省新生代农民工与全国新生代农民工行业分布比较

9.1.5 工作满意度

工作满意度包括工资满意度和工作现状满意度。本次调查对安徽省新生代农民工的工资满意度和工作状态满意度都做了详尽的调查。

根据目前所拥有的技术和能力，安徽省新生代农民对每月获得工资非常满意者占2.75%，比较满意者占22.02%，基本满意者占22.94%，比较不满意者占42.20%，非常不满意者占10.09%，即有不满情绪的新生代农民占52.29%，超过受访者半数以上(见图9-3)。新生代农民工从学校毕业即走入社会打工，抱着对工作生活的美好憧憬走进社会，走入职场，但他们缺乏相应的工作技能和工作经验，达不到企业的用人的要求或者只能从事简单低薪的工作，高工资的期望化成泡影。加之新生代农民工选择城市青年的生活方式，生活成本较高，对于入难敷出的工资很难满意。

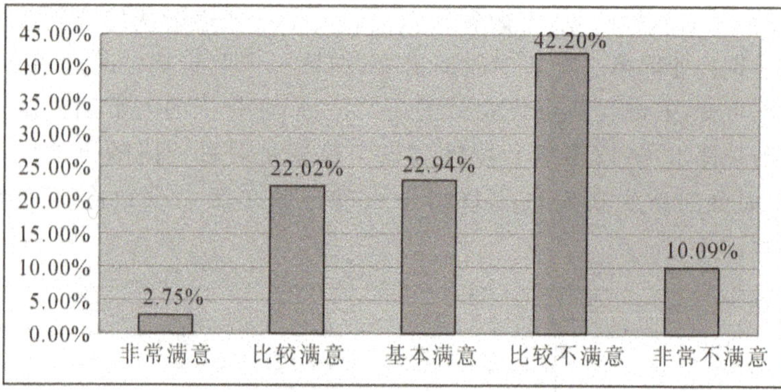

图 9-3 安徽省新生代农民工工资满意度

安徽省新生代农民对目前打工的工作状态满意度如下：非常满意者 2.7%，比较满意者占 23%，基本满意者占 29.7%，比较不满意者占 37.8%，非常不满意者占 6.8%，即具有满意情绪和不满意情绪者比例为 55.4∶44.6(见图 9-4)。传统农民工外出务工的主要目的

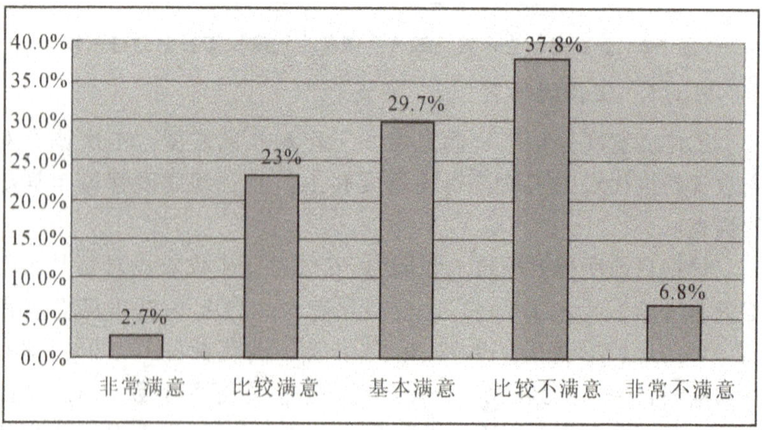

图 9-4 安徽省新生代农民工工作状态满意度

是挣钱养家，其需求层次位于生理需求和安全需求层。但外出务工的新生代农民工 80%未婚，承担的家庭责任较轻，其打工目的不仅仅是挣钱，还包含拓展视野、创造事业、融入城市等多元化的期望，他们的需求更偏向于尊重需求、社会交往需求以及自我实现需求。职业发展空间小，无法满足实现自我发展的主观愿望，是导致新生代农民工工作满意度低的主要因素。对工作的不满意一般会导致离职意愿的产生，由于大部分企业没有注意员工的心理状态，进行及时的心理疏导，或对员工的诉求置若罔闻，离职行为成为工作不满意最终且唯一的解决途径。

调查结果显示，开始打工截止受访时从未换过工作的占总体的 20%，工作离职在 1—5 次之间的占样本总量的 72%，受访者平均离职过 2.56 次工作，明显高于总工会报告中的 1.44 次。通过对离职原因的调查（如图 9-5 所示）发现，活多钱少和学不到技术是离职最主要的原因，分别占样本总量的 49.5%和 31.2%。工作环境、稳定性、公平感和工作生活自由度都可能成为新生代离职的原因。

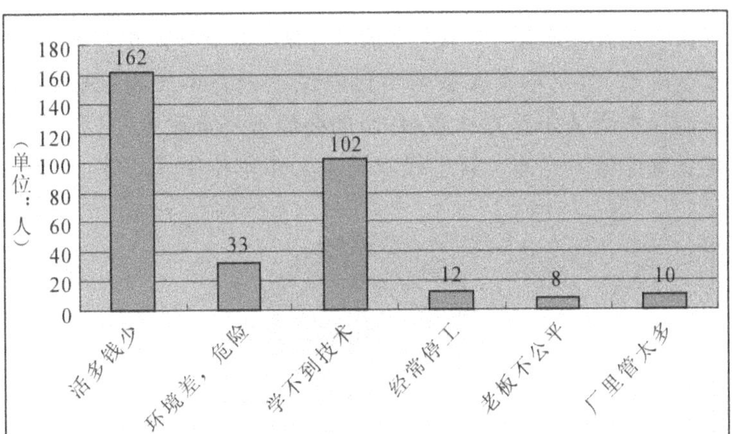

图 9-5　安徽省新生代农民工离职原因

除了工作期望与工作实际的落差，安徽省新生代农民工频繁跳槽可能还跟聘用方式和用人单位的具体做法有关。从聘用方式来看，新生代农民工的工作性质多为临时工，不仅不能享有单位正式职工的福利，连基本工资都与正式工有很大差距。临时工的尴尬身份和同工不同酬的不公平待遇导致农民工心理上缺乏归属感，且更换工作的经济成本、社会成本和心理成本都比较低，因此很容易做出跳槽的决策。再从用工单位来看，农民工大都从事可替换性很强的工作，招聘成本和培训成本很低，可以用最低的工资让新进农民工做同样的工作，因此企业也不会特别重视农民工频繁流动的问题。再加上我国劳动力市场不够健全、不够完善，劳资双方只是用十分简单的辞职、解雇来解决单位内部的矛盾，这同样会导致安徽省新生代农民工就业的不稳定性。

9.2 安徽省新生代农民人力资源能力现状

人力资源能力一般分为体能、智能和技能三部分，智能一般用受教育程度衡量，在基本情况中已经分析过，本部分将从体能和技能两方面分析人力资源能力现状，其中以技能为主要分析内容。

9.2.1 身体素质状况

新生代农民都是16—31岁的青年人，各项身体机能都应该处于黄金阶段，但在本次安徽新生代农民工调查中发现（见图9-6），31%的样本会偶尔感觉疲惫，19%的会经常感觉疲惫，只有50%的受访者觉得精力充沛。新生代农民工工作单位中84.3%是非公有

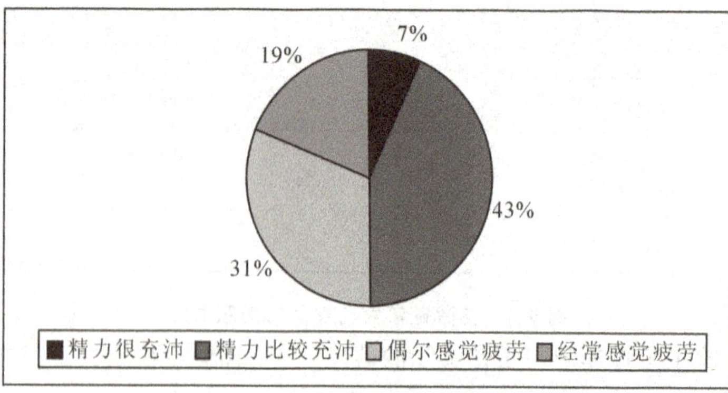

图9-6 安徽省新生代农民身体状况

制企业，没有朝九晚五的工作时间，没有医疗保险和医疗补助，私营业主招聘他们来的目的就是按时按质按量完成订单，替他们赚更多的钱，新生代农民工仍被他们看作“赚钱机器”。加之，新生代农民工背井离乡，从农村来到城市谋求生存与发展的空间，他们低廉的工资不能让他们拥有良好的居住环境和健康营养的伙食，工作不稳定、情感没寄托、物质不发达、精神不丰富等原因都是使其感到身心疲惫的原因。

9.2.2　就业认知

本次调研对于安徽省新生代农民的就业认知主要涵盖两个方面，一是知识对于职业选择的重要性，二是知识对于提升收入的重要性，两种认知能力的关系如图 9-7 所示。在调查中发现，73％的新生代农民已经意识到自身的知识存量对于选择工作有限制作用，只有 27％的还没有认识到知识对于选择工作的限制性。随着知识经济的迅速发展，各行各业各个岗位对于从业者的知识技能都提出了更高的要求，部分从业者已经感觉到这个大趋势，产生了学习提升的想法。调查显示，54％的受访者认为学习知识能提高自己的收入，特别是专业技能的学习提升会显著增加工资收入，但仍 42％的受访者缺乏对于技能提升收入，知识改变命运的认识。

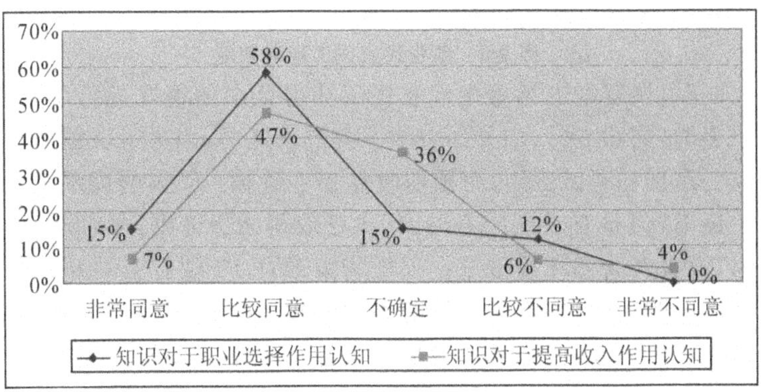

图 9-7　安徽省新生代农民工就业认知能力

9.2.3 职业技能和执业资格

目前,安徽省新生代农民工具有的技能主要包括计算机类(13.1%)、机械类(11%)、服装加工类(7.9%)和交通运输类(6.4%)。经过访谈发现,其他类别主要包括英语、会计等在就业市场比较受欢迎的专业。调查显示(见图9-8),44.2%的调查者掌握了1项专业技能,27.2%的人掌握了2项或2项以上的职业技能,更有28.6%没有掌握任何职业技能。新生代农民工虽然受教育程度较高,但专业技能相对欠缺,所掌握的职业技能单一,职业选择受限。

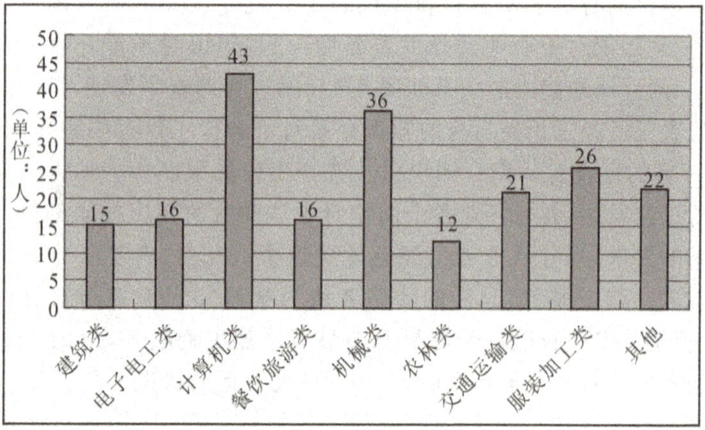

图9-8 新生代农民工现有技能

同时,课题组也对新生代农民工获得证书的情况进行了调查。结果表明(如图9-9),31%的表示不会考取证书,因为考证需要承担大笔的培训和考试费用,而预期收益并不显著。55%的表示还没有相关证书,但是有考证的意愿,10%已取得初级证书,4%取得中级证书,没有人取得高级证书。安徽省财政厅、安徽省劳动和社会保障厅出台的《安徽省农民工技能培训补助资金使用管理暂行办法》中规定:"培训合格、但未取得职业资格证书或专项能力证书的,按照该补贴标准的50%给予补贴"。但是,由于培训补助的标准很低(A类补贴标准为800元/人,B类补贴标准为600元/人,C类补贴标准为400元/人,D类补贴标准为200元/人),激励新生代农民工参加技能培训并考取证书的效果并不明显。

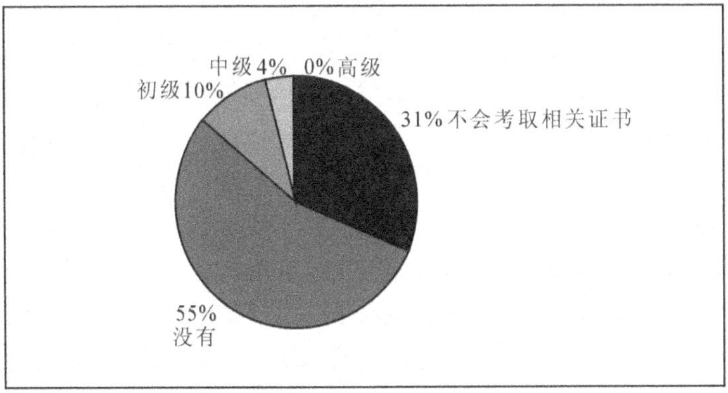

图 9-9　获得证书情况

通过以上分析可知，新生代农民工的身心健康问题不被自身、企业和社会重视，在工作和生活的双重压力下产生身心疲惫的感觉。他们对于知识的重要性有了一定的认识，希望通过学习来提高自己的收入水平，不过一部分人不知道学习哪些知识才能提升自己的经济地位和社会地位。参加过技能培训的样本大多选择了就业市场最需要的技能，以快速谋求工作岗位，对于考取证书的认识却还不足。在对新生代农民工参加过的培训进行调查时发现，企业担当了培训新生代农民工的主要角色，传授的主要是企业价值观和现有工作技能等内容，培训时间较短，这对于提升新生代农民工能力的作用有待商榷。虽然现阶段缺乏相关的政策、时间、金钱和机会，大部分新生代农民工期望能够到职业院校或其他职业培训机构进行专业的技能训练。

9.2.4　新生代农民职业培训情况

安徽省十分重视农民工培训工作，将其列为省政府对市县政府重点工作目标考核范围和民生工程项目。安徽省农民培训主要由两部分组成：一是农业部门牵头组织实施的新型农民培训，侧重点是通过培训引导农民向农业综合开发、农村服务业、农业产业化龙头企业转移，实现就近就地转产转岗就业；同时对拟转移到城镇二、三产业就业的人员进行技能培训；二是人力资源和社会保障部门牵头组织实施的农村劳动力技能培训，主要是针对进城求职和拟转移到城镇非农产业的农村劳动者进行的职业技能培训。据统计，2004—2009年，各级财政共安排农民工培训资金8.45亿元，全省共有372.8万人参加了培训，其中新型农民培训173.82万人，农民工职能培训199.1万人①。

课题组发现，参加过培训的达到受访者的63.3%。再进一步对安徽省新生代农民参加培训的种类，组织培训的部门和培训时间进行调查。结果显示，13%的新生代农民工参加过就业培训，40%参加过入职培训，47%的新生代农民工接受过工作中的培训。课题组对组织培训的机构进行调查后发现，新生代农民工所接受的的培训67%由企业组织，11%由职业培训机构组织，22%由劳动部门组织。培训时间一般都比较短，76%的新生代农民工只接受过10天以内的培训，只有21%的农民工接受过30天以上的培训。

课题组对新生代农民的培训期望进行调查，35%的新生代农民希望到职业院校学习并取得相关学历；52%的样本希望在学校进行1—3个月技能培训，注重的是实际操作技能的提升；4%的样本希望政府能在乡镇开展培训班，在家门口就能学到谋生的技能；9%的受访者希望购买学习资料自学，因为参加培训又意味着一大笔支出。企业对于新生代农民工的技能提升发挥着不可替代的重要作用，但一些企业担心培训后员工跳槽和培训成本的负担，只用人却不培养人。由图9-10可以看出，44%的企业从不对新生代农民工进行培训，33%的企业会对新生代农民工进行1－2次的培训，其中多为入职常规培训，16%的企业会对员工进行3—4次培训，只有7%的企业会重视新生代农民工的培训开发。培训新生代农民工，要充分发挥企业作用，通过在职业教育培训中，有计划有步骤地提高其文化、技能水平，使之适应企业和城市发展需要。

---

① 安徽省农民工培训现状及财政对策措施. http://www.mof.gov.cn/xinwenlianbo/anhuicaizhengxinxilianbo/201012/t20101210_367651.html. 2012-09-16.

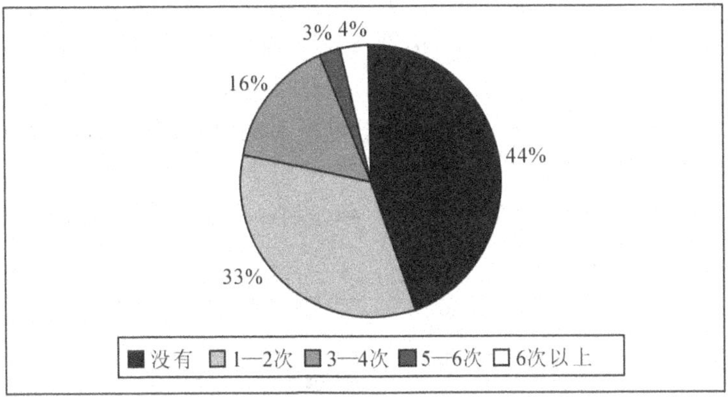

图 9-10　企业培训频率

通过以上的分析发现，新生代农民工大多数毕业后即入城务工或跟随在城市务工的父母与城市的孩子一起长大，他们基本脱离了农村，对土地的情感远不如上一代农民工。虽然仍有很多新生代农民工跟上一代农民工一样从事制造业、建筑业等传统行业，但他们更多的向服务业转移，这与国家产业升级的战略相适应。随着新生代农民工经历见识的增多，逐渐认识到技术能力对于工作发展和收入增长的重要性，开始对自己的技能状况不满意，希望通过学习和培训增强自己的就业竞争力。但由于部分用人企业没有注意新生代农民工的多样化需求，仍采用传统的用工方式管理新生代农民工，造成了新生代农民工对于工作环境、工资待遇甚至整体工作状态的不满意。离职成为新生代农民工表达诉求失败的出路。

9.3　安徽省新生代农民提升人力资源能力的动机和态度

9.3.1　新生代农民学习的意愿和动机

(1)学习的意愿

新生代农民从学校毕业直接进入城市打工，不屑也没有足够的劳力参加重体力劳动，同时又缺乏一定的技术和经验，在求职和择业过程中遭遇了很多挫折，因此大部分新生代农民产生学习的想法。调查显示（如图 9-11 所示），15％的受访者经常学习，33％的受访者会偶尔学习，21％的受访者学习但不能坚持，28％的想学但是不知道学什么，仅 3％的受访者表示不想学习。以上数据表明，有 97％的新生代农民有学习的意愿，但是有一部分农民工对于学习的内容缺乏认识。

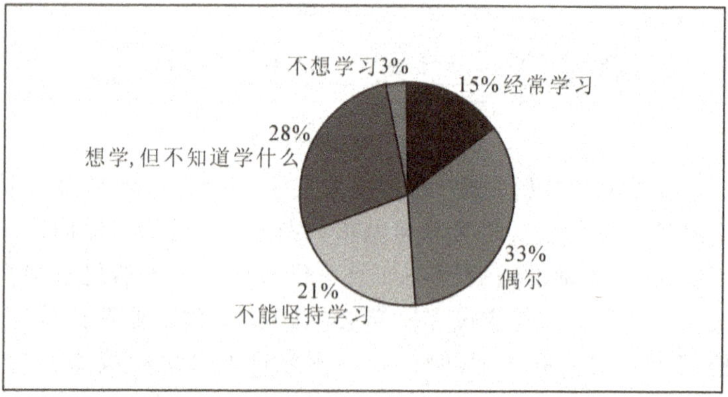

图 9-11 安徽省新生代农民学习意愿

从社会需求角度而言，新生代农民工作为我国劳动力市场中的主力军，其素质高低关系着我们国家的发展、民族的利益以及社会的稳定。目前的情况是，虽然新生代农民工大都只接受过义务教育，教育水平整体偏低，只能从事一些低技术含量的工作，为适应社会的发展以及行业的调整，新生代农民工的再学习迫在眉睫。从个体需求来讲，很多新生代农民工过早的进入社会谋生活，经过社会的磨砺，他们已经意识到知识、学历和技能的重要性，知识的增长、学历和技能的提升对于他们意味着更高的工资待遇和更好的工作条件，所以他们中的很多人都渴望能有重新学习、接受高等教育的机会。

（2）学习动机

调查中，有 207 个样本参加过一些培训，有 120 个样本没有参加过培训。参加过培训的新生代农民工中，29%的表示培训可以增加工作选择的自由度，34%的表示培训能够大幅提高经济收入，还有一部分表示，培训以后可以从事工作环境较好的技术性工作，可以赢得更多的社会尊重，可以提升生活质量。没有参加过培训的新生代农民工也有自己的原因。他们中的 29%不知道自己需要哪方面的培训，34%的认为即使培训业找不到好工作，没钱交学费、没时间也学不懂和身边的同龄人都未参加培训都是没有参加培训的原因。

分析显示，大部分新生代参加培训的动机仍然禁锢在提高经济收入和增加择业自由度上，而且虽然部分新生代农民工已经认识到培训的重要性，但是仍有众多因素阻碍了他们参加培训的实际行动。

9.3.2　新生代农民的人生目标和就业空间的二次选择

(1)工作生活目标

调查表明(见图 9-12)，大部分的新生代农民对于自己未来的工作生活目标很明确，33%的希望学通一门技术，赚钱养家；38%的希望干出一番事业，衣锦还乡；9%的希望挣够钱后回家做小生意。可见，部分新生代农民工的工作生活目标不再像上一代农民工仅仅是养家糊口，而有了建立事业，赢得尊重，返乡创业等更多更高层次的目标。

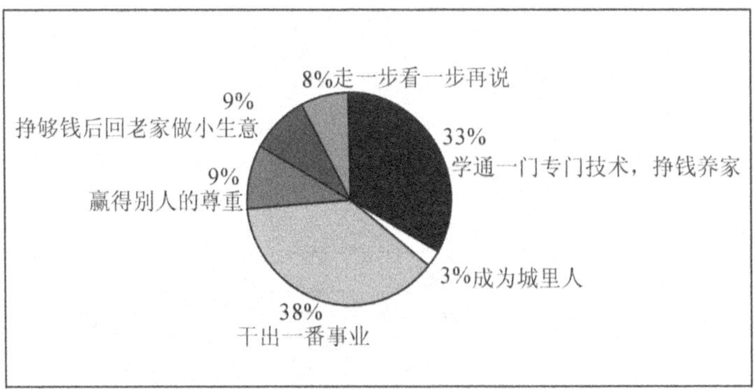

图 9-12　安徽省新生代农民工作生活目标

通过以上分析可知，安徽省新生代农民提高人力资源能力的动机强烈。他们具有强烈的学习意愿，但是对于部分新生代农民对于学习的内容缺乏认识，需要政府、企业和劳动管理部门通过易于农民工获取的渠道提供更多关于技术工人需求的信息。他们同样具有很强的培训意识，他们渴望参加培训提高自己的就业竞争力，但是他们没有足够的时间和金钱参加培训，参加培训后也没有相应的渠道找到更好的工作，因此政府和企业应当解决新生代农民参加培训遇到的实际困难，拓展培训补贴范围，加大培训补贴力度，开展培训合格农民工就业指导工作。部分新生代农民生活工作目标明确，应鼓励他们积极实现自己的生活目标，为他们实现自己的目标提供条件。

(2)就业空间的二次选择

虽然大城市的生活工作环境令新生代农民工向往，但是结婚买房、孩子求学等客观问题给他们的融城之路带来了一道道难以逾越的鸿沟。因此，如果在家乡能够科技致富，他们是否仍选择外出打工，受访者持不同观点。38%的受访者会选择留在家乡工作，既可以照顾老人孩子，也可以免去舟车劳顿和旅行费用；36%的受访者会根据国家政策进行理性选择，不是跟风外出打工，也不会被家庭禁锢脚步；18%的受访者仍会毫不犹豫的选择走出去，因为他们认为出去是城

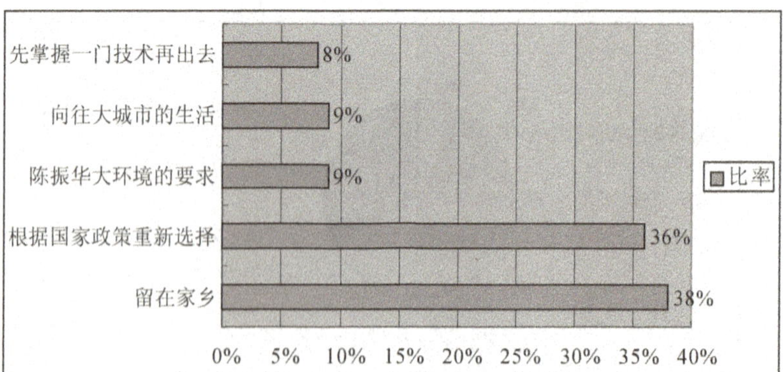

图 9-13　安徽省新生代农民工就业空间二次选择

镇化大环境的要求,大城市的工作和生活对他们更有吸引力,8%的受访者会选择先学习一门可靠的技术再外出打工。可见,如果在家乡有致富的机会,大多数新生代农民工会选择留在家乡。

9.4 安徽省新生代农民人力资源能力存在问题及原因

通过对安徽省新生代农民基本情况、人力资源能力现状和提高人力资源能力的动机态度相关的调查问卷和访谈内容进行分析,得出安徽省新生代农民人力资源能力存在的问题,并对其进行了原因分析。课题组认为影响新生代农民的因素主要包含微观个体因素、中观环境因素和宏观政策因素三个方面。

9.4.1 微观个体因素

安徽省新生代农民人力资源能力不高与其自身缺乏提升能力的条件和动力有着很大关系。

首先,新生代农民缺少学习的时间和资金。由于收入限制,他们在购买书、报、杂志上和技能培训上不会投入太多;由于工作比较忙,没有时间丰富文化生活,没有精力参加体育锻炼,没有机会结识可以帮助自己成长的朋友;由于工作压力比较大,平时闲暇也会尽量找些轻松愉快的事情来做的休闲活动,活动内容以看电视、小说和上网为主,这些必然导致他们获得的知识信息量比较少。

其次,部分新生代农民缺少自我提升的动力。在对安徽省新生代农民工的调查中,3%的受访者表示没有学习的愿望。由于一些农民工长期处于生活的底层,工作和生活的压力使得他们对生活现状感到麻木和疲惫,对政府、企业持不信任的态度,所以,表现出的教育和自我提高的需求并不强,这必然导致他们专业技能较低,工作经验有限。

再次,新生代农民工对自身认识不清,实际能力与职业期望不符。新生代农民工的职业期望较高,对自身能力和就业环境缺乏认识,他们希望从事既不辛苦,薪酬又高的职业,缺乏吃苦耐劳的精神,当他们遇到不满意的工作环境或不公平待遇时,他们会选择"用脚投票”,即“跳槽”。他们不断在寻找,不断失望,却并不清楚学习哪些知识、积累哪些经验才能提升自己的能力。

9.4.2 中观环境因素

影响新生代农民人力资源能力的中观因素包括家庭影响、企业环境和社会资本三个方面,构成新生代农民的社会支持网络。

从家庭方面来讲,新生代农民都出生在普通的农民家庭,对于新生代农民工的基础教育和技能培训的投入有限,造成了新生代农民的起点较低。新生代农民工外出打工,离家距离较远,生活得不到照料,心灵缺乏关怀,导致了新生代农民工身心健康问题。

从企业方面来讲,主要影响因素有两个:其一,企业用人不培养人。用工企业通常只对新生代农民工进行简单的入职培训和工作必需技能培训,有的甚至让新入职员工“干中学”,以节约培训成本。企业消极承担培养新生代农民工的责任,导致新生代农民工在企业成长的速度很慢,就业竞争力不高。其二,企业不重视新生代农民工工作生活质量。通过调查发现,新生代农民工的打工收入较低,工作强度大,工作时间长,工作环境恶劣,导致新生代农民工的工作不满意度很高。新生代农民工对工作的不满意会产生频繁跳槽的行为,工作单位和工作内容的不持续会影响新生代农民工技能和经验的积累,阻碍其人力资源能力的提升。

从社会资本来看,新生代农民面临有形资本和无形资本的双重匮乏。通过调研可知,新生代农民的可支配收入较少,由于政策限制,新生代农民不能进行自家村屋和宅基地买卖,不能在需要的时候变现成流动资金应急。新生代农民工在社会交际范围有限,新生代农民工进入城市后,家乡的社会关系失效,在社会关系重构过程中,明显缺乏社区的支持。他们多与自己的老乡或者工友建立联系,缺乏在城市建构新的社会联系的途径。他们多集中租住私房或单位宿舍,总体上与市民形成空间隔离。社会资本薄弱成为提升新生代农民工人力资源能力的硬伤。

9.4.3 宏观政策因素

影响新生代农民人力资源能力的宏观因素包括缺乏政府部门

引导，政府培训补贴低，政策宣传力度低和安徽省农民工就业环境有限四个方面。

在调查中发现，安徽省新生代农民提升人力资源能力的意愿强烈，但由于自身生长环境和受教育程度的限制，他们并不十分了解自己的需求和继续学习的方向，政府部门科学的引导机制就显的尤其重要。然而遗憾的是在调查中，通过对受访新生代农民的问卷反馈和访谈结果，我们发现安徽省在这点上做的并不够，导致很大一部分有继续学习意愿的新生代农民不知道以何种方式、该如何提高其人力资源能力。同时，部分没有参加学习培训的受访者表示新生代农民即使参与培训仍不能找到更好的工作。这说明安徽省新生代农民就业指导和就业推荐工作仍有欠缺。

农民工培训补贴资金的使用范围主要包括：职业技能培训补贴、定向式技能培训补助、职业技能鉴定补贴。为农民工提供职业技能培训鉴定的各类职业技能培训鉴定机构，可按规定享受培训鉴定补贴。组织开展定向式技能培训的各类就业服务机构、中介机构等组织单位可享受一定的定向式技能培训补助。农民工培训实行分类补贴，依据不同职业（工种）、培训成本、培训周期等因素，享受200—800元/人的补贴。取得相应职业（工种）资格证书的补贴100—200元/人，取得相应职业（工种）专项能力证书的补贴50—100元/人。但是，新生代农民工参加培训所付出的时间成本和经济成本远远大于补贴标准，不能激发他们参加技能培训的积极性。

安徽省政府部门非常重视农民工培训工作，将农民工培训作为重要的民生工程来抓。为了贯彻落实省政府《关于切实加强全省就业再就业工作的意见》和《关于进一步做好农民工工作的通知》精神，各市县级政府积极响应制定了农民工技能培训补贴等惠农政策。但是，通过对新生代农民工的调查发现，新生代农民工对于相关政策并不十分了解，因此政府在制定农民工政策时，要切实考虑到政策对于新生代农民工的作用，选择合适的宣传方式并加强政策的宣传力度，要制定相关政策的解释条款，增加其对相关政策的解读。

在调查中，新生代农民工表示，如果家乡可以致富，大部分新生代农民工会选择家乡就业，因此，政府应加大投入与地方部门一起改善家乡就业环境，积极与企业合作增加家乡就业机会，尽量满足新生代农民工就近就业的愿望，提升新生代农民工的工作满意度。同时，在调查中发现部分新生代农民工具有返乡创业的意愿，但是由于资金、政策等方面的因素没能付诸实践。安徽省已经批准部分培训机构开展创业培训课程，建立了农民工创业孵化器和农民工创业园以帮助返乡新生代农民工创业。但是由于农民工返乡创业仍处于探索阶段，政府应在积极支持鼓励的同时帮助创业农民尽可能规避创业失败的风险。

9.5 安徽省新生代农民人力资源能力建设提升对策

通过以上分析判断，受个体自身、中观环境及公共服务和政策等多重因素制约，新生代农民的就业能力提升应是一个基于多元动力支持的系统推进过程①，其中政府的宏观政策干预显得尤为重要。课题组认为可以从以下几个方面来努力提升安徽省新生代农民人力资源能力。

9.5.1 提升新生代农民自身素质

个体自身作为就业能力的主要载体，也是就业能力提升的内在原动力。虽然新生代农民具有年龄和学习能力优势，但低层次的职业技能、单一的工作搜寻途径及健康风险等条件的制约使他们长期处于职业发展的初期，降低了向更高层次职业流动的可能性。因此，新生代农民自身应增强提升就业能力的主动性，提高“自我增能意识”。一是积极利用已经开放的城市公共服务设施如公共图书馆等，主动寻找教育、培训的机会以提升自身人力资本。二是要更积极地适应信息时代的发展，充分地利用互联网等信息化手段来提高工作搜寻的效率。三是客观地进行自我定位，脚踏实地工作，学习

① 罗恩立.新生代农民工的就业能力研究[J].人力资源开发，2010(2).

技能，积累经验，以便更好地融入城市，实现职业向上流动。

9.5.2　完善新生代农民社会支持网

由于家庭距离较远、居住和工作环境较差、较薄弱的金融和社会网络支持等因素影响，新生代农民求职、就业及职业流动都受到不同程度的限制。当前，应着力构建以企业和社会组织为主体的提升新生代农民就业能力的社会支持网。

企业应改善新生代农民工工作的人文环境，适时开展一些娱乐活动，使新生代农民工劳逸结合，提高工作效率，增强新生代农民工的归属感和企业忠诚度；实行 8 小时工作制，按时发放工资，加班时适当发放加班工资，认可新生代农民工劳动价值；营造企业内平等的氛围，不排斥新生代农民工，不对他们有歧视或不尊重态度；在薪酬福利等方面尽量保持与城市打工者一致；对贫困家庭给予一定补助，让新生代农民工感觉到温暖，从而更专心投入工作，提高生产效率。同时，企业应分担培训农民工的责任，加大对农民工的培训投入、扩大培训的宽度和长度，利用新生代农民工学习的积极性，为他们创造条件，提供培训学习机会。

新生代农民工普遍存在年龄偏小，身份认同困惑，容易出现价值体系的混乱和选择的偏差，心理压力较大等实际问题，所以，应首先重视新生代农民工心理健康教育和疏通引导。成立农民工工会对于维护进城务工人员的合法权益，排解务工人员的不良情绪，帮助其适应城市生活具有重要意义。一方面，当新生代农民工的合法权益受到侵害时，可以寻求工会的帮助，给其提供相关建议，另一方面，定期组织一些活动促进新生代农民工了解城市文化、习俗和生活习惯等，对于提高新生代农民工的融入城市能力具有重要意义，再者，借助农民工工会的力量，也扩大了进城务工人员的社交网络，提高其社会资本，有助于其在城市的工作和生活。

9.5.3　强化政府对新生代农民能力提升的重视

首先，政府要尽可能为新生代农民的职业规划和人生规划给予指导帮助。第一，积极探索新生代农民的培养途径，提高新生代农民的科学文化素质。第二，加强新生代农民组织化建设，全面提升新生代农民各方面能力。第三，要加强思想道德建设，培养新生代农民正确积极上进的人生观和价值观。第四，鼓励新生代农民精英创业首先立足发展乡村优势产业，努力壮大乡镇企业队伍，鼓励乡村经济精英回乡创业。第五，加快农业产业化步伐，搭建新生代农民能力发挥平台。通过农业产业化能够有效解决千家万户的农民进入市场、扩大经营规模和运用现代科学技术等问题。

其次，完善新生代农民工培训体系，提高补贴标准。统筹建立政府、企业和新生代农民工联合技能培养系统机制，保证各方权益，提高个人、企业和社会的效益，政府应该完善管理机制，整合培训资源；加强基础设施，提升培训能力；提高培训实效，健全补贴制度。企业要配合国家政府的宏观环境和政策，系统性地有步骤地对企业新生代农民工进行分层次的培训，引导其尽可能地实现自身职业技能积累，更快更多的为企业提供智力和技能支持。

再次，注重政策的实效性，关注政策的落实情况。政策的制定要针对当前的现实情况，要以现有政策实施过程中对新生代农民的人力资源能力提升产生的社会影响与预期目标之间出现的差距、差异为依据，随着新生代农民的意愿和发生的各种变化而做出必要的适应性调整，并在调整以后，通过网络、电视和报纸等媒体第一时间反馈给新生代农民。同时，审计部门要关注相关政策落实情况，对促进农民工就业资金使用情况、国家扶持农民工自主就业情况开展调查。

最后，优化安徽省就业环境，促进新生代农民工本地就业。具体措施包括：第一，政府适当提高本地新生代农民工最低工资标准，保证其基本生活。鼓励全市职业学校和企业对接，根据当地产业发展需要，送农民工去职业学校学习，接受专业的技能培训，然后再去企业上岗。第二，改善务工环境，清理和废止所有限制农民进城就业的歧视政策，积极建立统一、开放、竞争、有序、城乡一体化的人力资源市场，在用人单位和求职者之间建起信息沟通的桥梁。第三，改善农民工的住宿条件，在工业园区内规划建设农民工公租房、廉租房，同时也鼓励企业建设员工宿舍，妥善解决员工的住宿问题。第四，放宽户籍限制，凡有合法固定住所或工作的农民工及其共同居住生活的配偶和未成年子女，可根据本人意愿登记城镇户口，子女也可就近入学。第五，完善农民工创业相关政策，提供新生代农民创业融资绿色通道，帮助新生代农民工成功创业。

第 10 章　湖南省新生代农民人力资源能力建设

我国的改革起初是从农村开始进行的，改革开放的三次“民工潮”催生了我国第一、第二代农民工群体。如今农民工已经成为规模庞大的社会群体，其促进我国社会主义建设的影响力不容小觑。新生代农民是指出生于 1980 年代至 1990 年代间，从小在农村长大，拥有农村户口的农民，包括外出的农村流动人口和没有外出的农村人口。2010 年 1 月 31 日，国务院发布的 2010 年中央一号文件《关于加大统筹城乡发展力度 进一步夯实农业农村发展基础的若干意见》中，首次使用了“新生代农民工”的提法，并要求采取有针对性的措施，着力解决新生代农民工问题，让新生代农民工市民化。“新生代农民工”，主要是指 80 后、90 后，这批人目前在 1.5 亿外出打工农民里面占到 60%，大约 1 个亿，俨然成为成为农民工的主力和城市建设的生力军。

通过湖南省 2010 年第六次全国人口普查，对湖南省的人力资源状况有了大致地了解归纳。湖南省常住人口为 65683722 人，同第五次全国人口普查 2000 年 11 月 1 日零时的 64395273 人相比，十年共增加 1288449 人，增长 2%。年平均增长率为 0.2%。全省户籍人口为 70780918 人。全省常住人口中，0—14 岁人口为 11573757 人，占 17.62%；15—64 岁人口为 47685944 人，占 72.60%；65 岁及以上人口为 6424021 人，占 9.78%。同 2000 年第五次全国人口普查相比，0—14 岁人口的比重下降 4.51 个百分点，15—64 岁人口的比重上升 2.2 个百分点，65 岁及以上人口的比重上升 2.31 个百分点[①]。

① 湖南省 2010 年第六次全国人口普查主要数据公报，http://www.stats.gov.cn/was40/gjtjj_detail.jsp?channelid=2912&record=20.

10.1 湖南省新生代农民基本情况

本次在湖南省的调研范围包括长沙、湘潭、株洲以及其他城市，主要采用一对多的群体访谈和单对单的重点访谈和问卷调查的方法进行素材和数据资料的收集。问卷发放方式包括直接到企业发放和随机调查两种。第一种是在企业发放问卷。在选择企业时适当考虑企业的规模和性质，同时也考虑到行业类型，尽量使得所调查的企业分散在不同的行业中；第二种是随机抽样调查，调查地点主要集中在人才市场、长途汽车客运站、火车站等新生代农民比较密集的地方。

10.1.1 新生代农民务工年龄和性别结构

(1)年龄分布

此次调查为随机抽样调查，有效调查的总样本数为606份。在湖南省数据总样本中，16岁以下的占调查总人数的11.4%；16～20岁的占调查总人数的54.1%；20～25岁的占调查总人数的30.7%；25～31岁的占调查总人数的3.8%。(见表10-1)

表10-1 湖南省新生代农民年龄分布

年龄分布	比例
16岁以下	11.4%
16～20岁	54.1%
20～25岁	30.7%
25～31岁	3.8%

(2)外出务工女性比例增加

在对606人进行随机抽样调查中，新生代农民中外出务工女性人数占到调查总人数比例的35.1%，上一代农民工中女性的比例仅为26.9%[①]，新生代外出务工女性比例明显增加。这表明如今农村

① 新生代农民工的数量、结构和特点，http://www.stats.gov.cn/tjfx/fxbg/t20110310_402710032.htm.

中的女性也逐渐开始走出农村进入城市打工，女性农民工队伍越来越壮大。（见图 10-1）

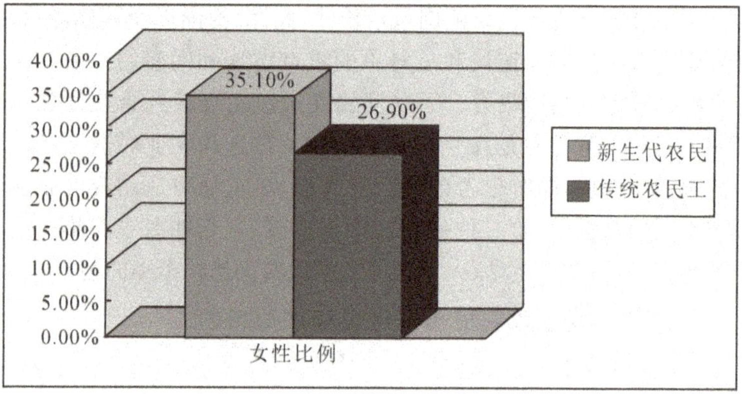

图 10-1 外出务工女性比例

10.1.2 新生代农民文化程度

传统农民工的受教育程度普遍较低，其中小学文化的占总人数的16.7%，初中文化的占总人数的65.2%，高中文化的占总人数的12.4%，中专文化的占总人数的2.1%，大专及以上文化的占总人数的1.4%，其中也包含一部分不识字或识字很少的农民工[①]。通过观察传统农民工的不同教育程度分布比例，可以得出：传统农民工的文化程度主要集中在初中文化水平，同时其他文化程度的群体数量相对较少。

通过对湖南省新生代农民的文化程度进行随机抽样调查（见图 10-2），小学文化程度的占2.3%，初中文化程度的占22.9%，中专或高中文化程度的占32.2%，大专文化程度的占25.4%，本科及以上文化程度的占17.2%。与传统农民工进行对比，新生代农民工中中专或高中文化程度的人数较多，小学文化程度人数最少，其他文化程度的农民工数量显得比较平均，整体体现出新生代农民工的文化素质程度普遍有所提高。

---

① 新生代农民工的数量、结构和特点，http://www.stats.gov.cn/tjfx/fxbg/t20110310_402710032.htm.

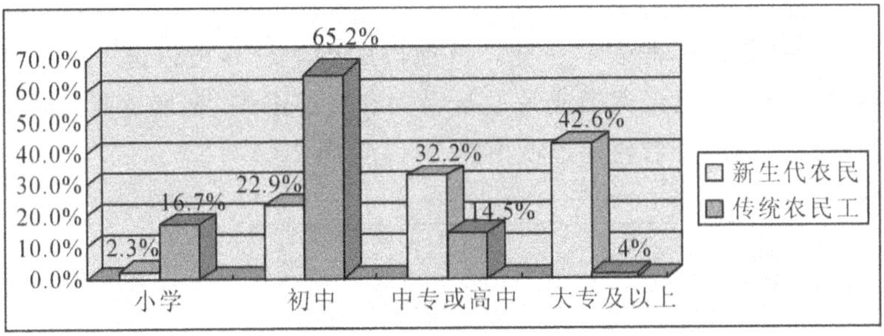

图 10-2　新生代农民文化程度

10.1.3　新生代农民的职业选择和行业选择

(1)职业选择

通过对湖南省新生代农民进行随机抽样调查,湖南省外出务工的新生代农民占样本总数的 92.6%,只有 7.4%的新生代农民选择在家延续父辈的耕作生活在家务农。在调查中发现新生代农民中的主体是新生代农民工,新生代农民工可以从宏观上反映新生代农民的人力资源情况。(见图 10-3)

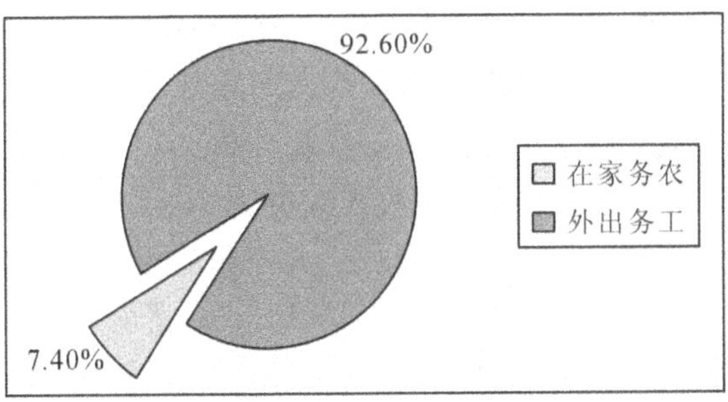

图 10-3　湖南省新生代农民的职业选择

(2)务工行业分布

在调查中我们也针对他们从事的行业进行了相应的调查询问:仅仅只有 2.9%的新生代农民选择从事农业,剩余的 97.1%选择非农业,其中 25.0%选择从事制造业,20.6%选择从事建筑业,35.3%选择从事商业、饮食业等服务员,16.2%选择从事其他非农行业。

这也能说明新生代农民中最后选择从事农业活动的人数越来越少，更多的地是选择非农业行业。从他们的行业分布可以进一步说明新生代农民工已经逐渐成为了新生代农民的主体，越来越多的新生代农民选择离开农村走进城市打工。（见图 10-4）

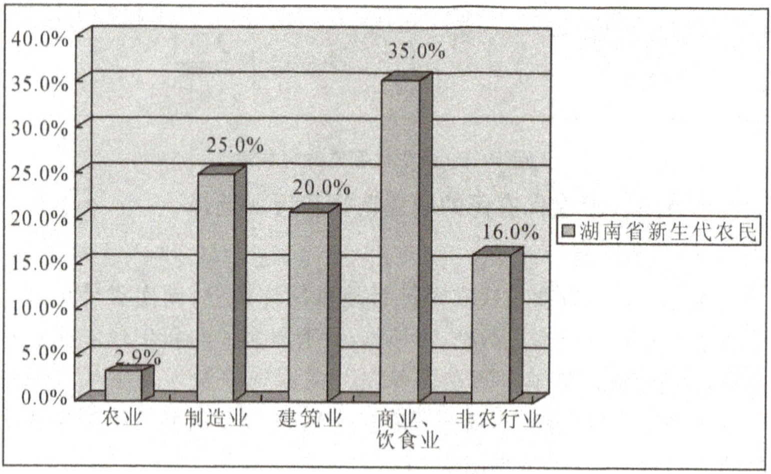

图 10-4 湖南省新生代农民务工的行业选择

10.1.4 新生代农民的务工收入和工作满意度

（1）新生代农民的务工收入及影响因素

我们在调查问卷中将打工收入划分为 1000 以下、1000—1500、1500—2500、2500—3500、3500 以上，其中相应的比例分别为6.7％、59.5％、18.1％、13.2％、2.5％（见图 10-5）。湖南省新生代农民外出务工的每月打工收入主要集中在 1500 元以内，随着城市的发展，城市居民的消费观和价值观都发生了变化，新生代农民在城市的消费水平也相应提高，除去年月必须开销，新生代农民在外务工的月纯收入基本相当或者低于 2011 年农民人均月纯收 581 元[①]。

通过对农民工所在工作岗位中的专业技术对工资差别的影响

① 中国经济网，http://www.ce.cn/xwzx/gnsz/gdxw/201202/02/t20120202_23037740.shtml.

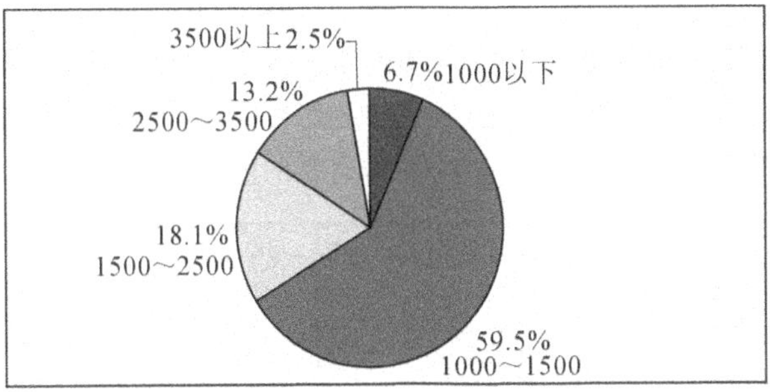

图 10-5　湖南省新生代农民务工收入

做了相关数据分析，调查显示：表示有非常大差别的占调查总人数的 14.9%；表示有比较大差别的占调查总人数的 58.2%；表示基本没差别的占调查总人数的 16.4%；表示没差别的占调查总人数的 10.5%。这表明有 73.1%的人认为专业技术是产生工资差别的主要原因，同时也强调了专业技术对于工资水平高低的重要性。（见表 10-2）

表 10-2　湖南省新生代农民工专业技术对工资差别的影响

专业技术对工资差别的影响	比例
非常大差别	14.9%
比较大差别	58.2%
基本没差别	16.4%
没差别	10.5%

我们也对影响打工收入的原因做了相关性的数据调查分析，主要是从以下五个方面进行：文化程度不高、没有掌握一门专业技术、社会关系比较弱、缺乏专业人士的指点、政府政策引导不切实际情况。调查数据显示：44.8%的认为主要原因中最重要的是因为文化程度不高；30.0%的认为最重要的是因为没有掌握一门专业技术；19.4%的认为最重要的是因为社会关系比较弱；4.5%的认为最重要的是因为缺乏高人的指点；还有 1.3%的认为最重要的是因为政

府政策引导不切合实际情况我们得出的结论是，影响农民工打工收入的主要因素及其重要性由高到低依次是文化程度不高、没有掌握一门专业技术、社会关系比较弱。由此可以表明，文化程度和专业技术是制约新生代农民工收入的最重要的因素。（见图 10-6）

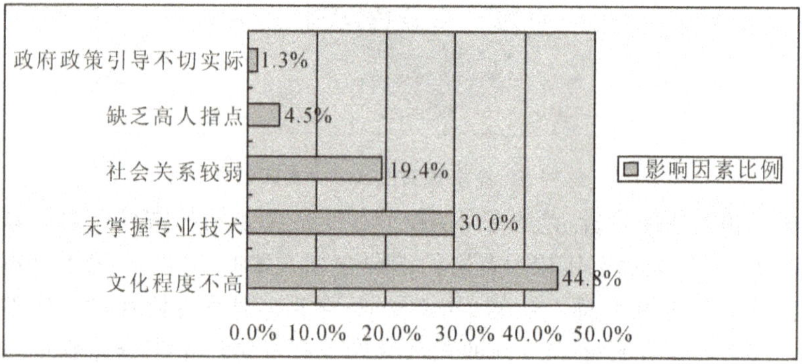

图 10-6 湖南省新生代农民务工影响因素

（2）新生代农民的工作满意度

我们对新生代农民工的工作满意度主要是从工资、企业对培训的重视以及工作状态三方面来进行问卷调查。在对工资满意度进行调查时，有 6％的人对工资非常满意，16.4％的人对工资比较满意，50.7％的人对工资基本满意，25.4％的人对工资不满意，只有 1.5％的人对工资非常不满意。表明有 73.1％的人对每月获得的工资满意，只有 26.9％表示对每月获得的工资不满意。（见图 10-7）

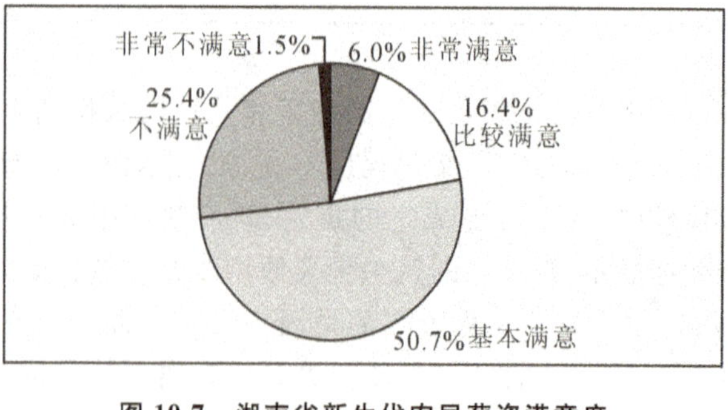

图 10-7 湖南省新生代农民薪资满意度

在企业对培训的重视程度进行调查时，有 41.8%的公司从未进行培训，有 34.3%的公司一年培训 1—2 次，有 16.4%的公司一年培训 3—4 次，有 6.0%的公司一年培训 5—6 次，只有 1.5%的公司一年培训 6 次以上。这表明有 41.8%的公司一年内从未进行培训，58.2%的公司一年内至少培训 1 次。（见表 10-3）

表 10-3　湖南省企业对员工培训重视程度

企业对员工培训的重视程度	比例
从未行培训	41.8%
一年培训 1—2 次	34.3%
一年培训 3—4 次	16.4%
一年培训 5—6 次	6.0%
一年培训 6 次以上	1.5%

同时在调查的过程中，我们也发现有 3.0%的人对目前打工的工作状态非常满意，有 29.9%的人对目前打工的工作状态比较满意，有 20.9%的人对目前打工的工作状态满意，有 38.8%的人对目前打工的工作状态比较不满意，有 7.4%的人对目前打工的工作状态非常不满意。这表明 53.8%的人对目前打工的工作状态满意，46.2%的人对目前打工的工作状态不满意(见图 10-8)。由以上三个方面的调查数据我们可以得出，在外务工的新生代农民中有接近一半的人数对目前所从事的工作具有较高的满意度。

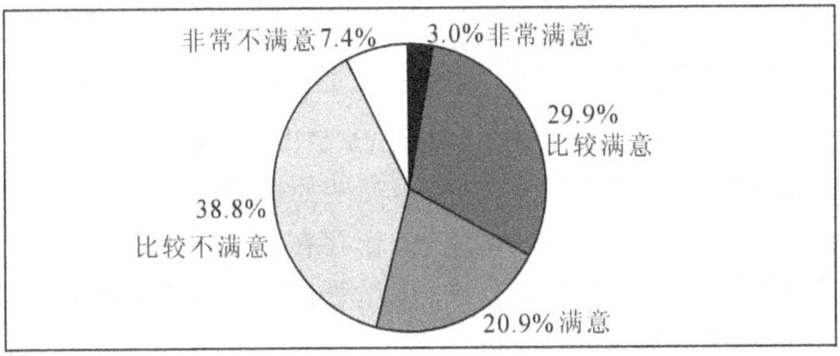

图 10-8　湖南省新生代农民工作状态满意度

通过从工资、企业对培训的重视以及工作状态三个不同角度进行相关数据分析，可见，湖南省新生代农民工对他们目前的工作满意度不高。虽然企业给予他们的工资额度能够符合大部分湖南省新生代农民工的工资意愿，但是企业所提供的技能培训的机会相对较少，使得新生代农民缺乏晋升空间，违背了他们期望通过晋升来满足工资增涨等不同层次需求的意愿。同时在访谈中，了解到新生代农民在城市打工时会遇到各种不同的问题，例如老板延长工作时间、拖欠工资、工作环境以及同城市户籍工作者同工不同酬的不公平待遇等问题，都直接影响到新生代农民在城市打工时对自己工作的满意程度。

(3)跳槽频率高及离职原因分析

在对农民工跳槽率进行调查后，得出 13.4%的人从未换过工作，有 86.6%的人有换过至少一次工作，其中 28.4%的人 2 次以下，29.9%的人 5 次以下，14.9%的人 10 次以下，13.4%的人 10 次以上。数据表明，新生代农民工跳槽频率普遍偏高。(见图 10-9)

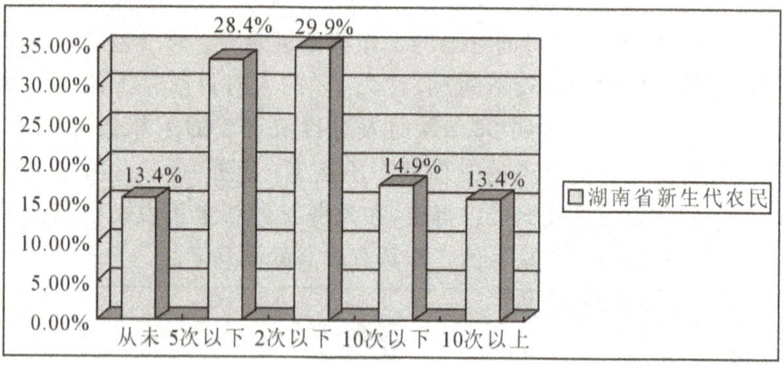

图 10-9 湖南省新生代农民跳槽情况

同时我们针对农民工跳槽率偏高的原因从六个方面进行了分析：活干得多，钱给得少；环境差，工作存在危险；学不到技术；三天两头停工；老板和领头人不公平；厂里管的太严太多。以上六个原因所对应的比例为 47.6%、11.1%、28.6%、1.6%、4.8%、6.3%(见表10-4)。由离职原因比例可以得出，新生代农民工离职的原因主要是:活干得多,钱给得少;学不到技术;环境差,工作存在危险。新生代农民外出务工的根本目的就是为了增加收入和学会一门谋生的技术,但是在城市中他们往往从事的是城市建设工作中较为低级的工作,这些工作的共同特点就是:工作累,技术含量低,工资也较低。这也就违背了他们最初外出务工的心愿,增加了新生代农民工跳槽的频率。新生代农民工的文化程度虽然相对传统农民工有了明显提高,但是就整个社会环境而言,新生代农民工的文化程度仍然显得偏低,这就决定了他们的工作环境相对较差,承担起了社会分工中较脏较累的工作。以服装制造业为例,由于厂房、店铺租金的增加以及工厂出货的下降,同时通货膨胀使得消费者预算缩减,服装销售量也会因此大幅度下降。这就导致工厂为了减少库存积压产品不得不两三天停工来减少生产成本,从而使得农民工认为企业存在经营生产危机,促使农民工跳槽频率的增加。新生代农民工的跳槽频率高会导致员工不能长期持续地在同一家企业工作,较短的工龄企业不会为他们提供与老员工相当的员工福利保障待遇。

表 10-4　湖南省新生代农民跳槽原因

员工跳槽原因	比例
活干得多,钱给得少	47.6%
环境差,有点危险	11.1%
学不到技术	28.6%
三天两头停工	1.6%
老板和领头人不公平	4.8%
厂里管的太严太多	6.3%

10.2　湖南省新生代农民人力资源能力现状

10.2.1　自我定位和就业认知

(1)新生代农民自我定位

自我认知与定位是衡量新生代农民人力资源能力的首要指标,

自我认知与定位从一个综合的角度界定了其能力状况。农民工在进入城市打工时，要有一定的自我认知和对自己能力的清楚定位。通过客观了解自己的能力，明确自身的优势和不足，凭借努力学习锻炼来弥补自身不足，以此提高自己的工资水平。调查中，以农民工是否清楚学习哪些知识能提高自已的收入为出发点来分析新生代农民的自我认知与定位水平。研究数据表明，6.0%的人非常清楚；46.3%的人比较清楚；41.8%的人不太清楚，需要他人指点；4.5%的人一点不清楚；1.4%的人没有学习愿望（见图 10-10）。从中我们可以得出，新生代农民工文化程度的提高使得 52.3%的人清楚影响自己收入的知识组成。可见，新生代农民工整体文化素质的提高，也相应地促使他们清晰地自我认知与定位能力。

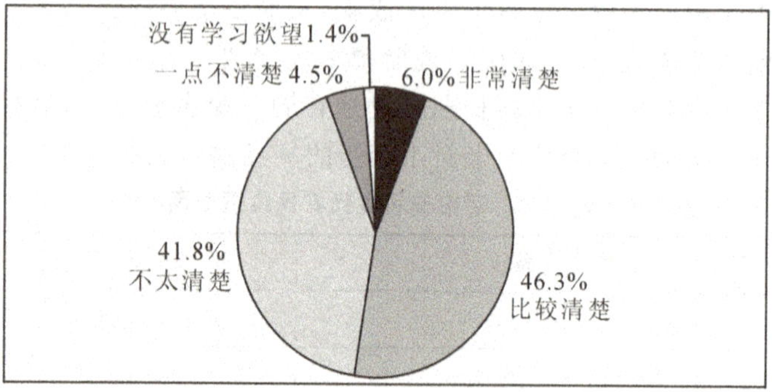

图 10-10 湖南省新生代农民的自我认知

（2）就业认知

就业认知是衡量新生代农民人力资源能力的重要指标，就业认知在某种程度上决定了新生代农民对知识与就业选择限制的依存度。新生代农民的就业认知度高，客观上能体现出新生代农民的人力资源能力状态。农民工在进行工作选择时，会有一些因素影响他们是否被录用，其中包括身体、专业技能、文化程度等方面。在问卷中我们从知识（这里指的知识包括专业技能知识、文化程度）这一角度来判定农民工的就业认知程度。问卷数据表明：11.9%的人认为知识对工作的选择有很大限制，52.2%的人认为知识对工作的选择有比较大限制，20.9%的人认为知识对工作的选择没有限制，15.0%的人认为知识对工作的选择基本没有限制(见图 10-11)。根据数据我们可以分析得出：在新生代农民工这个打工群体中，有 64.1%的新生代农民已经对他们的就业工作选择有了比较清晰的认知定位。

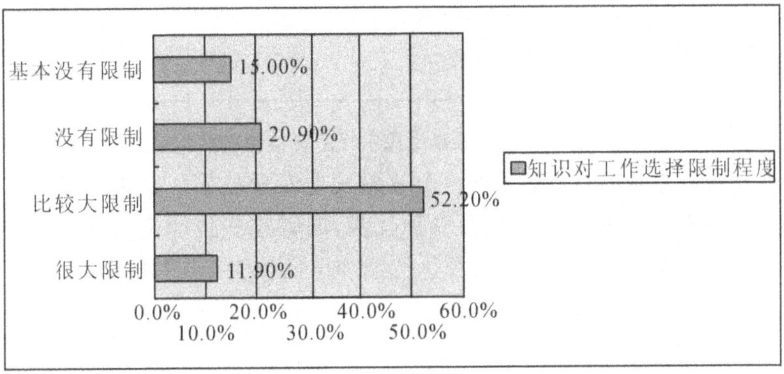

图 10-11　湖南省新生代农民的择业限制

10.2.2　新生代农民的职业技能

针对农民工的工作特点，要求他们必须具备相应的专业职能，才能保证获得工作。针对农民工所掌握的专业技能数量进行了问卷调查：没有掌握专业技能的占调查总人数的 23.9%，掌握 1 项专业技能的占调查总人数的 41.8%，掌握 2 项专业技能的占调查总人数的 25.4%，掌握 3 项专业技能的占调查总人数的 6.0%，掌握 4 项以上专业技能的占调查总人数的 2.9%(见图 10-12)。其中有 76.1%的新生代农民在进城打工时越来越注重自身所拥有的专业技能数量。

对于他们所掌握的专业技能的内容，我们将他们所拥有的专业技能从七个方面进行了数据调查分析：有 22.4%的人掌握电焊、氩弧焊等相关专业技能；有 17.9%的人掌握机床加工专业技能；有 22.4%的人掌握烹饪专业技能；16.4%的人掌握美容美发专业技能；17.9%的人掌握计算机应用专业技能；6.0%的人掌握家电、机

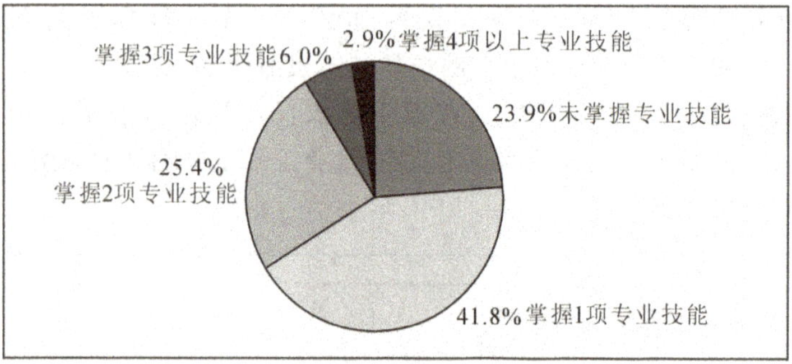

图 10-12　湖南省新生代农民所掌握的技能数量

动车维修专业技能；22.4%的人掌握其他专业技能。数据中强调的是一个人可能拥有一种或者多种技能，同时这些技能中农民工掌握覆盖率最高的是电焊、氩弧焊等技能和烹饪技能。（见表 10-5）

表 10-5　湖南省新生代农民掌握的专业技能

专业技能	比例
电焊、氩弧焊等	22.4%
机床加工	17.9%
烹饪	22.4%
美容美发	16.4%
计算机应用	17.9%
家电、机动车维修	6.0%
其他专业技能	21.4%

我们对新生代农民中专业技能培训的接受程度进行了调查研究：22.4%的人参加过专业技能培训，并获得相关证书；29.9%的人参加过专业技能培训，但没有获得相关证书；28.4%的人没参加过专业技能培训，打算参加；11.9%的人不打算参加专业技能培训；7.4%的人从未考虑过参加培训这个问题。相关数据表明：52.3%的人都是通过技能培训这种方式来获得相应的专业技能，80.7%的人认同专业技能培训这种方式。（见表 10-6）

表 10-6　湖南省新生代农民对专业技能培训接受程度

是否参考专业技能培训	比例
参加过专业技能培训，并获得相关证书	22.4%
参加过专业技能培训，但没有获得相关证书	29.9%
没参加过专业技能培训，打算参加	28.4%
不打算参加专业技能培训	11.9%
从未考虑过参加培训	7.4%

10.2.3　新生代农民务工的执业资格

在调查中我们发现农民工从事的工作大部分都是技术类工种，对于这类工种他们的工资水平往往都是以他们所获得的职业技术等级来决定的。我们对农民工是否持有劳动部门颁发的专业技术等级证书进行了数据分析：不会考取相关证书的占调查总人数的16.4%；没有专业技术等级证书的占调查总人数的53.7%；持有初级技术等级证书的占调查总人数的14.9%；持有中级技术等级证书的占调查总人数的13.4%；持有高级技术等级证书的占调查总人数的1.6%。通过数据我们可以得出：大多数新生代农民工知道执业资格对工作选择和工资水平的重要性，他们也都有考取相关执业资格等级证书；近乎一半的农民工没有获得相关证书，在持有等级证书的人数中，他们一般都获得初级或者中等资格证书，只有少部分人获得高级证书。（见表 10-7）

表 10-7　湖南省新生代农民是否持有技术等级证书

是否持有技术等级证书	比例
不会考取相关证书	16.4%
没有专业技术等级证书	53.7%
持有初级技术等级证书	14.9%
持有中级技术等级证书	13.4%
持有高级技术等级证书	1.6%

10.3 湖南省新生代农民提升人力资源能力的动机和态度

10.3.1 新生代农民的学习意愿和动机

(1)学习意愿

知识对于新生代农民选择工作和提高他们的收入有着正相关的关系,因此我们通过问卷调查他们的学习意愿是否强烈:22.4%的人一直都在主动学习知识;19.4%的人经常学习;23.7%的人偶尔学习;23.9%的人想学,但不知道学什么,怎么学;10.6%的人知道文化知识很重要,但不能坚持(见图 10-13)。从数据中我们可以分析得到:新生代农民都有努力去学习知识的意愿,但部分影响他们学习的原因是不知学什么,定位不清楚,需要相关人士的指导以及缺乏坚持学习知识的毅力。

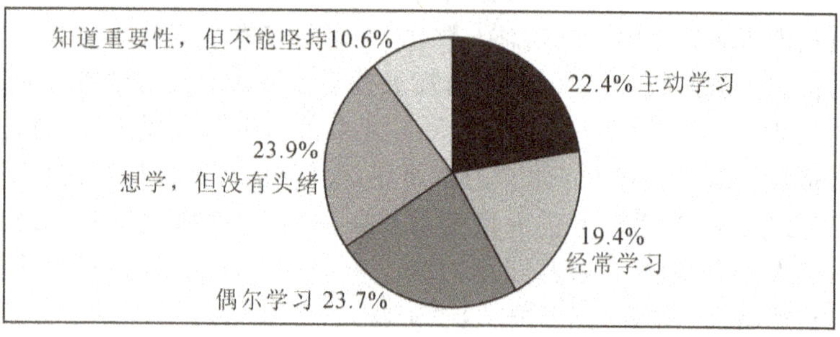

图 10-13 湖南省新生代农民的学习意愿

(2)学习动机

通过调查我们了解到新生代农民普遍都具有学习专业技能的意愿,同时还对他们的学习动机进行了相关调查分析。调研分析显示,湖南省新生代农民参加技能培训学习的动机依据重要程度排序依次是:能够大幅度提高自己的经济收入、可以提高自己的生活水平、找工作时自主选择度加大、技术性工作的工作环境较好、能够赢得更多的社会尊重,所占比例分别为 44.1%、26.6%、17.6%、8.8%、2.9%(见表 10-8)。现在,农民工努力学习,参加技能培训仍然主要是为了改善自己的物质生活，对于提高自己的精神需求则考虑的较少，几乎不纳入考虑范围。

表 10-8　湖南省新生代农民学习动机

学习动机	比例
能够大幅度提高自己的经济收入	44.1%
可以提高自己的生活水平	26.6%
找工作时自主选择度加大	17.6%
技术性工作的工作环境较好	8.8%
能够赢得更多的社会尊重	2.9%

(3)学习的限制因素

虽然绝大多数新生代农民都有学习的意愿，但还是有小部分群体没有参加任何相关的技能培训，通过对相关的学习限制因素做了相应调查分析。我们把学习限制因素，归纳为五个方面。在进行数据分析后，我们发现农民不参加技能培训的原因对这五个方面都有覆盖：不知道参加哪方面的培训；参加培训后仍然找不到好工作，浪费时间和金钱；没钱交学费；没时间，学起来也难；同村同龄人大都没参加培训。最后一个原因主要是由于人群之间的趋同效应，有部分新生代农民虽然内心有参加技能培训的意愿，但是缺乏一定的动力。

10.3.2　新生代农民的人生目标和就业空间二次选择

(1)工作生活目标

在新生代农民进城打工后，除了关注他们是否具备一技这长、工作环境、工资水平等之外，还要关注他们对以后的工作和生活是否具有计划。问卷分析后，我们得出：人生规划非常明确的占调查总人数的 11.9%；人生规划比较明确的占调查总人数的 17.9%；人生规划基本明确的占调查总人数的 43.3%；人生规划不明确的占调查总人数的 22.4%；人生规划非常不明确的占调查总人数的 4.5%(见图10-14)。结果表明，有 73.1%的新生代农民明确了自己的今后的人生规划。

在对他们的人生规划进行详细剖析后发现，他们对未来人生规划的目标主要是：学通一门专门技术，挣钱养家（这是最重要的目标）；尽快成为城里人；干出一番大事业；挣够钱后回老家做个小生意。

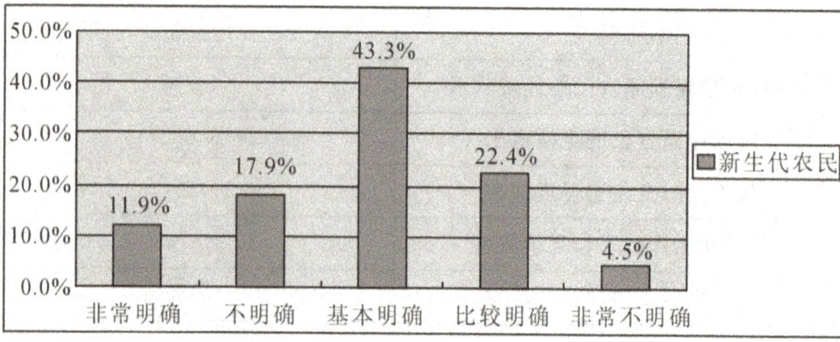

图 10-14　湖南省新生代农民生活目标清晰度

(2)就业空间二次选择

普遍观念认为农民进城打工的原因是因为农村经济不发达，不够富裕。在此次问卷中假设新生代农民所在家乡的经济较为发达，针对新生代农民是否会重新选择外出打工这一问题进行调查。调查数据表明：有33.8%的人会选择不外出打工，留在家乡；有30.9%的人选择不会外出打工，但会根据国家政策重新选择；13.2%的人会选择外出打工，国家城镇化的要求，大环境要求；8.8%的人选择外出打工，因为向往大城市的生活；13.3%的人也会选择外出打工，但要先掌握一门打工技术（见表10-9）。通过数据分析得出的结论仍然是绝大多数新生代农民进城打工的主要原因是农村过于贫穷，但仍有小部分新生代农民外出打工的目的是为了响应国家政策和对大城市生活的向往。

表 10-9　新生代农民就业空间二次选择

就业二次选择	比例
不外出打工，留在家乡	33.8%
不会外出打工，但会根据国家政策重新选择	30.9%
外出打工，国家城镇化的要求大环境要求	13.2%
外出打工，因为向往大城市的生活	8.8%
外出打工，但要先掌握一门打工技术	13.3%

10.4　湖南省新生代农民人力资源能力存在问题分析

10.4.1　新生代农民受教育程度不高

据中国劳动力市场网发布的信息，2009 年城市劳动力市场对高中及以上文化程度的劳动力需求占总需求的 60.2%，对初中及以下文化程度的劳动力的需求仅占 39.8%[①]。市场对劳动力的选择偏向于具有较高文化程度的打工者。通过问卷调查得知，高中以下文化程度的农民仅占农民工总数的四成左右。受教育程度不高导致新生代农民的自我认知和就业认知局限在较低水平。有大约 41.8% 的人不太清楚哪些知识能提高自已的收入，体现新生代农民的自我认知与定位水平较低。同时，已经有大约 64.2%将近一大半的新生代农民认识到知识对工作选择的限制作用。受教育程度仍然是影响农民工人力资源能力的主要因素这一。

新生代农民较低文化程度直接导致了他们选择工作的局限性，只能选择城市建设发展中较低层次的工作，其工作环境往往都特别恶劣，工作属于高强度性质。恶劣环境、高强度的工作也就容易引发职业病，使得新生代农民工原本就较低的人力资源能力会变得越来越低。据卫生部的最新统计数字显示，我国 90%以上的职业病患者都是农民工。有害的工作环境正在夺走农民工赖以生存的最基本的资源——健康。在我国，工作环境有害的工厂多达 1600 多万家，而在这种环境下工作的大多为农民工。他们往往在没有任何保护措施的情况下在有害健康的环境下长期工作[②]。

10.4.2　新生代农民缺乏相关技能培训

城市劳动力市场中需求量最大的是受过专门职业教育、具有一定专业技能的中专、职高和技校水平的劳动力。然而，在所调查的

---

① 关于新生代农民工问题的研究报告，http://www.ce.cn/xwzx/gnsz/gdxw/201006/21/t20100621_21530669.shtml.

② 张峰：《别让职业病成为农民工杀手》，载《中国日报》，2010 年 6 月.

湖南省新生代农民中只有一半的人通过专业技能培训来获得技能并提高相应的技能水平，仍有一半人的新生代农民工没有相关职业技能或者职业技能水平不高。在对劳动力市场的招聘条件进行分析后，其招聘要求已经远远不再是简单的劳动力招聘，而是要求工人在具备适当的文化程度的基础上，具有与岗位工作相匹配的技能水平。新生代农民中有大部分的农民工缺乏相应的技能水平证书，很难证实自己的工作能力。新生代农民的执业资格水平决定了他们自身的技能水平，制约着他们人力资源能力的技能。同时调查中有41.8%的公司从未对新生代农民工进行相关岗位技能培训，缺乏适当的工作培训导致其职业技能水平不能得到有效提高，制约他们的人力资源能力。

10.4.3 新生代农民工资收入与城市消费水平不相匹配

新生代农民工虽然相对上一代农民工的收入水平有了显著提高，但是其工资水平仍然偏低。由于城市中的生活消费水平普遍较高，与农民工较低的工资收入不相匹配。考虑到农民工每月除去日常生活基本开支、其他消费开支以及银行储蓄部分，或者遇到生病情况时由于大多数农民工没有完善的社会保障，且城市中的大多数福利保障制度都是同户籍相挂钩的，因此用于技能培训提升自己的费用则显得略微不足。通过访谈，我们了解到有接近一半的农民工还没参加过职业技能培训，其原因在于手上没有多余的金钱用于提高自身的技能水平或者学习新的技能。新生代农民工工资收入水平同城市生活消费水平的不平衡导致新生代农民工没有能力去通过自费这种方式，来提高自身的技能资格水平或者应对市场需求，学习新的职业技能来提升自身人力资源能力，造成了新生代农民工人力资源能力不高的现象。

10.5 湖南省新生代农民人力资源能力建设提升对策

10.5.1 加大新生代农民继续教育力度

强化政府的主导作用。加大政府财政对新生代农民教育的投入力度，完善教育资金投入机制；构建新生代农民教育培训的长效机制，改革户籍制度，破除城乡壁垒，消除地域限制，分步实施新生代农民工免费教育培训政策；积极推行教育培训结业证书和职业资格证书相结合的持证上岗和就业准入制度，培养和强化新生代农民的接受继续教育培训意识；整合教育资源，提高新生代农民教育的质量。

全社会各界人士、机构都应该着眼于如何提高新生代农民继续教育学习氛围。加强教育培训服务信息宣传力度，使得新生代农民能够更全面、清楚了解相关的教育培训信息；充分发挥社区和工、青、妇等组织连接新生代农民工与社会的桥梁和纽带作用，加强思想品德和职业道德教育，传授必要的法律法规、安全知识和城市生活知识，提升新生代农民在城市工作中的安全意识和维权意识，全面提高新生代农民工的文化知识素养和生活文明水平。各级工会组织要将职工教育培训的职责落到实处。

充分发挥各类培训院校的主渠道作用。各类成人院校、职业学校、职业技能培训机构是对新生代农民进行继续教育的主渠道，充分发挥各类培训院校的作用，积极开展对新生代农民工的职业技能、综合素质的培训，努力提升新生代农民工的人力资源能力和社会竞争力；改革办学模式，优化院校资源和专业设置，创新教学内容，达到理论和实践相结合的目的，将理论转化为实际生产力；多渠道利用社会资源，争取社会力量支持。通过当地政府设立专项培训资金或者获得社会个人、企业的资金援助，对农民工的培训费用进行补助，改善技能培训机构的硬件设施、加强师资力量。

10.5.2　企业自身应构建新生代农民培训机制

充分发挥企业在培训过程中的优势，根据员工所在岗位和员工自身职业规划可以进行有针对性地技能培训，满足新生代农民提高技能水平需求和达到增加企业工作效率的目的；利用企业地处一线的优势，降低新生代农民工培训费用，提高培训质量，做到岗前培训和职后“充电”相结合，确保新生代农民培训的长期性和有效性，从真正意义上提高新生代农民的人力资源能力，使其成为现代化的产业工人；强化企业培训义务和责任，企业要破除地域、户籍限制，把新生代农民工纳入职工教育培训计划，确保农民工同其他在岗的城市职工平等对待，享有相同的培训机会；同时企业要坚持与各种技能培训机构合作交流，实现资源共享，调动各方面积极性，合理优化配置现有资源；企业还要做到统筹兼顾技能培训和素质培训，现代社会企业既要注重新生代农民工职业技能水平的提高，又要重视他们自身综合素质的加强。

同时，对新生代农民工进行企业内部职业技能培训时，企业可以为农民工提供更多带薪培训的机会，能够更好地激发农民工进行培训的热情，有助于进一步提高他们的职业技能水平和提升培训效果，促使他们成为符合产业升级需要的合格的产业工人。

10.5.3 合理确定新生代农民最低工资标准和构建合理的工资报酬制度

湖南省内各个地区应该根据近几年全国最低工资水平、当地目前的经济发展水平以及居民生活消费水平，来合理确定新生代农民最低工资标准和增长幅度的工资正常增长机制。政府在确定最低工资标准时应该以新生代农民工就业集中的非公企业和中小企业为重点调查地，同时建立健全工资集体协商制度，通过集体协商来确定合理、满意的最低工资标准，形成“区域谈底线、行业谈标准、企业谈增长”的工作格局，严格落实农民工的工资；建立健全政府对工资指导线、工资指导价位、最低工资标准等为主要内容的企业工资分配宏观调节制度，引导企业将工资增长、劳动生产率提高和利润增长保持基本同步。

构建合理的农民工工资报酬制度。建立农民工工资支付保障金制度和工资正常增长机制，确保新生代农民工与城市职工同工同酬，保障新生代农民的合法利益。同时企业应当建立完善的员工加班管理制度，从制度和法律上明确规定农民工加班应得报酬，增加农民工工作的积极性和创造性。

第11章　山西省新生代农民人力资源能力建设

自2004年以来，中央一号文件连续8年锁定“三农”问题，充分说明了中央政府高度重视并逐步推进解决我国新农村发展问题。而农民作为发展的主题，农民的人力资源能力决定着我国新农村建设的步伐、城镇化进程和工业化进程。在《国民经济和社会发展第十二个五年规划纲要》的指导下，依据劳动者在生产力中的地位、作用，生产力和生产关系的相互促进理论，在新的历史时期，逐渐成为社会中坚力量的新生代农民，他们的人力资源能力很大程度上决定着我国产业结构调整、转变经济发展方式和调整经济结构。从一定意义上讲，新生代农民的人力资源能力从根本上决定了我国新农村建设未来发展的质量和速度，关系着我国城镇化和谐进程，限制着我国工业化和信息化步伐，影响着我国总体综合竞争力。

新生代农民是农民中的新生力量，代表着农民工市民化的方向，是农民工市民化的希望所在。在十七大报告中，胡锦涛提出了加快推进以改善民生为重点的社会建设的六大任务，其中一个重要的目标，就是要优先发展教育，建设人力资源强国。而要建设人力资源强国，就不能忽视农民这个日益庞大而重要的群体的继续教育。同时，新生代农民工又是青年群体中的一个重要类别，他们既具有农民工的一般特点，受到整个社会制度和社会结构的制约，需要帮助和支持，又突显出作为青年的一般特点，需要引导和扶持。促进新生代农村流动人口向产业工人和市民转化，无论对于我国的城市化还是对于产业技术结构的提升，都具有战略性意义。而在这个具有战略意义的转化过程中，新生代农民工教育问题也显得尤其重要。当前，农民文化素质低下，反映出我国农村人力资源质量不高，因此如何提高农民的素质，提高农民人力资源能力，将农村人力资源转化为人力资本是解决“三农”问题的重要课题。

在2010年初，“一号文件”提出了“新生代农民工”群体概念。随后，在全国两会代表委员的报告、有关“三农”研究机构、相关新闻媒体报道中，“新生代农民工”和“新生代农民”被常态化研究和报道。本报告将“新生代农民”定义为：出生于1980年代、1990年代（16岁—31岁），从小在农村长大，拥有农村户口的农民，包括外出的农村流动人口和没有外出的农村人口。将“新生代农民工”定义为出生于1980年代、1990年代，从小在农村长大，达到劳动年龄后进入城市务工的具有农村户口的劳动者。基于研究对象的客观困难，本报告以“新生代农民工”为主要研究对象，调研山西省新生代农民人力资源能力现状。

据山西省政府农民工办的统计数据（2010年），截至目前，全省共有农民工388万余人，其中80后、90后新生代农民工约264万人，占到68%①。与上一代农民工相比，他们受教育水平比较高，思想开放、思维活跃，但他们对农业、土地、农民等并不是十分熟悉，他们渴望融入城市，成为这个城市的主人，但城市总体上还没有做好接纳他们的准备。

此次山西调研在太原、晋城和阳泉三个市进行，为期十五天。主要采用一对多的群体访谈和单对单的重点访谈和问卷调查的方法进行素材和数据资料的收集。根据调研前的预先安排，此次调研为新生代农民课题的补充调研，结合2011年初的调研，依据随机抽样的原理，对山西省共发放问卷300份，有效样本269份。依据本次调研的有关材料分析，课题组就山西省新生代农民的基本情况、山西省新生代农民人力资源能力现状、山西省新生代农民对提高自身人力资源能力的动机和态度、造成山西省新生代农民工人力资源能力不高的主要原因、山西省新生代农民人力资源能力建设提升策略等问卷进行了深入的探讨，形成本报告。

---

① 山西新生代农民工调查，http://epaper.sxqnb.com.cn/shtml/sxqnb/20100318/6268.shtml.

11.1　山西省新生代农民基本情况

11.1.1　新生代农民的务工年龄和性别结构

(1)新生代农民的务工年龄

调查分析显示，山西省新生代农民从事务工的人群主要是 16 岁—25 岁，占据整个调查人群的 76.5%，其中，16 岁—20 岁的人群比例达到 52%，大于其他新生代农民的比例之和。说明山西省新生代农民务工的年龄段比较年轻，大多属于初中或高中毕业后进入社会工作。(见表 11-1)

表 11-1　山西省新生代农民的年龄分布

年龄分布	频率	百分比	累积百分比
16 岁以下	50	18.6	18.6
16～20 岁	140	52.0	70.6
20～25 岁	66	24.5	95.2
25～31 岁	13	4.8	100.0

(2)外出务工女性人数增加

调研分析显示，山西省外出务工的新生代农民工女性比例占据 35.7%，这一数据仅仅与男性的 64.3%相比差 28.6%，说明山西省新生代农民工中男性比女性数量多。(见图 11-1)

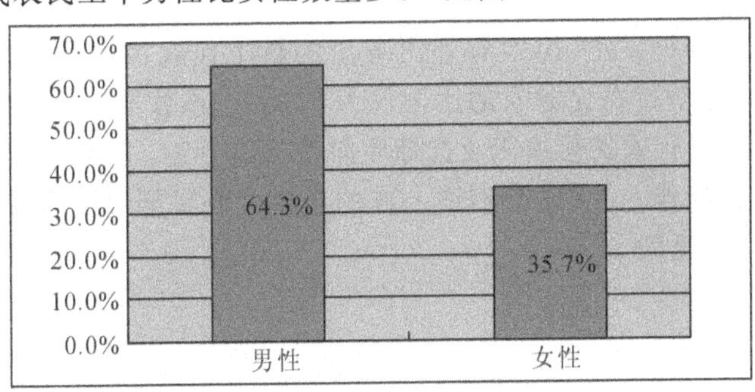

图 11-1　山西省新生代农民的性别比例

11.1.2 新生代农民的文化程度

调研分析显示，山西省新生代农民拥有高中及以上文化经历的比例达到71.4%，此数据接近全国总工会新生代农民工问题课题组对新生代农民工受教育经历的比例67.2%，说明山西省新生代农民的调查样本的代表性比较高，能够基本反映山西省新生代农民的客观情况①。表11-2的数据也基本类似地论证了全国总工会新生代农民工问题课题组对新生代农民文化程度结构化不健全的问题：绝大多数（62.8%）新生代农民工仍停留在义务教育和普通高中教育阶段。本研究对专业技术教育的比重仅进行笼统的研究，未进行如职业教育（如中专、中技、职高、大专、高职）具体的分类。

表11-2 山西省新生代农民的文化程度

文化程度	频率	百分比	累积百分比
小学	13	4.8	4.8
初中	64	23.8	28.6
中专或高中	110	40.9	69.5
大专	59	21.9	91.4
本科及以上	23	8.6	100.0

11.1.3 新生代农民的职业选择和行业分布

（1）新生代农民的职业选择

调研分析显示，山西省外出务工的新生代农民占样本总数的91.1%，而坚持在家务农的比例仅为8.9%。该数据充分说明了山西省的新生代农民总体职业选择倾向是外出务工，不甘于向父辈一样与土地相伴一生；仅有不到一成的新生代农民愿意子承父业，留在农村。（见图11-2）

① 2010年企业新生代农民工状况调查及对策建议，http://www.moa.gov.cn/fwllm/jjps/201102/t20110221_1822361.htm.

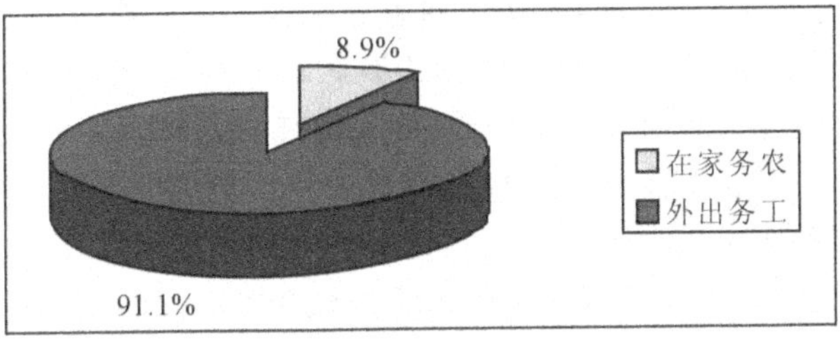

图 11-2　山西省新生代农民的职业选择

(2)行业分布

调研分析显示,山西省新生代农民约占较大比例的新生代农民从事非农行业,在制造业、服务业和建筑业所占比例分别为 42.8%、29.7%和 6.7%,基本上印证了全国总工会新生代农民工问题课题组对新生代农民行业分布情况:“其他”行业的新生代农民占 20.1%,主要分布于化工、/服装、汽修等低技术含量的体力型或对身体伤害较大的行业。另外,从调研数据中分析得到,仅有 0.7%的被调研人群从事农业或相关工作,也论证了目前山西省新生代农民工基本可以代替新生代农民来进行调研分析。(见图 11-3)

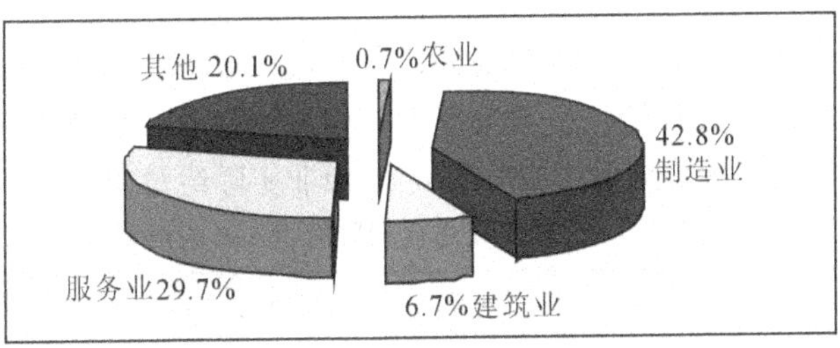

图 11-3　山西省新生代农民的行业分布

11.1.4　新生代农民务工收入及其影响因素

(1)打工收入普遍较低

调研分析显示,山西省新生代农民工的月工资主要集中在 800—1500 元,合计年薪总额为 9600—18000 元,占整个调研样本的 79.6%。其中,以月工资 1200 元(年薪总额为 14400 元)为分界线,所占比例各为 39.8%;月工资为 2000 元(年薪总额为 24000 元)以上所占比例仅为3.7%，说明山西省新生代农民工外出务工的月工资(年薪)较低；月工资为800元(年薪总额9600元)所占比例为6.7%。总体来看，与全国农村平均人均纯收入(2011年数据)6977元相比，由于新生代农民工自身消费观和价值观的变化，除去年月必须开销，所剩纯收入与全国农村平均人均纯收入基本相当；甚至会有较大比例的人群所剩纯收入远远低于6977元(更是远远低于2011年城镇居民人均总收入23979元)[①]。

表11-5 山西省新生代农民的打工月收入

单位:元/月	频率	百分比	累积百分比
800以下	18	6.7	6.7
800—1200	107	39.8	46.5
1200—1500	107	39.8	86.2
1500—2000	27	10.0	96.3
2000	10	3.7	100.0

(2)打工收入影响因素

调研分析显示，影响山西省新生代农民工收入的主要原因的重要次序分别是文化程度不高、没有掌握一门专业技术和社会关系弱。表11-6中所展示的数据均为相对变量值，而非实际绝对变量值。

表11-6 山西省新生代农民的收入影响因素

收入影响因素	频率	百分比	累积百分比
其他	140	52.0	53.0
文化程度不高	77	28.6	82.2
没有掌握一门技术	31	11.5	93.9
社会关系弱	16	5.9	100.0

① 国家统计局:《2011年全国城乡居民收入增长情况》,http://www.gov.cn/gzdt/2012-01/20/content_2050056.htm.

11.1.5　新生代农民工作满意度

(1)工作满意度的技能影响因素

调研分析显示,山西省新生代农民工对自己目前的技能很不满意,其中 43.5%的被调查对象对目前的技能不满意或非常不满意,仅有 13%的被调查对象对目前的技能非常满意或比较满意。(见图 11-4)调研分析认为新生代农民工已经认识到了技能对其工资的影响作用很大,除了自主地去一些专业技术学校学习相关专业知识,他们更希望自己所工作的单位能够为他们提供一些培训的机会。调研分析显示,20.8%的被调查对象工作的企业一年中没有举行针对他们的培训活动,61%的被调查对象工作的企业一年中举行 1—2 次培训,但根据面谈调研显示,大多数企业为了得到国家相关对农民工培训的资金和政策支持,只是象征性的进行了培训,并不能真正解决他们期望学习和工作中对技能的要求。同时,61%的新生代农民工仍然以出让体力劳动来赚取薪酬,要解决这个问题,需要建立以国家为主导、企业执行和新生代农民工切实参与的机制,来提升新生代农民工的整体技能素质结构。(见表 11-7)

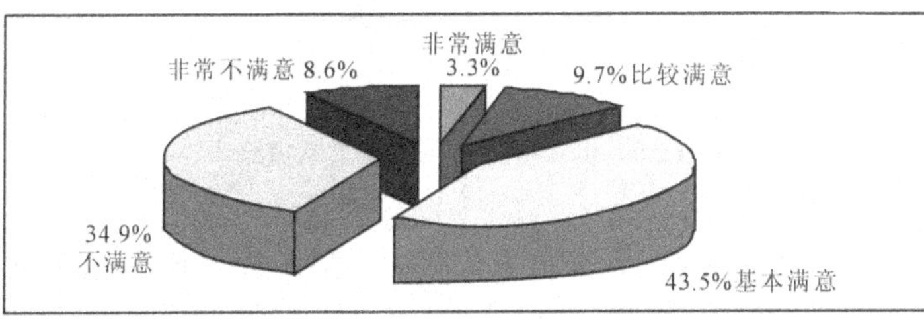

图 11-4　山西省新生代农民技能差异工资满意度

表 11-7　山西省新生代农民培训次数比例

培训次数	没有	1—2 次	3—4 次	5—6 次	6 次以上
培训比例	20.8%	40.1%	18.6%	6.7%	13.8%

(2)跳槽频率高及离职原因分析

调研分析显示,山西省新生代农民工具有稳定工作的所占比例仅有21.2%,高达48.7%的被调查人群有过两次以上变换工作的经历。其中,有高达13%的被调查人群具有五次以上频繁跳槽的经历。(见图11-5)对新生代农民工来说,频繁跳槽的原因主要是:活干得多、钱给得少,学不到技术,环境差、工作存在危险,老板和领头人不公平,厂里管的太严太多。其中,离职最主要的原因是得不到公平待遇,即活干得多、钱给得少,占被调查人群比例的39.4%。另外,由于技术能力对新生代农民工的薪酬起到重要作用,36.4%的被调查人群认为学不到技术是他们离职的重要考量因素。由于新生代农民工涉世未深和个性追求等原因,老板和领头人不公平和厂里管的太严太多也是他们离职的原因,所占比例之和为10%。(见图11-6)

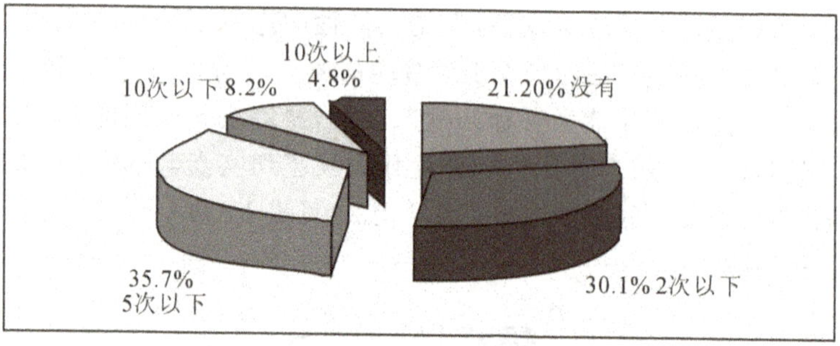

图11-5 山西省新生代农民工跳槽频率

(3)工作满意度

调研分析显示,山西省新生代农民工对工作总体满意度不高,被调查者选择“非常满意”的仅有2.6%,而选择“非常不满意”选项占12.6%;“满意”、“比较满意”和“非常满意”所占比例之和为51.7%,而“比较不满意”和“非常不满意”所占比例之和为48.3%。以上数据说明山西省新生代农民工外出务工的总体满意度不高。(见图11-7)结合上述及相关文献分析,工作环境差、薪酬待遇不高、企业人文关怀少是影响新生代农民工工作满意度不高的主要原因。

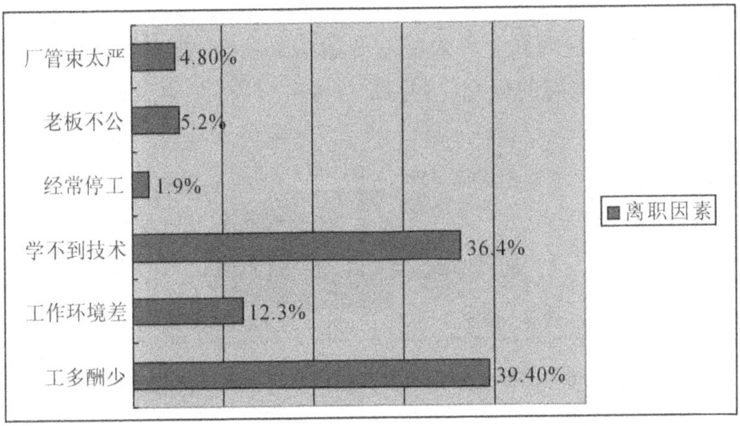

图11-6 山西省新生代农民工离职因素

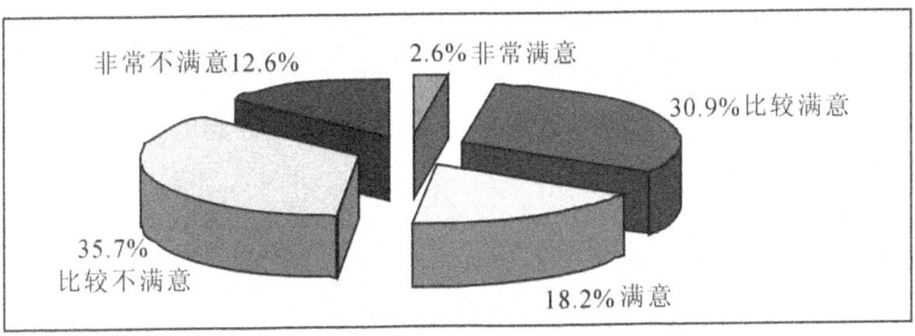

图11-7 山西省新生代农民工工作满意度

11.2 山西省新生代农民人力资源能力现状

(1)新生代农民自我定位和就业认知

知识学习、自我认知与定位是衡量新生代农民人力资源能力的首要指标，自我认知与定位从一个综合的角度界定了其能力状况。调研分析显示，山西省新生代农民自我认知能力较强。其中，57.6%的被调查者“非常清楚”或“比较清楚”学习哪些知识能够提高自己的收入；目前仍处于知识学习混沌期的被调查者比例为34.9%，这说明新生代农民由于其家庭给予的支持和学习背景有限，仍存在部分新生代农民对自己的学习认知和定位不清晰，需要他人指点；然而，在被调查者中对自身学习认知和定位一点不清楚的仅占4.5%，说明新生代农民刚开始踏入社会，就有意识地开始逐渐对自己进行明确的规划。（见图11-8）

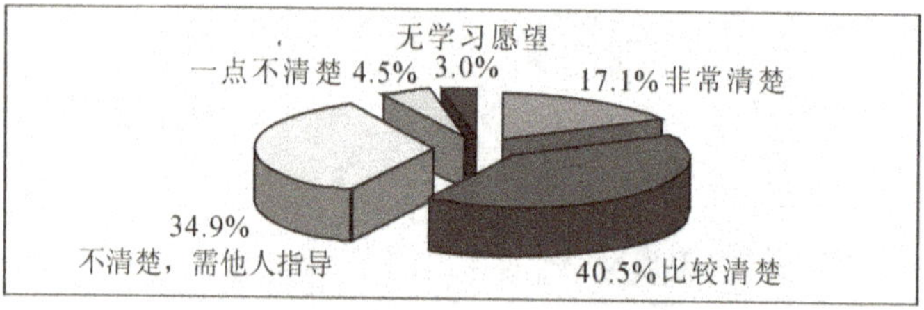

图11-8 山西省新生代农民知识学习自我认知与定位

（2）就业认知

就业认知是衡量新生代农民人力资源能力的重要指标，而知识对就业认知程度起到重要性作用。调研分析显示，山西省被调查者有69.5%认为知识对其选择工作具有“很大限制”或“有比较大的限制”，这一数据充分地说明了知识对新生代农民求职的重要性。（见图11-9）

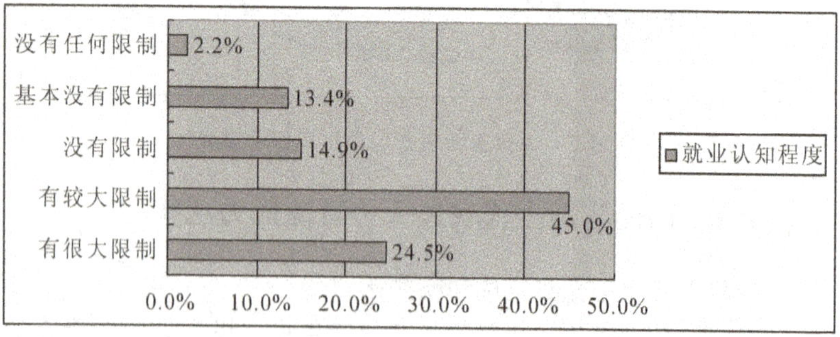

图11-9 山西省新生代农民就业认知

（1）职业技能

职业技能对没有经受过高等教育的新生代农民来说是最重要的谋生工具，它决定了新生代农民工未来在城市立足的情况。调研分析显示，有39.5%的被调查者参加过专业技能的培训，但仅有16%的被调查者获得了相关证书；36.7%的被调查者没有参加过培训，但计划参加培训，这说明新生代农民工希望通过培训获得一技之长，提高自己的谋生能力，这需要政府的引导和企业的大力配合。(见表 11-8)但在现实生活中，有新生代农民工掌握一些技能，但未获得国家有关技能证书，这需要国家和社会机构进行有效的引导和支持。调研分析显示，被调研者中没有掌握一项技能所占比例为 16%，这项数据和实际有很大差距。随后与有关地区的人力资源市场相关负责人考察了解到，新生代农民工把一些日常一般性的技能也认定为一项技能。(见表 11-9)

表 11-8　山西省新生代农民职业技能状况

职业技能状况	频率	百分比	累积百分比
参加过，并获得相关证书	42	15.9	16.0
参加过，但没有获得相关证书	62	23.5	39.5
没参加过，打算参加	97	36.7	76.4
不打算参加	23	8.7	85.2
没考虑过这个问题	39	14.8	100.0

表 11-9　山西省新生代农民职业技能项数

技能项数	频率	百分比	累积百分比
0	77	29.2	29.3
1	109	41.3	70.7
2	58	22.0	92.8
3	14	5.3	98.1
4 项以上	5	1.9	100.0

(2)执业资格

我国东南沿海地区企业的用工荒近年来一直广泛存在，与之相对应的新生代农民工就业难问题日益突出。这种问题经媒体曝光后，我国政府和相关研究团体研究认为，企业用工素质要求和求职者自身素质技能不匹配是产生这一矛盾的主要原因。政府开始从战略和制度措施上开始引导新生代农民工(特别是新生代农民工)提升自身的职业技能。调研分析显示,被调研群体中仅7.8%的被调查者不会考取劳动部门颁发的职业技能证书,也就是说有92.2%的被调查者有意愿考取劳动部门颁发的职业技能证书。然而,高达46.5%的被调查者没有获取劳动部门颁发的职业技能证书,仅有27.5%的被调查者获取劳动部门颁发的职业技能证书。上述数据说明山西省新生代农民工获有职业技能证书比例很低,大多数新生代农民工仍依靠体力来获取报酬。对新生代农民工来说,依靠体力获取报酬不是长远之计;对企业来说,它们需要具有一技之长的人员来完成企业的业务;对国家来说,随着我国产业结构调整、工业化进程、城镇化进程对劳动者素质的高要求,提升新生代农民工职业技能关系到国家、企业和新生代农民工三者的利益。(见表11-10)

表 11-10 山西省新生代农民专业技术证书等级

专业技术证书等级	不会考取相关证书	没有	初级	中级	高级
专业技术证书等级比率	7.8%	46.5%	18.2%	17.8%	9.3%

11.3 山西省新生代农民提升人力资源能力的动机和态度

11.3.1 学习意愿和动机

(1)学习意愿

调研分析显示,被调查者中具有学习意愿的比例达到97%,说明山西省新生代农民的整体学习愿望强烈。但不能真正持续性实施学习的比例(包括“偶尔、不能坚持学习和想学但不知道学什么”被调查者)高达73.2%,偶尔自主学习的比例为37.5%,外部环境、外部智力、技能支持和高度的自制力是影响新生代农民学习的重要因素。(见图11-10)

(2)学习动机

调研分析显示,山西省新生代农民参加技能培训学习的动机依据重要程度排序前三分别是:能够大幅度提高自己的经济收入、找

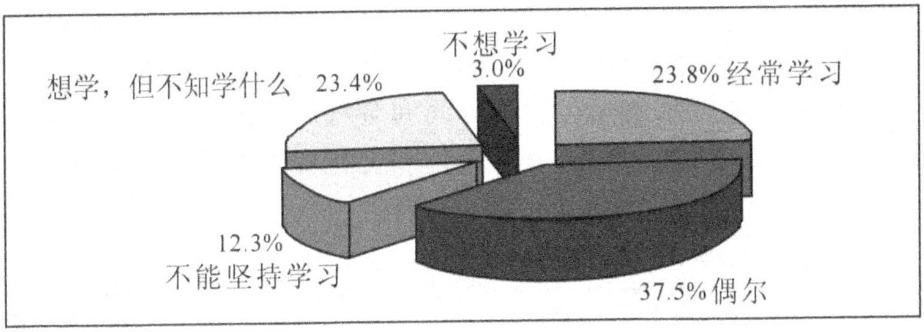

图 11-10　山西省新生代农民学习意愿

工作时自主选择度加大、可以提高自己的生活水平，所占比例分别为 35.3%、30.1%和 16.4%。目前，提高自己的经济收入仍是新生代农民工作的最主要的指标，而提高自己的生活水平是其工作的主要目标。然而，调查发现，较大部分新生代农民开始注重对工作的选择（“找工作时自主选择度加大”比例为 30.1%），这区别于传统农民主要以经济酬劳作为自己的务工的选择指标。另外，有 11.5%的被调查者认为加强学习是为了要求较好的工作环境，6.7%的被调查者认为加强学习是为了能够赢得更多的社会尊重。（见表 11-11）

表 11-11　山西省新生代农民专学习动机

学习动机	频率	百分比	累积百分比
找工作时自主选择度加大	81	30.1	30.1
能够大幅度提高自己的经济收入	95	35.3	65.4
技术性工作的工作环境较好	31	11.5	77.0
能够赢得更多的社会尊重	18	6.7	83.6
可以提高自己的生活水平	44	16.4	100.0

（3）学习的限制因素

调研分析显示，山西省新生代农民学习的主要限制因素是“不知道参加哪方面的培训”，此项选择高达 35.8%。说明山省新生代农民对知识学习的自我认知不清，不知道该参加哪些方面的培训。这一问题对我国中学教育、职业教育、社会引导和家庭教育提出了对应的要求。而参加不确定的培训后仍找不到好工作，使他们认为培训没有什么用处，只是浪费时间和金钱，与其如此，不如直接参加工作，由此导致的参加培训浪费时间和金钱的负面示范效应有点及面的在区域性扩展。另外，经济条件和文化程度也是阻碍新生代农民参加培训的因素之一。（见表 11-12）

表 11-12　山西省新生代农民学习限制因素

学习限制因素	频率	百分比	累积百分比
不知道参加哪方面的培训	96	35.7	35.8
参加培训后仍然找不到好工作，浪费时间和金钱	61	22.7	58.6
没钱交学费	54	20.1	78.7
没时间，学起来也难	47	17.5	96.3
同村同龄人大都没参加培训	10	3.7	100.0

11.3.2　新生代农民的人生目标和就业空间的二次选择

(1)工作生活目标

调研分析显示，69.3％的被调研者对自己的工作生活具有明确的目标。说明山西省新生代农民整体上对未来的人生规划具有总体目标，山西省新生代农民对自己今后人生具有明确的规划。

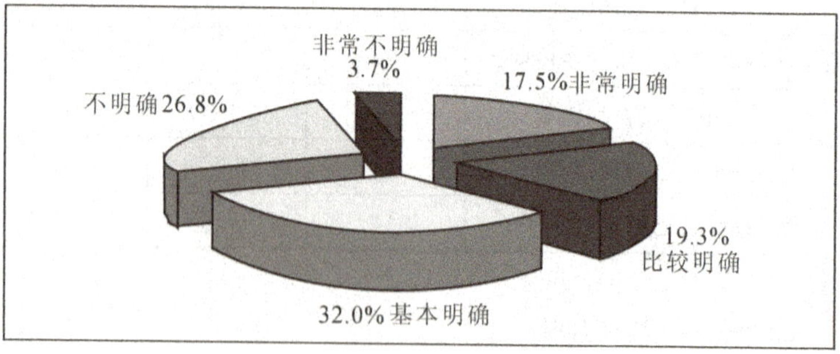

图 11-11　山西省新生代农民职业明晰度

(2)就业空间二次选择

新生代农民的就业选择总体来说有两个：在家务农为主兼有农

闲务工和外出务工为主兼有农活。调研分析显示，会选择留在家乡务农的被调查者占比例 38.3%，依据国家城镇化环境和向往城市生活选择外出务工的被调研者占比例为 36.9%，而会在两者摇摆的被调研者占比例 24.9%。说明山西省新生代农民会留在家乡务农为主兼有农闲务工所占比例较大，而坚决选择外出务工为主兼有农活的比例较低。（见表 11-13）

表 11-13　山西省新生代农民就业选择

就业选择	频率	百分比	累积百分比
留在家乡务农	103	38.3	38.3
会根据国家政策选择	67	24.9	63.2
国家城镇化的要求大环境要求务工	30	11.2	74.3
向往大城市的生活外出务工	40	14.9	89.2
外出务工前先掌握一门打工技术	29	10.8	100.0

11.4　山西省新生代农民人力资源能力存在问题分析

通过对山西省新生代农民基本情况、人力资源能力现状和提高人力资源能力的动机和态度所涉及的调查问卷和访谈内容分析，归纳概括出山西省新生代农民工人力资源能力存在的问题，并对其进行了原因分析。

11.4.1　新生代农民对政府针对其政策了解不全面，政府政策宣传力度不够

新生代农民相比父辈，文化程度较高，熟悉网络、报刊等媒体，开始关注自己的权益，了解政府针对农村、农业和农民的相关政策，为了自己的权益来得到最大的政府政策支持。但由于我国目前处于转型时期，新生代农民面对城镇化、工业化、新农村建设和城乡二元制改革等各种国家和政府的法律制度，新生代农民自身不能做出自我认知的正确性认定。调查分析显示，在山西省新生代农民的被调研人群中，会坚持留在家乡务农的比例、一定会外出务工的比例、

要根据国家政策做出选择的比例分别占到三成，说明山西省新生代农民在面对政府相关政策时，不能正确判断其未来是以务工为主还是以务农为主，由此，产生了三成多的新生代农民只能两者兼顾，为今后的人生规划增加了不确定因素。因此，政府在制定农民和农民工政策时，要切实考虑到其文化程度，加强政策的宣传力度，要制定相关政策的解释条款，增加其对相关政策的解读。

11.4.2 教育背景不高，职业教育机制作用不足

调研显示，山西省新生代农民的学历八成以上都经受过初中以上的教育，和父辈相比，文化程度有了较大的提高。但主要集中在初中和高中，这都是我国基础教育的主要部分，真正参加职业教育（中专、高职高专）的比例很低，这是新生代农民技能不高的主要原因。高成本和低收益是新生代农民家庭不参加职业教育的最主要原因。目前，我国农业家庭的个人年均收入是 6977 元（2011 年数据），供养子女参加职业教育已成为其家庭的主要开销，而由于我国职业教育发展不切合农民的实际需求，各县市级的政府办学的职业教育学校早已名存实亡，而大量高职高专学校开设的课程不能根据市场的需求而做出应有的调整，导致大量的高职高专培养的学生毕业即失业，这使我国职业教育面临的严峻考验。

11.4.3 学习意愿强烈，缺乏专业职业指导

即使参加职业教育的成本收益率很低，但进入职场后，广大新生代农民工深感没有一技之长是不可能有尊严的生活在城市中。调研显示，新生代农民的学习意愿很强烈，有 97％的被调查者有强烈的学习愿望。新生代农民认为掌握一技之长后，不但可以大幅度提高自己的经济收入、提高自己的生活水平，同时，他们对找工作时自主选择度、要求较好的工作环境和能够赢得更多的社会尊重方面也提出了自己的需求。在强烈的学习意愿和学习动机的推动下，调查显示，仅有 27.5％的被调查者获取劳动部门颁发的职业技能证书；同时，山西省新生代农民学习的主要限制因素是“不知道参加哪方面的培训”，此项选择高达 35.8％，而参加不确定的培训后仍找不

到好工作，使他们认为培训没有什么用处，只是浪费时间和金钱。说明，在我国职业技能培训过程中，缺乏专业职业指导，职业指导已经成为新生代农民职业教育培养中不可或缺的部分。

11.4.4 缺乏技能积累，企业用人不培养人

我国劳动市场(特别是低端劳动市场)是供大于求，新生代农民在外出务工时，由于职业寻找渠道比较狭窄，在职业选择过程中完全处于被动。由于其社会经验少，遇到不如意的事情时，就会选择跳槽。调研显示，山西省新生代农民工一年中有高达48.7%的被调查人群有过两次以上的变换工作的经历，有达13%的被调查人群具有五次以上的频繁跳槽的经历，仅有21.2%具有稳定工作。高频率的跳槽和从事不同种的工作，导致新生代农民工在工作过程中不能达到工作技能的积累。由于劳动市场上的不平等性，企业在雇用新生代农民工时，用人不培养人。为压低人工成本，企业很少组织新生代农民进行技能培训，主要对其进行企业奖惩、安全教育等常规性的基本厂规的培训。

11.4.5 人生规划缺乏系统性，政府和家庭要社会支持

调研显示，近七成的山西省新生代农民对自己的工作生活具有明确的目标。他们主要的人生规划可概括为以下几类：学通一门专门技术、挣钱养家，尽快成为城里人，干出一番事业，挣够钱后回老家做个小生意，收入少点但工作稳定，收入少点但工作条件好，走一步看一步再说。在具体访谈过程中，发现新生代农民具有明确的人生目标，但在具体谈到人生规划时，却显得很笼统，缺乏系统性。在我国目前高速发展的转型时期，政府要多给予正面、标杆、行业类的示范指导，通过电视、网络和报纸等媒体针对各行业的正面典型事例进行宣传报道，积极引导新生代农民找到合适的人生定位和系统性的人生规划；政府要求各基层组织在节假日组织各种讲座，解决新生代农民和农民工的疑惑；同时，家庭父辈们也要加强同子女们的联络，给予自己的人生经验，增加相互间的情感联系。

11.5 山西省新生代农民人力资源能力建设提升对策

在抽样问卷调查与实地考察了解情况的基础上，为提升山西省新生代农民人力资源能力，在调研的基础上，本报告拟在提升山西省新生代农民人力资源能力建设方面提出相应对策。

11.5.1 政府应关注政策制定的时效性

政策的制定要针对当前的现实情况，要以现有政策实施过程中对新生代农民的人力资源能力提升产生的社会影响与预期目标之间出现的差距、差异为依据，随着新生代农民的意愿和发生的各种变化而做出必要的适应性调整，并在调整以后，通过网络、电视和报纸等媒体第一时间反馈给新生代农民。提升农村进城务工人员人力资源能力，除了新生代农民自身要进行努力外，更重要的是城市政府和社会应该对这类弱势群体给予政策和社会安排上的倾斜，它涉及到国家政府、社会、企业和新生代农民个人，涉及到城市和农村共同承担的一项系统工程。新生代农民作为主体与政府相关部门、培训的中介组织和企业（用工单位）等共同构成人力资源能力提升的“利益相关人”。其中，新生代农民在政策受益上具有天然的“弱质性缺陷”，但不能因此而否定它，只能在维护他们主体地位的前提下，通过一定的手段和方法，使不利于其获得政策利益的缺陷得到弥补。

11.5.2 强化农村教育培训

农村人力资源能力建设的主体是新生代农民，教育是人力资源能力建设的核心和根本途径。一是强化基础教育。认真贯彻《义务教育法》，保证适龄青少年上得起学，念得起书，确保学生不失学不辍学。将国家制订的农村义务教育学费免除政策落实到位，切实减轻农民的教育负担，对特殊困难家庭，财政给予适当救助。发挥政府在教育投资中的主体作用，建立规范化的教育经费转移支付制度，进一步扩充县乡财力，保证农村基础教育资金到位。整合教育资源，加强教师队伍建设，着力提高教学质量。调整办学方向，在发展以基础教育为主的同时，加强对学生劳动技能的培养，实现由“读书为升学”向“读书为就业"的转变。二是加强职业教育和成人教育，采取灵活多样的办学方法和办学形式，加强新生代农民的技术培训，切实提高就业水平，拓宽择业范围。一方面，围绕农业主导产业，对从事农业生产的新生代农民强化实用技术培训。另一方面，面向城乡劳动力市场需求，对向城镇转移的新生代农民进行职业技能培训。三是建立农村学习型组织，学习型组织是起源于西方企业管理的一种人力资源开发管理模式。要将学习型组织这一人力资源开发管理理论应用到我国农村和农业发展以及新生代农民的教育和培训中，在农村创造良好的学习环境，倡导一种终身学习的理念和全民学习的风气，确保新生代农民素质的不断提高。

11.5.3　职业教育和技术培训是提高新生代农民人力资源能力的直接手段

职业教育和技术培训是提高新生代农民人力资源能力的直接手段，同时也是新生代农民进城获得充分就业的必要条件。职业教育和技术培训的基本目标是让新生代农民具有社会认知能力和谋事的一技之长。在新生代农民的职业教育和技术培训工作中，农民是内因，但仅靠农民的努力是不够的，政府起主导作用。政府是教育资源、教育制度供给的主体，是农村教育、培训等公共产品的供给主体。从长期看，新生代农民人力资源能力建设首先要求各级政府在管理过程中，将人视为更为重要的非常珍贵的资源与财富，消除制度歧视，真正按照城乡统筹发展的要求，制定各种切合农村、农民实际的政策和制度，在农村基础教育、职业教育、技术培训、医疗卫生、计划生育等方面加大人力资本投资，以提高农村居民的整体素质。针对广大新生代农民，坚持实际、实用和实效的原则，在农村不断开展培训，通过举办各种类型的科技教育培训、绿色证书培训、实用技术培训班等，加快新生代农民知识更新速度，让新生代农民了解现代农业知识、掌握种养殖技术，增强市场营销的基本知识和信息；结合农业重大成果的推广，提高农民的技能和水平，使农民找到利用科技手段致富的门路。同时，农村的职业技能培训不能仅仅局限于农业知识的培训，而应该更多的关注非农业就业所需的知识，根据本地多数农民外出就业的需要，组织相关知识和技能培训，包括信息交流和获得信息的技能。将农村人力资源开发的重点从提高农业生产转向提高非农就业，帮助新生代农民寻找非农就业的机会，提高新生代农民非农就业的能力。以适应农村劳动力转移到城市第二、三产业及在现代化小城镇中从事非农产业的迫切需要，为实现农村"城镇化"以及农业产业化奠定坚实的基础。

11.5.4 统筹政府、企业和新生代农民联合技能培养系统机制

政府、企业和新生代农民在同一个系统当中，相互依存，相互支持。统筹建立政府、企业和新生代农民联合技能培养系统机制，保证各方权益，提高个人、企业和社会的效益。政府方面，首先，要统筹城乡发展，破除城乡二元体制；其次，放手组建农民工会，加强农民组织化建设；完善社会救助体系，创设公平公正的社会环境；建章立制，有效管理各类资源，创造持续发展的社会环境；进一步加强相关法律的制定工作，依法治村；开展法制宣传教育，提高新生代农民法制意识。再次，企业方面，要加强尽职企业责任的义务。企业要配合国家政府的宏观环境和政策，系统性的有步骤地对企业新生代农民进行分层次的培训，引导其尽可能的实现自身职业技能积累，更快更多为企业进行智力和技能支持。同时，政府要立法保证企业的利益不受损。新生代农民自身方面，新生代农民要了解国家政策，以一个职业人的职业规范来要求自己，掌握知识和技能，努力完成自己的岗位工作职责，从而实现自己的人生目标。

11.5.5 为新生代农民实现人生规划创立社会条件

为保证新生代农民实现其的职业生涯目标和人生规划，政府等要尽可能的创造社会条件。第一，积极探索新生代农民的培养途径，提高新生代农民的科学文化素质，培养出具有市场竞争力的新生代农民，是实现全面提升新生代农民能力的关键。其次，加强新生代农民组织化建设，全面提升新生代农民各方面能力。第三，要加强思想道德建设，培养新生代农民正确积极上进的人生观和价值

观。确立积极上进的人生观和价值观。第四，改变扶持思路。“授人以鱼，不如授人以渔”，在对新生代农民的扶持上，除必要的物质扶持外，更重要的是注重对新生代农民科技知识的培养教育的扶持，比如种田的要给他灌输现代耕作知识，务工的要教他具备相应的操作技能，经商的要让他掌握现代经营理念。第五，鼓励新生代农民精英创业首先足发展乡村优势产业，努力壮大乡镇企业队伍，鼓励乡村经济精英回乡创业，为回乡创业新生代农民提供政策、土地、信贷等多方面的支持，以精英带动广大的新生代农民参与到建设中来，吸引更多的新生代农民加入创业队伍。第六，加快农业产业化步伐，搭建新生代农民能力发挥平台。通过农业产业化有效解决千家万户的农民进入市场、扩大经营规模和运用现代科学技术等问题。第七，实现新生代农民的追求目标，充实农民的精神生活生产发展，生活富裕，乡风文明，村容整洁，管理民主的新农村建设目标告诉我们，新农村不仅是经济农村，更是文化农村。但目前我国农村文化建设仍普遍存在重视不够、经费不足、设施陈旧、形式单一、人才缺乏、管理薄弱等诸多问题，文化生活落后导致新生代农民精神动力不足，严重阻碍新生代农民主动发展自己能力，建设新生活的积极主动性。因此必须引起重视并采取有效措施，充实新生代农民的精神生活。

第12章　江西省新生代农民人力资源能力建设

改革开放30年来，中国经济保持持续的高速发展，社会建设取得了非凡的成就。截止2011年，中国城镇人口首次超过农村人口，达到6.9亿人①，这是中国城镇化建设的又一个里程碑。但是同时，我们也不可否认现代中国仍是农民大国，中国的农村户籍人口依然占到了人口总数的48.73%。农民问题依然是现代中国的首要问题。2010年中央1号文件首次提出"新生代农民"这一概念，即出生于1980年代后，登记为农村户籍的人群，目前，我国新生代农民人口数已经超过了1亿，大量新生代农民进入城市成为新生代农民工，并逐渐成为中国城市建设的主力军，与城市发展息息相关，新生代农民问题已经成为新时代影响中国发展的重大问题。与此同时，2009年国务院正式出台《促进中部地区崛起规划》，正式实施"中部崛起"的重大战略。长期以来的分级区域发展策略使中部地区的发展区域性滞后。为了把握好"中部崛起"的契机，实现中部快速发展，必须解决中部地区新生代农民问题。在此大环境下，为了充分了解中部地区新生代农民，为国家宏观政策提供科学的指导建议，我课题组在国家社会科学基金的支持下，开展了《中部地区新生代农民人力资源能力建设》的研究。作为本次研究的一部分，课题组于2011年3月和2011年7月对中部六省之一的江西省进行了调研。与中部其他五省比较，江西省综合发展严重滞后。根据《中部六省经济社会综合发展比较研究》②的结

---

① 国家统计局：中国城市发展报告. http://www.bjee.org.cn/cn/news.php? news_id=36633.

② 国家统计局河南调查总队：中部六省经济社会综合发展比较研究. http://www.tjcn.org/,2007-04-13.

果显示，若用百分制从人口与劳动力、经济发展、社会发展、基础设施和环境保护五个方面对中部六省进行综合评价，采用百分制，江西得分仅为68.2分，位于第六，远远落后于排名第一的河南省（84.5分）。正是因为发展落后的现实省情，江西省新生代农民及其人力资源能力有非常明显的省际特征。

12.1　江西省新生代农民基本情况

12.1.1　新生代农民务工年龄和性别结构

（1）新生代农民务工年龄

调查结果显示，江西省新生代农民的年龄分布较为集中，属于20至25周岁年龄段的有42.2%，而16至20周岁年龄段和25至31周岁年龄段的所占比例仅为23.4%和28.1%。受访的新生代农民整体平均年龄为21.6周岁。在所有的外出务工者中，20至25周岁年龄段的所占比例为47.4%，外出务工者整体平均年龄为23.1周岁。（见表12-1）

表12-1　江西省新生代农民年龄分布

年龄（周岁）	比例（%）	
	新生代农民	新生代农民工
16以下	6.25	0
16—20	23.4	22.8
20—25	42.2	47.4
25—31	28.1	29.8

（2）女性外出务工者比例较高

在对江西省新生代农民的调查中我们发现，女性外出务工者的比例较高，男性农民工作为主要劳务输出的地位相对较弱。本次调查结果显示，外出务工者中女性的比例为43.9%，较《2011年农民

工监测调查报告》[①]显示的34.9%的女性务工者比例相比高了近9个百分点。(见表12-2)

表12-2 江西省新生代农民外出务工者性别组成

性别	比例(%)	
	2011江西省新生代农民人力资源能力调查报告	2011年农民工监测调查报告
男	56.1	65.1
女	43.9	34.9

12.1.2 新生代农民的文化程度

调查结果显示,江西省新生代农民总体受教育程度较高,有高中(中专)及以上受教育经历的比例为59.4%,平均受教育时间为11.5年。与2010年全国总工会新生代农民工问题课题组的调查结果相比较可以看出,江西省新生代农民的受教育程度虽高于全国传统农民工和全国农民工总体的水平,但与全国新生代农民工平均水平仍存在着差距。(见表12-3、图12-1)

表12-3 江西省新生代农民受教育情况

受教育经历	比例(%)			
	江西省新生代农民	全国新生代农民工	全国传统农民工	全国农民工总体
小学及以下	1.6	0.4	6.6	2.8
初中	39.1	32.4	44.4	37.1
高中(中专)及职高	36.0	41.8	36.6	39.7
大专(高职)	15.6	19.7	10.1	16.0
大学本科及以上	7.8	5.6	2.4	4.4

① 国家统计局:《2011年农民工监测报告》,载《2012中国发展报告》,北京.中国统计出版社,2012年版。

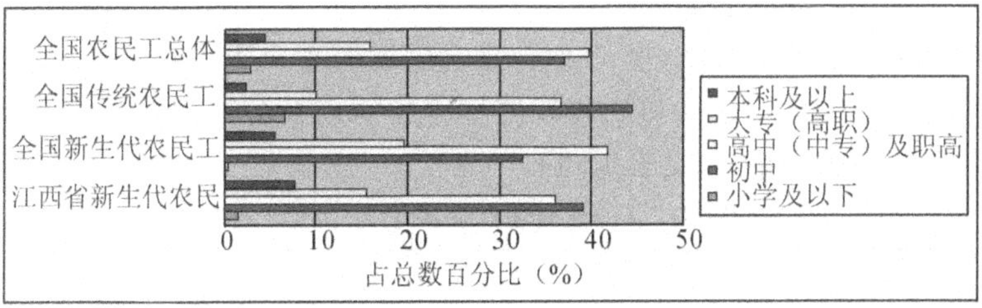

图 12-1　新生代农民文化程度比较

12.1.3　新生代农民的职业选择和行业分布

(1)职业选择变化巨大,务农者少

调查显示,江西省新生代农民外出务工倾向十分明显。在受访者中,仅仅只有10.9%的人在家务农,而这仅有的10.9%的受访者中几乎所有人都认为自己会在短期内外出务工。与传统农民相比,新生代农民的职业选择已经发生了巨大的变化,务农已经成为务工闲时的被动选择。

(2)外出务工者主要流向地级以上大中城市,中部地区成热门

调查显示,江西省新生代农民工劳务输出地的选择大多为地级以上大中型城市,调查中,87.7%的新生代农民工选择了地级以上大中型城市。值得注意的是,中部六省(湖南、湖北、江西、山西、河南、安徽)地区成为江西新生代农民工的主要劳务流向地,选择比例达到了42.1%,超过了东部沿海地区的务工者(33.3%)。其中,19.3%的外出务工者选择了江西省内城市南昌或九江,中部六省另两个主要劳务流向地为武汉(7.0%)和长沙(3.5%)。

(3)行业分布广泛,制造业务工者比例低

调查结果显示,江西省新生代外出农民工行业分布广泛,不仅涵盖了传统的制造业、建筑业和服务业,更涉及物流、零售和家庭服务等众多行业。受访新生代农民工中,服务业从业人员达到了24.6%,制造业从业人员和建筑业从业人员分别占57.9%和5.3%,一方面,第二产业依然是江西省新生代农民工的主要从事行业,另一方面和全国新生代农民工的行业分布水平进行比较可以发现服

务业从业人数高于全国平均水平近7个百分点[①]，建筑业从业人数与全国水平基本持平，制造业从业人员远低于全国平均水平，这种较为特别的行业分布和江西省的特有省情以及各产业发展水平都有着密切的关系。（见表12-4）

表12-4 江西省新生代农民工务工行业分布

行业分布	比例(%)	
	江西省新生代农民工	全国新生代农民工
制造业	61.4	73.9
建筑业	5.3	5.5
服务业	24.6	18.0
其他	8.7	2.6

12.1.4 新生代农民的工作满意度

(1)整体收入水平低

调查结果显示，江西省新生代农民工平均月收入仅为1463.2元[4]，不仅低于全国新生代农民工平均收入，也低于全国外出农民工总体的平均收入。与近几年数据相比也仅略高于2009年全国外出农民工总体的平均水平。（见表12-5）

表12-5 江西省新生代农民工平均收入及相关对比

平均收入(元)				
2011江西省新生代农民工	2010全国新生代农民工	2009全国外出农民工总体	2010全国外出农民工总体	2011全国外出农民工总体
1463	1748	1417	1690	2049

① 《2010年企业新生代农民工状况调查及对策建议——全国总工会新生代农民工问题课题组》. http://acftu.workercn.cn/c/2011/02/21/110221040907789516873_4.html. 2011-2-21.

本次调查显示，江西省新生代农民工收入水平分布较为平均，月收入介于 1200 元—2000 元的占到了 49.1%，而月收入 1200 元以下的也有 29.9%。（见表 12-6）

表 12-6　江西省新生代农民工收入水平分布

收入水平(元)	比例(%)
800 以下	5.3
800—1200	24.6
1200—1500	26.3
1500—2000	22.8
2000 以上	21.1

（2）工作满意度低，跳槽发生频繁，经济因素影响最大

调查结果显示，江西省新生代农民工对其工作的满意度低。在被问到“是否对您的工作满意”的问题时，有 64.9%的新生代农民工选择了“比较不满意”或“很不满意”。而仅有 21.0%的受访者选择了“比较满意”或“非常满意”，对问卷 5 个选项进行得分赋值（“非常满意”2 分；“比较满意”1 分；“不了解”0 分；“比较不满意”－1 分；“非常不满意”－2 分）算出平均得分仅为－0.44 分。

本次调查中仅有 24.6%的受访者未主动换过工作，而受访人群整体平均跳槽次数达到了 3.9 次。在被问及主动换工作的原因时，52.6%的人选择了“工资收入低”，排在促使跳槽事件发生的影响因素中的第一位，排在后面两位的依次是“工作中约束过多”（21.1%）和“限制个人职业发展”（15.8%）。（见表 12-7、图 12-2）

表 12-7　新生代农民工工作满意度影响因素

影响因素	选择人数占总调查人数比例(%)
经济收入	52.6
工作环境	7.0
个人发展	15.8
遭遇不公	3.5
约束过多	21.1

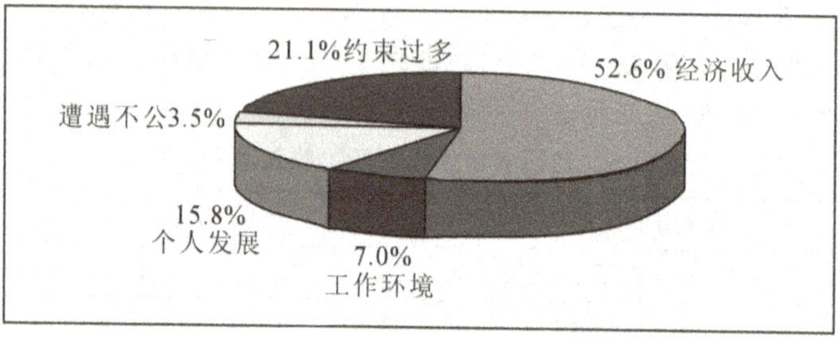

图 12-2 新生代农民工工作满意度影响因素

12.2 江西省新生代农民人力资源能力现状基本情况

12.2.1 新生代农民就业认知和自我定位

(1)就业认知不足

调查显示,江西省新生代农民缺乏全面的就业认识,就业认知能力不足。主要体现在虽认同知识和技术能够改变当前的工作状态和收入,但对自己所从事职业的具体知识和技能需求缺乏必要的认识。75.0%的受访者认为自己有限的知识容量限制了自己的就业选择,59.5%的受访者认为掌握专业技术或知识能够提高自己的工作收入,但同时仅仅只有34.4%的受访者对目前所从事职业的知识需求有较为清楚的了解。可见知识能够改变生活的观念已经被新生代农民接受,但知识如何改变生活的问题,大多数新生代农民工却并不能回答。(见表12-8)

(2)自我认知差,自我定位不准确

调查结果显示,新生代农民工自我认知水平较差。59.5%的受访者表示对自己缺乏或完全没有全面的认知,仅有5.7%的受访新生代农民认为自己有全面的自我认知。而在调查自我知识缺乏情况的了解程度时,也有高达65.6%的受访者选择了“不清楚”或“不太清楚”,仅有11.0%的受访农民选择了“非常清楚”。自我认知是职业选择的基础,较差的自我认知水平直接导致了自我定位的不准确,而这都是工作满意度差的直接原因。

表 12-8　江西省新生代农民就业认知相关问题

调查问题	选项选择比例(%)				
	非常同意	比较同意	不确定	比较不同意	非常不同意
工作选择因知识有限受到限制	26.6	48.4	11.0	12.5	1.6
	非常同意	比较同意	基本同意	比较不同意	非常不同意
掌握新的技术和知识能够提高收入	6.2	9.3	44.1	34.8	5.7
	非常同意	比较同意	不确定	比较不同意	非常不同意
您很清楚目前从事的工作需要哪些知识	11.0	23.4	57.8	4.7	3.1

12.2.2　新生代农民职业技能和执业资格

(1)技能培训率低,职业技能单一

在所有接受调查的新生代农民中,高达 67.2%的受访者从未接受过任何技能培训,技能培训率仅为 33.8%,这一数字低于全国新生代农民工 36.9%的水平,高于全国传统农民工 22.9%的培训率①。(见表 12-9)可见江西省新生代农民工的技能培训率虽高于全国传统农民工,但更多的是因为新生代农民工年轻化、城市化的群体特征,其针对农民工职业培训相关工作和全国相比,仍存在差距。

表 12-9　江西省新生代农民工技能培训率与全国水平的相关对比

	江西省新生代农民工	全国传统农民工	全国新生代农民工
技能培训率(%)	33.8	22.9	36.9

① 中华全国总工会.全国总工会关于新生代农民工问题研究报告.2010 年 6 月 21 日《工人日报》。

较低的技能培训率直接导致江西省新生代农民工职业技能单一。调查结果显示，在所有受访的新生代农民工中，仅有 21.9%的人掌握了 2 项或 2 项以上的职业技能，更有 23.4%没有掌握任何职业技能，人均掌握职业技能数仅为 1.09 项。职业技能的掌握数量情况拉开了新生代农民工间的收入水平，未掌握任何职业技能的农民工平均月收入仅为 1230 元，而掌握了两项及以上职业技能的新生代农民工月均收入达到 1712 元，收入差距明显。

(2)执业资格认证率低

调查结果显示，江西省新生代农民工执业资格认证率很低。在所有的新生代农民工受访者中，仅有 12.5%获得了执业资格证书，而获得高级执业资格认证的受访者只有 1.6%。(见表 12-10)

表 12-10 江西省新生代农民工执业资格认证情况

执业资格认证情况	比例(%)
未获得任何技能证书	87.5
获得初级技能证书	7.8
获得中级技能证书	3.1
获得高级技能证书	1.6

12.3 江西省新生代农民提升人力资源能力的动机和态度

12.3.1 学习意愿和动机

(1)学习意愿强烈

调查结果表明，江西省新生代农民学习意愿强烈。在调查中，有 62.5%的受访者表示自己工作的同时仍在继续学习，87.5%的受访者表示愿意继续学习。在学习频率的调查中，一直处于不断学习状态的受访农民工占到了总数的 12.5%，17.2%的新生代农民工表示自己经常学习。缺乏学习指导是另外一部分受访者学习意愿相对薄弱的主要原因。占总数 25.0%的受访者认为自己有学习的意愿，但缺乏指导。这部分新生代农民将是人力资源能力提升工作的主要对象，如何有效的继续激发并满足他们的学习意愿，是未来政府和企业的主要课题 。

(2)渴望通过学习增加经济收入

在新生代农民学习动机的调查中，有 57.8%的受访者选择了增加经济收入，而其中 75.7%的人认为增加经济收入是他们继续学习的第一动机。其他几个主要学习动机为提高生活水平(34.4%)、增加工作选择的自主性(28.1%)和更好的工作环境(20.8%)。(见表 12-11)

表 12-11　江西省新生代农民学习动机统计

学习动机选项	选择比例(%)
增加工作选择的自主性	28.1
增加经济收入	57.8
更好的工作环境	20.8
赢得社会尊重	15.6
提高生活水平	34.4

值得注意的是选择“赢得社会尊重”的受访者并不多，仅仅占到总数的 15.6%。作为市民化意愿强烈的新生代农民，选择的人数本应更多，但较低的选择率也是现实情况的真实反映，在经济收入过低的现实条件下，通过学习增加经济收入、提高生活水平比赢得社会尊重更加实在。

(3)学习的限制因素

本次调查针对继续学习的制约因素对江西省新生代农民进行了问卷的投放和反馈。在所有受访农民工中，选择了“没有时间学习”的占到了 43.8%，选择“学习目标不明确”的占到了总数的 31.3%。(见表 12-12)

表 12-12 江西省新生代农民继续学习的主要限制因素

学习的限制因素	选择比例(%)
学习目标不明确	31.3
继续学习用处不大	14.1
经济因素限制	12.5
没有时间学习	43.8
同村同龄人大都没参加学习培训	25.0

调查中,25.0%的受访者选择了“同村同龄人大都没参加学习培训”,这表明新生代农民在是否继续学习的选择上有很强的“抱团”倾向,受强关系人影响很大。一方面,这给新生代农民人力资源能力的继续提高造成了一定的困难,但另一方面也是很好的机会,如何有效的利用这种抱团效应和辐射效应的积极作用达到以点带面的效果是新生代农民人力资源能力开发和提升工作的重点。反馈结果显示,仅仅只有14.1%的受访者选择了“继续学习用处不大”,这表明江西省新生代农民整体对学习作用已经有了肯定、明确的认识,这也是人力资源能力提升工作的必要条件。

12.3.2 新生代人生目标和就业空间的二次选择

(1)人生目标不明确

调查结果显示,57.8%的受访新生代农民有着明确的工作和生活计划,但只有18.8%的受访者表示自己的人生规划非常或比较明确,同时,也有高达42.2%的新生代农民选择了不明确或非常不明确。可见江西省新生代农民对自我生活、工作目标的明确情况并不理想。

(2)就业空间二次选择

一方面,调查中70.3%的受访者表示在发展机会相同的情况下,自己不会选择外出务工,其中60.0%的人明确表示自己会留在家乡发展。这从侧面反映了现阶段新生代农民工对其在城市中的务工生活并不满意，一旦家乡和城市有相同的发展机会，大多数新生代农民工会重新考虑自己的就业空间选择问题。另一方面，仅仅只有 14.1%的受访农民工表示自己会因为向往城市生活而选择进城务工。这说明，城市吸引大量新生代农民工涌入的主要还是其大量的发展和就业机会。从城市角度来看，要准确的把握其吸引外来人力资源的主要优势并尽可能发扬。从国家全局来看，要通过加强乡镇建设增加乡镇的就业和发展机会，实现乡镇和城市共同发展。

12.4　江西省新生代农民人力资源能力现状的原因分析

12.4.1　省情的限制

(1)有限的人口总数和人口结构水平

人口和劳动力是区域发展的基本要素之一，它与区域经济、社会、文化、卫生、资源、环境等各个子系统构成一个庞大的综合性区域系统，直接影响省内人力资源特征和人力资源能力水平，人口和劳动力一方面受到区域内各子系统容量的限制，另一方面对各子系统又具有推动作用。彼此之间相互制约又相互促进，共同影响着区域的人力资源发展。

截止 2010 年底，江西省人口总数 4462 万，人口出生率13.72‰，人口自然死亡率 6.06‰，非农业人口 1206 万，农业人口 3256 万，城镇人口 1966 万，乡村人口 2496 万。无论是人口总数还是人口结构在全国范围甚至中部六省的区域范围内都处于下游水平。较低的人口总数和人口结构水平是导致江西省内新生代农民工群体基数较小、人力资源能力水平低的直接或间接原因。

(2)经济发展滞后

经济发展是区域发展的基础保障，雄厚的经济基础有利于加快区域的社会发展与进步。它将为区域人力资源的维护与开发利用提供必要的科技条件与物质基础，从而有助于推动人力资源的可持续发展。经济发展能力越高，相应区域内总体发展能力也越强，区域人力资源水平和发展潜力也就越高。社会发展水平一方面是由区域经济发展水平决定，另一方面也受限于区域发展战略和相关政策。在影响区域人力资源水平的区域系统中经济和社会发展水平是最为重要的两个因素，其对区域人力资源水平的影响也最为深刻。

经济欠发达，社会发展相对滞后是对江西综合发展水平的准确概括。无论是经济总体规模还是经济结构，江西省在全国范围和中部六省区域范围内均处于比较落后的地位。2010 年，江西省生产总值为 9451.3 亿元，仅为全国排名第一的广东省生产总值的 1/5（45472.8 亿元），不及中部六省排名第一的河南省生产总值的 1/2（22942.7 亿元）。第二、三产业增加值占地区生产总值比重仅为 82.1%。而同时江西省的经济和社会发展不平衡的问题也比较明显，相对经济发展，社会发展滞后严重。居民生活质量、教育和科技水平和社会保障等社会发展重要指标得分均不高。欠发达的经济地位，滞后的社会发展给江西省新生代农民工的群体素质、就业空间和行业选择等都带来了重要的影响。

从地域来看，中部地区经济发展水平也不高，和东部沿海相比，经济发展存在较大差距。六省中，地区生产总值高于全国平均水平的只有河南、湖北、湖南三省。而同时各省间经济发展水平差距明显，六省中地区生产总值排名第一的河南（22942.7 亿元）比最后一名的江西（9451.3 亿元）高出一倍多。由于新生代农民工就业空间选择的地域性特点，在中部六省务工的江西省新生代农民工占到很大比重（42.1%），这样一来，相对落后的地域经济发展水平给江西省新生代农民带来了巨大的消极影响。过低的平均收入，较低的工作满意度以及不足的人力资源能力都是其作用的结果。

12.4.2 对新生代农民工群体的观念误区

缺乏对新生代农民工群体和其人力资源能力的全面认识是造成江西省人力资源能力水平较低的一个主要原因。用人单位乃至政府部门并未对新生代农民工群体对企业和城市的巨大作用做出正确客观的全面评估和认识，对新生代农民工重要性的错误认识直接影响各项针对新生代农民工的工作开展和工作效率。一切旨在提高新生代农民工人力资源能力的工作都应该是建立在对新生代农民工群体的正确认识的基础上的，否则，不仅无法切实的满足新生代农民工人力资源能力提升的需求，更会做浪费企业和社会资源的无用功，给企业和社会造成负担，进而影响新生代农民工人力资源能力提高工作的积极性和效率，如此一来就形成了一个恶性循环，极不利于新生代农民工群体的人力资源能力发展。

12.4.3　缺乏科学的引导机制

在调查中发现，江西省新生代农民提升人力资源能力的意愿强烈，但由于自身生长环境和受教育程度的限制，他们并不十分了解自己的需求和继续学习的方向，这个时候，用人单位和政府部门科学的引导机制就显的尤其重要，然而遗憾的是，在调查中通过对受访新生代农民的问卷反馈和访谈结果，我们发现江西省在这点上做的并不够，导致很大一部分有继续学习意愿的新生代农民不知道以何种方式、该如何提高其人力资源能力。

12.4.4　缺乏有效的政企合作

缺乏有效的政企合作是造成新生代农民人力资源能力低水平的另一个主要原因。在对待新生代农民工这一外来输入人力资源群体的问题时，政府部门和用人单位必须建立起有效的合作方式，政府部门应充分发挥自己公信力和监督力，积极调动社会优势资源，配合和监督提高新生代农民工人力资源能力的相关工作。而江西省在政企合作方面做的并不够，用人单位和政府部门在新生代农民工问题的处理上各自为营，有效的合作很少。

12.5　江西省新生代农民人力资源能力建设提升对策

12.5.1　转变观念误区，正确认识新生代农民工

正确、公正地看待新生代农民工及其作用是解决新生代农民工问题的基本前提，是保证利用、开发新生代农民工人力资源工作有效性的基础。对于城市而言，新生代农民工是一种外来人力资源，用人单位和政府部门必须明白这种人力资源在过去几年中为城市

现代化建设中发挥了巨大的作用，合理的利用和开发这种外来的人力资源，将在不久的将来大大的提高这种人力资源的效用，给企业和城市提供更大的力量。然而，这种全新的认识并不容易被认可，长期的城乡二元体系，在城市中造就了一种带有歧视意味的错误观念，这种观念是正确认识新生代农民工群体的最大障碍。为了逐渐转变这种观念误区，政府部门必须做好带头作用，加强宣传，让全民逐步了解新生代农民工这个群体，进而正确的认识这个群体。同时，要更有针对性的制定维护新生代农民工的政策方针，帮助新生代农民工提高自身地位。

12.5.2 充分利用新生代农民强烈的学习意愿，建立科学的引导机制

调查结果显示，江西省新生代农民群体具有强烈的学习意愿，这是提高这一群体人力资源能力的最有利条件，如何有效的利用这一有利条件是提高新生代农民人力资源能力工作的关键所在。调查中我们还发现，很多有继续学习意愿的新生代农民由于缺乏指导而放弃了自己的学习计划。可见，建立一套科学有效的引导机制是必要的。这套机制不仅要为新生代农民提高职业选择和职业发展规划的咨询，还要为他们量身制定以职业咨询结果为基础的培训计划。这套机制的建立和执行将是一系列耗费耗时的工作，需要相关政府部门和用人单位的共同努力。为新生代农民个人提供准确的职业咨询指导和开展广泛的低门槛的培训课程是这套机制执行的关键。

12.5.3 建立高效政企合作模式

新生代农民问题的解决是一个浩大的工程，政府部门的宏观调控和用人单位的微观执行缺一不可。作为新生代农民人力资源的直接受益者和间接受益者，政府部门和用人单位共同建立高效的合作模式，一方面有利于提高新生代农民工人力资源能力，提升工作的效率，另一方面也有利于政府和用人单位分享新生代农民人力资源能力提升所带来的巨大效益。因此，双方都应该采取积极的态度

来建立合作模式。在这种模式中，政府部门应该在突出其政策制定者和工作监督者作用的同时，加强和用人单位的交流：不仅制定相关政策，也要根据企业的反馈结果修订政策；不仅要监督用人单位做好新生代农民人力资源能力的利用和开发工作，也要对优秀的执行企业给予经济或政策上的奖励。只有在这种合作模式下，利用和开发新生代农民人力资源能力的工作才能一直高效的进行和发展下去。

参考文献

[1] 赵智晶，吴秀敏等.新生代农民工工作满意度实证分析——基于结构方程模型的研究[J]四川农业大学学报，2010，28(2)：245—250.

[2] 罗恩立.新生代农民工就业能力研究[J].中国人力资源开发，2010，(2)：5—9.

[3] 刘传江.第二代农民工及其市民化研究[J]，中国人口·资源与环境，2007，(1).

[4] 毕先萍.青年农民工就业流动的特征及影响研究[J]，当代青年研究，2008，(4).

[5] 张利军，洪燕.农民工社会保障：模式比较与政策思考[J]，理论界，2007，(3)：6—7.

[6] T. W. Schultz. The Value of the Ability to Deal with Disequilibrate. Journal of Economic Literature. 1975，(13)：828-838.

[7] Sandberg J. Are phenomeno graphic results reliable[J]. Journal of Nordic Educational Research，1995，(15)：156-164.

[8] 牛文元，陈锐.可持续发展与人力资源能力建设[J].职业技术教育，2003，(9).

[9] 徐华，王大勇.论自然人与法人人力资源能力概念的界定[J].现代经济探讨.2002，(12).

[10] 戚鲁，杨华.人力资源能本管理与能力建设[M].人民出版社.2003：18—19，45—48，45—46.

[11] 韩庆祥.论人力资源能力的一般规律[J].学习与探索.2002，(6).

[12] 商红日.论完善国家人力资源能力评价制度[J].中国行政管理.2006,(6).

[13] 刘尔铎.双重劳动力市场条件下的人力资源能力建设[J].山西财经大学学报 2006,28(2):19—33.

[14] 郑新立.提高人力资源能力问题研究 [M].中国计划出版社.2008:9—23.

[15] 王燕燕,李崇明.多元视角下的"人力资源能力"概念:分析与比较[J].现代管理科学.2011,(7):94—96.

[16] 陈劭峰,杨多贵,牛文元.人力资源能力建设与可持续发展[J].上海经济研究.2002,(6):3—8.

[17] 赵秋成.杨秀凌.城市人力资源能力建设水平评价与比较[J].东北财经大学报.2009,(5):39—46.

[18] 夏芳.进城务工人员人力资源能力研究[D].哈尔滨工业大学,2009,3

[19] 郭根山.提高城市中新生代农民工素质的研究[J].安徽农业科学,2007,(30):56—57.

[20] 何小红.挣扎与弥补:构建新生代农民工精神生活的关怀体系[J].中国青年研究,2010,(9):30—33.

[21] 张磊.新生代农民工思想道德问题研究——基于重庆市沙坪坝区新生代农民工的实证研究[D].重庆师范大学,2011.

[22] 胡少云.职业院校新生代农民工教育培训对策研究[D].湖南师范大学,2010.12.

[23] 安雅丽,杨淑娥.新生代农民工教育需求分析[J].人民论坛学术论坛.2010,(11):236—237.

[24] 杨海芬,赵瑞琴等.新生代农民工职业技能培训存在的约束及对策[J].继续教育研究.2010,(8):36—37.

[25] 孙学敏,朱凤丽.新生代农民工继续教育中的问题与对策研究[J].继续教育研究.2011,(1):56—59.

[26] 王成辽.新生代农民工培训供给需求与培训意愿综合关系实证研究[J].中国劳动关系学院学报.2011,(2):44—49.

[27] 罗恩立. 新生代农民工就业能力问题初探:一个分析的框架[J]. 经济问题探索,2010,(3):50—54.

[28] 刘叶云,游钊. 中国新生代农民工就业能力评价体系[J]. 湖南农业大学学报(社科版). 2011,12(2):34—38.

[29] 陈聪. 人力资本理论视角下的新生代农民工流动问题分析[D]. 复旦大学,2011,5.

[30] 刘万云. 新生代农民工人力资本的维度分析[J]. 中国农学通报 2011,27(17):187—191.

[31] 刘瑶,张新岭等. 新生代农民工知识能力调查[J]. 调研世界. 2011,(7):34—39.

[32] 彭建娟. 进城务工青年雇佣能力实证研究——以吉林省建筑行业为例[J]. 人口学刊,2010.4.

[33] 曾丽. 珠三角新生代农民工就业能力及其影响因素研究[D]. 广东商学院,2011,6.

[34] 滕杰. 发展诉求下的新生代农民工素质开发[J]. 人民论坛学术论坛. 2011,(4):210—211.

[35] 王成等. 人力资源价值的影响因素[J]. 大庆石油学院学报 2004,28(3):77—81.

[36] Kline R. B. (1998). Principles and practice of structural equation modeling. New York: Gilford Press.

[37] Bagozzi, R. P. &Yi, Y. (1988). On the evaluation of structural equation models. Academic of marketing science, 16, 437-454.

[38] Diamantopoulos, A., Siguaw, J. A (2000). Introducing LISREL: A guide for uninitiated. Thousand Oaks, CA: Sage

[39] Fornall C,Larcker D F. Structural Equation Model with Unobservable Variables and Measurement Error: Algebra and Statistics,Journal of Marketing Research,1981(3) .

[40] 白克玲. 新生代农民调查之现状与趋势——全省农民工 近七成是“新生代”[J]. 山西青年报,2010,3(18):10.

[41] 张芳.新型农民能力建设研究 [D].湖南师范大学,2008.

[42] 谢来位.论社会主义新农村人力资源能力建设[J].江苏社会主义学院学报,2006,(3).

[43] 中国科学院可持续发展研究组.中国可持续发展战略报告[R].科学出版社,2002.

[44] 郑新立.提高人力资源能力问题研究[M].中国计划出版社,2008,(11).

[45] 冯桂林.我国当代农民素质的结构、特征和影响因素—来自对湖北三个行政村问卷调查结果的分析[J].江汉论坛,2003,(12).

[46] 马建富.基于农民人力资源能力建设的职业教育应对策略[J].职教通讯,2006,(02).

[47] 王婉玲.农村人力资源能力建设探究[J].西安工程科技学院学报,2006,(06).

[48] 董娜.吉林省农村人力资源能力建设研究[D].吉林大学,2007.

[49] 孙文,张再生.中国人力资源能力建设刍议[J].人口与经济,2002,(4).

[50] 梁乃云.基于农业可持续发展视角下的农村人力资源能力建设[J].科技和产业,2009,(3).

[51] 中华人民共和国国家统计局.中国统计年鉴 2011[EB/OL].http://www.stats.gov.cn/tjsj/ndsj/2011/indexch.htm,2012-11-21.

[52] 王勇.对农民人力资源能力建设的分析[J].农村经济与科技,2005,(5):12—14.

[53] 王玉霞.论新农村建设背景下的农村职业技能教育[J].继续教育研究,2008,(12):27—29.

[54] 湖北省统计局.湖北省 2011 年国民经济和社会发展统计公报[EB/OL].http://www.tjcn.org/plus/view.php?aid=23448&pageno=2,2012-02-15.

[55] 深圳市总工会,深圳大学劳动法和社会保障法研究所.深圳新生代农民工生存状况调查报告[EB/OL]. http://acftu.people.com.cn/GB/67582/12154737.html, 2010-07-15.

[56] 国家统计局住户调查办公室.新生代农民工的数量、结构和特点[EB/OL]. http://www.stats.gov.cn/was40/gjtjj_detail.jsp? searchword =% BA% FE% B1% B1&channelid = 6697&record=40,2011-03-11.

[57] 全国总工会新生代农民工问题课题组.2010年企业新生代农民工状况调查及对策建议[EB/OL]. http://acftu.people.com.cn/GB/67582/13966631.html ,2011-02-21.

[58] 邹薇.湖北经济发展现阶段的特征与战略选择[J].政策,2012,(5):54—56.

[59] 何景熙.关注农民进城的无形"门槛"——农民人力资源建设之我见[J].中国人力资源开发,2003:13—15.

[60] 谢长青,李晓艳.提高务工农民人力资本的对策分析[J].农机化研究,2005,(2).

[61] 胡同泽,文莉.农民工人力资源现状评析及开发研究[J].经济体制改革,2006,(6):99—102.

[62] 张跃进,蒋祖华."农民工"的概念及其特点研究初探[J].现代化研究,2007,(8):16—19.

[63] 丁志宏.我国新生代农民工的特征分析[J].兰州学刊,2009,(7).

[64] 梁乃云.基于农业可持续发展视角下的农村人力资源能力建设[J].科技和产业,2009,(3).

[65] 李缨,李昂.城乡统筹发展中的农村人力资源建设——以重庆市为例[J].生产力研究,2010,(7):41—43.

[66] 刘红霞.通过培训提高新生代农民工素质[J].中国教育报,2010,(9).

[67] 张本波."十二五"农民工就业及社会保障等问题研究[J].经济研究参考,2011,(29):3—9.

[68] 滕杰. 发展诉求下新生代农民工素质开发[J]. 管理,2011,(324):210—211.

[69] 国家统计局河南调查总队. 中部六省经济社会综合发展比较研究[EB/OL]. http://www.tjcn.org/,2012-09-13。

[70] 人民网. 安徽公布第六次全国人口普查全省初步汇总数据[EB/OL]. http://news.163.com/11/0517/16/7495CVN400014JB6.html, 2012-09-13。

[71] 新华网. 安徽新生代农民工超过 720 万人成务工主体[EB/OL]. http://news.xinhuanet.com/society/2010-09/02/c_12509983.htm,2012-09-15。

[72] 全国总工会新生代农民工问题课题组. 2010 年企业新生代农民工状况调查及对策建议[N]. 工人日报,2011-2.

[73] 张建武,张一名,杨锋锋. 深圳市新生代农民工新特征调查报告[J],劳动保障世界,2011,(3).

[74] 郁宗菊. 中安在线—新安晚报.[DB/OL], http://www.mingong123.com/news/30/201206/ad75e92b85f7dbb6.html, 2012-07-09.

[75] 国家统计局安徽调查总队. 外出务工人数增加 农民工收入快速增长.[EB/OL], http://www.ahdc.gov.cn/dt2111111141.asp?DocID=2111133453,2012-09-16.

[76]安徽省农民工培训现状及财政对策措施.[DB/OL], http://www.mof.gov.cn/xinwenlianbo/anhuicaizhengxinxilianbo/201012/t20101210_367651.html.2012-09-16.

[77] 王婉娟,王其,夏晶. 提升新生代农民工幸福感需要“四化”管理[J]. 人力资源管理,2011,(5)

[78] 张峰,别让职业病成为农民工杀手[N]. 中国日报,2010-6-24.

[79] 关于加强新生代农民工社会保障体系建设的建议. 中国共青团网, http://zhuanti.gqt.org.cn/2011/2011mdm/taya/201102/t20110209_448171.htm

[80] 全国总工会, 2010 年企业新生代农民工状况调查及对策建议,

http://www. moa. gov. cn/fwllm/jjps/201102/t20110221_1822361. htm. 2011-02-21.

[81] 国家统计局，新生代农民工的数量、结构和特点，http://www. stats. gov. cn/tjfx/fxbg/t20110310_402710032. htm. 2011-03-11.

[82] 全国总工会，关于新生代农民工问题的研究报告，http://www. ce. cn/xwzx/gnsz/gdxw/201006/21/t20100621_21530669. shtml. 2010-06-21.

[83] 国家统计局. 2009年农民工监测调查报告[R]. http://www. stats. gov. cn/tjfx/fxbg/t20100319_402628281. htm，2010-03-19.

[84] 国家统计局. 2010年农民工监测报告[R]. 北京：中国发展报告，2011. 99—105.

[85] 中华全国总工会. 全国总工会关于新生代农民工问题研究报告[N]. 工人日报，2010-6-21.

[86] 吴漾. 论新生代农民工的特点[J]. 东岳论丛，2009，30(8)：57—59.

[87] 张春龙. 现代性与边缘化：新生代农民工特点、问题及出路探讨[J]. 中州学刊，2011，(182)：98—102.

[88] 高颖. 农村富余劳动力的供需变动及分析[J]. 人口研究，2008，(5)：83—90.